MITOS & LENDAS GRECO-ROMANA

UM GUIA DE MITOLOGIA

E.M. BERENS

MITOS & LENDAS GRECO-ROMANA

UM GUIA DE MITOLOGIA

ns

São Paulo, 2025

Guia de mitologia : Mitos e lendas Greco-Romana
Myths And Legends Of Ancient Greece And Rome by E.M. Berens

EDITOR: Luiz Vasconcelos
PRODUÇÃO EDITORIAL: Fernanda Felix | Lucas Luan Durães | Marianna Cortez
TRADUÇÃO: Raphael Valim da Mota Silva
PREPARAÇÃO: Ana C. Moura
REVISÃO: Elisabete Franczak Branco
DIAGRAMAÇÃO: Mayra de Freitas
CAPA: Raul Vilela

Texto de acordo com as normas do Novo Acordo Ortográfico da Língua Portuguesa (1990), em vigor desde 1º de janeiro de 2009.

Dados Internacionais de Catalogação na Publicação (CIP)
Angélica Ilacqua CRB-8/7057

Berens, E. M.
Mitos e lendas Greco-Romana: um guia de mitologia / E.M. Berens ; tradução de Raphael Valim da Mota Silva. -- Barueri, SP : Novo Século Editora, 2025
336 p. : il

ISBN 978-85-428-1859-8

Título original: Myths And Legends Of Ancient Greece And Rome

1. Mitologia clássica 2. Mitologia grega 3. Mitologia romana I. Título II. Silva, Raphael Valim da Mota

CDD 292.1

25-2524

Índice para catálogo sistemático:
1. Mitologia clássica

uma marca do Grupo Novo Século

GRUPO NOVO SÉCULO
Alameda Araguaia, 2190 – Bloco A – 11º andar – Conjunto 1111
CEP 06455-000 – Alphaville Industrial, Barueri – SP – Brasil
Tel.: (11) 3699-7107 | E-mail: atendimento@gruponovoseculo.com.br
www.gruponovoseculo.com.br

sumário

Prefácio 12

PARTE UM: MITOS

Introdução 15

Origem do mundo 20

Primeira Dinastia

Urano e Gaia (Céu e Terra) 21

Segunda Dinastia

Cronos (Saturno) 25
Reia (Ops) 28
Divisão do mundo 29
Teorias sobre a origem do homem 31

Terceira Dinastia

Divindades Olímpicas

Zeus (Júpiter) 37
Hera (Juno) 49
Palas Atena (Minerva) 53
Têmis 58
Héstia (Vesta) 59
Deméter (Ceres) 60
Afrodite (Vênus) 68
Hélio (Sol) 71
Eos (Aurora) 77
Febo Apolo 78
Hécate 94
Selene (Luna) 95
Ártemis (Diana) 96
Hefesto (Vulcano) 106
Poseidon (Netuno) 109

Divindades Marítimas

Oceano 116
Nereu 116
Proteu 116
Tritão e os Tritões 117
Glauco 117
Tétis 118
Taumante, Fórcis e Ceto 119
Leucoteia 120
As Sereias 120
Ares (Marte) 120
Nike (Vitória) 125
Hermes (Mercúrio) 126
Dionísio (Baco) 132
Hades (Plutão) 138

Divindades Menores

As Harpias 146
Erínias, Eumênides (Fúrias, Diræ) 146
Moiras ou o Destino (Parcas) 148
Nêmesis 149
Noite e seus filhos: Morte, Sono e Sonhos 150
As Górgonas 152
Greias 154
Esfinge 154
Tique (Fortuna) e Ananque (Necessitas) 156
Ker 157
Ate 158
Momo 158
Eros (Cupido, Amor) e Psiquê 159
Himeneu 163
Íris (o Arco-Íris) 163

Hebe (Juventas) 164
Ganimedes 165
As Musas 165
Pégaso 168
As Hespérides 169
Cárites (Gratiæ) ou Graças 169
Horas (Estações) 171
As Ninfas 172
Os Ventos 177
Pã (Fauno) 178
Os Sátiros 181
Príapo 182
Asclépio (Esculápio) 183

Divindades Romanas

Jano 185
Flora 187
Robigo 187
Pomona 187
Vertumno 188
Pales 188
Pico 189
Picumno e Pilumno 189
Silvano 189
Término 190
Conso 190
Libitina 191
Laverna 191
Como 191
As Camenas 191
Gênios 192
Manes 193
Penates 194

Cultos públicos dos antigos gregos e romanos

Templos ... 196
Estátuas ... 198
Altares ... 199
Sacerdotes ... 199
Sacrifícios ... 200
Oráculos ... 202
Adivinhos (Áugures) ... 203
Festivais ... 204

Festivais gregos

Mistérios de Elêusis ... 204
Tesmoforias ... 205
Dionísia ... 206
Panateneias ... 207
Dafneforia ... 208

Festivais romanos

Saturnália ... 208
Cereália ... 209
Vestália ... 209

PARTE DOIS: LENDAS

Cadmo ... 211
Perseu ... 213
Íon ... 217
Dédalo e Ícaro ... 219
Os Argonautas ... 221
História do Velocino de Ouro ... 222
Construção e partida do Argo ... 223

Chegada a Lemnos 224
Gigantes e Dolíones 225
Héracles é deixado para trás 226
Disputa com Âmico 227
Fineu e as Harpias 227
A passagem das Simplégades 228
As aves do Estínfalo 229
Chegada à Cólquida 230
Jason ara o campo de Ares 232
Jasão obtém o Velocino de Ouro 234
O assassinato de Absirto 234
Eles chegam à ilha de Circe 235
Outras aventuras dos Argonautas 236
Chegada a Creta 238
Chegada a Iolco 238
Morte de Jasão 239
Pélope 241
Héracles (Hércules) 242
A Escolha de Héracles 244
Héracles e Euristeu 246
O assassinato de Ífito 259
Héracles torna-se escravo de Ônfale 260
Héracles cumpre sua vingança 261
Héracles e Dejanira 261
A morte de Héracles 263
Belerofonte 264
Teseu 266
Édipo 275
Os sete contra Tebas 278
Os Epígonos 282

Alcmeão e o colar 283
Os Heráclidas 286
O cerco de Troia 289
Preparações para a guerra 292
Partida da frota grega 295
O início das hostilidades 296
A deserção de Aquiles 297
A morte de Heitor 300
Pentesileia 302
A morte de Aquiles 303
Providências finais 305
A destruição de Troia 307
Os gregos retornam de Troia 310
O destino de Agamênon 311
A viagem de regresso de Odisseu 312
Polifemo 313
Novas aventuras 316
Posfácio 331

PREFÁCIO

A falta de uma obra interessante sobre mitologia grega e romana, adequada às necessidades de meninos e meninas, há muito é reconhecida pelos diretores das escolas mais avançadas. O estudo dos clássicos, mesmo onde as realizações dos alunos o tornaram viável, não se mostrou totalmente bem-sucedido em fornecer ao estudante uma ideia clara e sucinta das crenças religiosas dos antigos; sugeriu-se que uma obra que abordasse o assunto de modo a torná-lo ao mesmo tempo interessante e instrutivo seria aclamada como uma valiosa introdução ao estudo dos autores clássicos e poderia auxiliar, substancialmente, tanto os trabalhos do mestre quanto os do aluno.

Na tentativa de suprir essa falta, procurei colocar diante do leitor um retrato fidedigno das divindades dos tempos clássicos, tais quais eram concebidas e adoradas pelos próprios antigos, despertando, assim, nas mentes dos jovens estudantes o desejo de se tornarem mais intimamente familiarizados com as nobres produções da Antiguidade Clássica.

Foi meu objetivo fazer das Figuras Lendárias – que compõem a segunda parte do livro – um retrato, por assim dizer, da antiga vida na Grécia, com seus costumes, suas superstições e sua esplêndida hospitalidade, razão pela qual esse tópico ocupa uma extensão um pouco maior do que o comum em obras desse tipo.

Em um capítulo destinado ao tema, foram coletados alguns dados interessantes sobre as práticas coletivas de adoração dos antigos gregos e romanos (mais especificamente dos primeiros), aos quais foi acrescido um relato de suas principais festividades.

Devo acrescentar que não medi esforços a fim de que, sem ignorar detalhes cuja omissão teria prejudicado a completude da obra, não houvesse nem sequer uma passagem que pudesse ofender a delicadeza mais escrupulosa; além disso, tratei propositalmente do assunto com a reverência que julgo digna a todo sistema religioso, por mais errôneo que seja.

Não é necessário insistir na importância do estudo da mitologia: nossos poemas, romances e até mesmo diários estão repletos de alusões clássicas; nem ao menos uma visita a museus e galerias de arte pode ser totalmente apreciada se tivermos um mero conhecimento superficial sobre esse assunto, que, em todas as épocas, tem inspirado pintores, escultores e poetas. Resta-me, portanto, apenas expressar o desejo de que minha pequena obra possa ser útil não apenas a professores e acadêmicos, mas também a uma grande leva de leitores em geral, que, ao desfrutarem de um momento de lazer, possam obter certa satisfação e tirar proveito da leitura.

E. M. BERENS

PARTE UM

MITOS

INTRODUÇÃO

Antes de abordar as diversas e estranhas crenças dos gregos antigos, bem como o extraordinário número de deuses que eles cultuavam, devemos considerar primeiro que tipo de seres eram essas divindades.

Na aparência, os deuses deviam se assemelhar aos mortais, a quem, no entanto, superavam em beleza, grandiosidade e força; eram também mais imponentes na estatura, considerada pelos gregos um atributo de beleza no homem e na mulher. Assemelhavam-se aos seres humanos em sentimentos e hábitos, casando-se, tendo filhos e necessitando de nutrição diária para angariar forças e de sono revigorante para restaurar as energias. Seu sangue, um fluido etéreo e brilhante chamado Icor, nunca engendrou doença e, quando derramado, tinha o poder de produzir vida nova.

Os gregos acreditavam que as qualificações mentais de seus deuses eram de ordem muito superior às dos homens; não obstante, conforme veremos, os deuses não eram considerados isentos das paixões humanas e frequentemente os vemos movidos por vingança, má-fé e ciúme. Eles, contudo, sempre punem o malfeitor e visitam com terríveis calamidades qualquer ímpio mortal que ouse negligenciar-lhes o culto ou desprezar-lhes os ritos. Muitas vezes, ouvimos histórias nas quais eles visitam os seres humanos e partilham de sua hospitalidade. Não raro, deuses e deusas afeiçoam-se aos mortais, com os quais se unem; os descendentes dessas uniões costumam ser chamados de heróis ou semideuses, que geralmente eram renomados por sua grande força e coragem. Embora houvesse muitos pontos de contato entre deuses e homens, permanecia uma grande característica distintiva, a saber, o fato de os deuses desfrutarem da imortalidade. Ainda assim, eles não eram invulneráveis, e muitas vezes ouvimos falar de situações em que eram feridos e, por consequência, sofriam tamanha e requintada tortura que chegavam a orar fervorosamente para serem desprovidos do privilégio de imortalidade.

Os deuses não conheciam limitação alguma de tempo ou espaço, sendo capazes de percorrer incríveis distâncias com a velocidade do pensamento. Tinham o poder de se tornarem invisíveis quando bem quisessem e podiam assumir as formas de homens ou animais conforme lhes fosse conveniente. Também podiam transformar seres humanos em árvores, pedras, animais etc., seja como punição pelos seus delitos, seja como um meio de proteger do perigo iminente o indivíduo transformado. Suas vestes eram semelhantes às dos mortais, mas eram perfeitas na forma e muito mais refinadas na textura. Suas armas também lembravam aquelas usadas pela humanidade; ouvimos falar de lanças, escudos, capacetes, arcos e flechas, entre outros, sendo empregados pelos deuses. Cada deidade possuía uma bela carruagem, que, puxada por cavalos ou outros animais de raça celestial, rapidamente transportava os deuses por terra e por mar a seu bel-prazer. A maioria dessas divindades vivia no cume do monte Olimpo, cada uma com a própria habitação; todas se reuniam em ocasiões festivas na câmara do conselho dos deuses, onde seus banquetes eram vivificados pelos doces acordes da lira de Apolo, enquanto as Musas, com suas belas vozes, derramavam ricas melodias para acompanhá-lo com harmonia. Templos magníficos foram erguidos em homenagem aos deuses, onde eram adorados com a maior solenidade; ricos presentes eram oferecidos a eles, e animais e até mesmo seres humanos eram sacrificados em seus altares.

No estudo da mitologia grega, deparamo-nos com algumas noções curiosas e inexplicáveis, à primeira vista. Assim, ouvimos falar de gigantes terríveis arremessando pedras, erguendo montanhas e suscitando terremotos que consomem exércitos inteiros; essas ideias, contudo, podem ser explicadas pelas terríveis convulsões da natureza, que estavam em vigor nos tempos pré-históricos. Novamente, os fenômenos diários e recorrentes – que, para nós, que os conhecemos como resultados de leis bem determinadas da natureza, são tão familiares que não provocam discussão – eram, para os primeiros gregos, matéria de grande especulação e, não raro, de alarde. Por exemplo, quando ouviam o terrível estrondo do trovão e enxergavam os vívidos clarões do relâmpago, acompanhados de nuvens negras e torrentes de chuva, os gregos acreditavam que o grande deus do céu estava bravo e tremiam perante sua ira. Se o mar calmo e tranquilo se agitasse de repente e a crista das ondas atingisse a altura das montanhas, lançando-se contra as rochas com fúria e ameaçando destruir todos ao seu alcance, era o deus do mar que devia estar furioso. Quando contemplavam o céu brilhando com as tonalidades do dia vindouro, pensavam que a deusa do amanhecer estava afastando, com os dedos rosados, o véu escuro da noite para que seu irmão, o deus-sol, desse início à sua atividade brilhante. Personificando, assim, todos os poderes da natureza, essa nação imaginativa e altamente poética enxergava uma divindade em cada árvore que crescia, em cada riacho que fluía, na luz resplandecente do sol glorioso ou nos raios claros e frios da lua prateada; para eles, todo o universo vivia e respirava povoado por mil formas de graça e beleza.

As divindades de maior importância podem ter sido muito mais do que meras criações de uma imaginação poética e ativa. Eram, possivelmente, seres humanos que se distinguiram em vida por sua preeminência sobre os companheiros mortais, a ponto de, após a morte, serem endeusados pelas pessoas com quem viviam; além disso, os poetas, com suas varinhas mágicas, deram retoques nos detalhes de vidas que, em tempos mais prosaicos, seriam apenas registradas como ilustres.

É altamente provável que as ações notórias desses seres divinos fossem comemoradas por bardos, que, viajando de um lugar ao outro, celebravam seus cultos com canções; torna-se, portanto, extremamente difícil – ou melhor, quase impossível – separar os fatos concretos de exageros, que nunca deixam de acompanhar as tradições orais.

A fim de exemplificar isso, vamos supor que Orfeu, o filho de Apolo, tão renomado por seus extraordinários poderes musicais, existisse no tempo presente. Sem dúvida, haveríamos de classificá-lo entre os melhores de nossos músicos e honrá-lo por tal motivo; mas os gregos, com imaginação vívida e licença poética, exageraram os notáveis dons de Orfeu e atribuíram à música dele uma influência sobrenatural perante a natureza animada e inanimada. Assim, ouvimos falar de animais selvagens sendo domados, cursos de rios poderosos sendo detidos e montanhas movendo-se ao doce tom de sua voz. A teoria aqui apresentada pode ser útil no futuro, sugerindo ao leitor a base provável de muitos dos relatos extraordinários que encontramos no estudo da mitologia clássica.

E, agora, será necessário discorrer um pouco a respeito das crenças religiosas dos romanos. Quando os gregos se estabeleceram na Itália pela primeira vez, descobriram, na terra que colonizaram, uma mitologia pertencente aos habitantes celtas, a qual – graças ao costume grego de reverenciar todos os deuses, conhecidos ou desconhecidos – eles prontamente adotaram, selecionando aquelas divindades que tinham maior afinidade com as suas e apropriando-se delas; assim, formaram uma crença religiosa que naturalmente assumia as marcas da antiga fonte grega. Uma vez que os celtas primitivos eram um povo menos civilizado do que os gregos, a mitologia daqueles era de caráter mais bárbaro; tal circunstância, combinada com o fato de que os romanos não eram dotados da imaginação vívida de seus vizinhos gregos, deixa marca na mitologia romana, que é muito menos fértil em conceitos fantasiosos e mais deficiente em todas aquelas histórias feéricas e ideias maravilhosamente poéticas que caracterizavam, de forma intensa, a mitologia grega.

ORIGEM DO MUNDO

PRIMEIRA DINASTIA

URANO E GAIA (Céu e Terra)

Os gregos antigos tinham várias teorias diferentes em relação à origem do mundo, mas a noção comumente aceita era que, antes de este mundo surgir, havia em seu lugar uma massa confusa de elementos amorfos, denominada Caos. Quando esses elementos finalmente se consolidaram (por quais meios, não se sabe), dividiram-se em duas substâncias muito diferentes, cuja parte mais leve, planando nas alturas, formou o céu – ou o firmamento – e transformou-se em uma abóbada vasta e abrangente, que protegeu a massa sólida e firme logo abaixo.

Assim surgiram as duas primeiras grandes divindades dos gregos, Urano e Gé ou Gaia.

Urano, a divindade mais refinada, representava a luz e o ar do céu, possuindo as qualidades distintivas da luz, do calor, da pureza e da onipresença, ao passo que Gaia, a terra firme, plana[1] e mantenedora da vida, era adorada como a grande mãe que a todos nutria. Seus muitos títulos a designam mais ou menos dessa forma, e ela parece ter sido reverenciada entre os gregos de maneira universal, raramente havendo uma cidade na Grécia que não contivesse um templo erguido em homenagem a ela; de fato, Gaia era tão venerada que seu nome era invocado sempre que os deuses prestavam um juramento solene, faziam uma declaração enfática ou imploravam por auxílio.

Acreditava-se que Urano, o céu, contraíra matrimônio com Gaia, a terra; basta um momento de reflexão para perceber o quanto essa ideia era verdadeiramente poética e lógica também, pois, tomada em sentido figurado, essa união de fato existe. Os sorrisos do céu produzem as flores da terra; já suas

[1] Os primeiros gregos supunham que a terra era um círculo achatado, em cujo centro estava a Grécia. Oceano, a corrente marítima, a circundava; o Mediterrâneo devia fluir para esse rio de um lado e o Euxine, ou Mar Negro, de outro.

contínuas carrancas exercem uma influência tão deprimente sobre sua amada que ela não mais se adorna com vestes festivas e brilhantes, mas responde com pronta simpatia ao ânimo melancólico de seu esposo.

O primogênito de Urano e Gaia era Oceano[2], a corrente marítima, aquela vasta extensão de água incessante que circundava a terra. Aqui nos deparamos com outra conclusão lógica e, não obstante, fantasiosa, que se prova justa e verdadeira graças a um conhecimento mínimo sobre o funcionamento da natureza. O oceano é formado pelas chuvas que caem do céu e pelos riachos que fluem da terra. Portanto, ao fazer de Oceano a prole de Urano e Gaia, os antigos, se tomarmos essa noção em sentido literal, apenas afirmam que o oceano é produzido pela influência mútua de céu e terra; ao mesmo tempo, sua imaginação poética e fervorosa os levou a enxergar nisso, como em todas as manifestações dos poderes da natureza, uma divindade real e tangível.

Mas Urano, o céu, a personificação da luz, do calor e do fôlego de vida, gerou descendentes de natureza muito menos material do que seu filho Oceano. Esses outros filhos deveriam ocupar o espaço intermediário que o separava de Gaia. Mais próximo de Urano, e logo abaixo dele, veio Éter (*Aether*), uma criação brilhante representante da atmosfera altamente rarefeita que somente os imortais podiam respirar. Em seguida, veio Ar (*Aër*), que estava bem próximo de Gaia e representava, como o próprio nome indica, a atmosfera mais bruta circundando a terra que os mortais podiam respirar livremente, e sem a qual pereceriam. Éter e Ar foram separados um do outro por divindades denominadas Néfeles. Estas eram as inquietas e errantes irmãs dos dois e existiam na forma de nuvens, sempre flutuando entre Éter e Ar. Gaia também produziu as montanhas e Ponto (o mar). Ela uniu-se a este, e os descendentes deles foram as divindades marítimas Nereu, Taumante, Fórcis, Ceto e Euríbia.

Em coexistência com Urano e Gaia, havia duas forças poderosas

[2] Devido à vagueza dos muitos relatos sobre a criação, a origem dos deuses primitivos é explicada de várias maneiras. Desse modo, por exemplo, Oceano torna-se, para alguns, o irmão mais novo de Urano e Gaia.

que também eram descendentes de Caos: Érebo (Escuridão) e Nix (Noite), que formavam um contraste marcante com a luz alegre do céu e os sorrisos resplandecentes da terra. Érebo reinava no misterioso mundo inferior, onde nenhum raio de sol, nenhum vislumbre de luz do dia e nem vestígio de vida terrestre saudável jamais apareceram. Nix, a irmã de Érebo, representava a Noite e era adorada pelos antigos com a maior solenidade.

Supunha-se que Urano também tinha se unido a Nix, mas apenas em sua capacidade como deus da luz, sendo considerado a origem e a fonte de toda a luminosidade; seus filhos foram Eos (Aurora) – o Amanhecer – e Hemera – a Luz do dia. Nix, por sua vez, também era duplamente comprometida, tendo se casado com Érebo em algum período indeterminado.

Além desses filhos do céu e da terra já enumerados, Urano e Gaia produziram duas raças de seres distintos chamados Gigantes e Titãs. Os Gigantes personificavam apenas a força bruta, mas os Titãs uniam ao seu grande poder físico qualificações intelectuais desenvolvidas de várias maneiras. Havia três Gigantes – Briareu, Coto e Giges –, que tinham cem mãos e cinquenta cabeças cada um e eram conhecidos coletivamente pelo nome de Hecatônquiros, cujo significado é "os de cem mãos". Esses poderosos Gigantes eram capazes de abalar o universo e produzir terremotos; é evidente, então, que eles representavam aquelas forças subterrâneas ativas às quais se aludiu no capítulo de abertura. Os Titãs eram doze e se chamavam: Oceano, Céos, Crio, Hiperião, Jápeto, Cronos, Teia, Reia, Têmis, Mnemósine, Febe e Tétis.

Ora, Urano, a casta luz do céu, a essência de tudo o que é brilhante e agradável, tinha aversão à sua prole turbulenta, bruta e grosseira, os Gigantes, e, além disso, temia que o grande poder deles pudesse eventualmente ser danoso para si próprio. Lançou-os, então, no Tártaro, a porção do mundo inferior que servia de masmorra dos deuses. A fim de vingar a opressão de seus filhos, os Gigantes, Gaia instigou uma conspiração dos Titãs contra Urano, que foi levada adiante com sucesso por seu filho Cronos. Ele feriu o pai, e, do sangue dessa ferida que caiu sobre a terra, surgiu uma raça de seres monstruosos também denominados Gigantes. Com o auxílio dos irmãos-Titãs, Cronos conseguiu destronar o pai, o qual, enfurecido pela derrota, amaldiçoou o filho rebelde e predisse-lhe um destino similar. Cronos tornou-se, então, investido de poder supremo e atribuiu cargos de distinção aos irmãos, subordinados apenas a ele mesmo. Posteriormente, contudo, quando, seguro de sua posição, não precisava mais da assistência deles, Cronos pagou-lhes pelos serviços anteriores de modo vil, com traição; travou guerra contra os irmãos, seus aliados fiéis, e, auxiliado pelos Gigantes, derrotou-os completamente, enviando direto para as profundezas do Tártaro aqueles que resistiam ao seu poderio conquistador.

SEGUNDA DINASTIA

CRONOS (Saturno)

Cronos era o deus do tempo no sentido de duração eterna. Ele casou-se com Reia, filha de Urano e Gaia e uma divindade muito importante, a quem um capítulo especial será dedicado a seguir. Tiveram três filhos – Hades (Plutão), Poseidon (Netuno) e Zeus (Júpiter) – e três filhas: Héstia (Vesta), Deméter (Ceres) e Hera (Juno). Cronos, tendo a mente inquieta, temia que seus filhos um dia se levantassem contra sua autoridade e, assim, confirmassem a previsão de seu pai Urano. Portanto, para impossibilitar o cumprimento da profecia, Cronos engolia cada criança assim que ela nascia[3], para grande tristeza e indignação de sua esposa Reia. Quanto a Zeus, o sexto e último filho, Reia resolveu tentar salvá-lo ao menos, para amá-lo e cuidar dele, e apelou aos pais, Urano e Gaia, pedindo conselho e assistência. Por orientação deles, embrulhou uma pedra com roupas de bebê, e Cronos, com avidez, engoliu-a sem perceber a enganação. Assim, a criança salva, como veremos, posteriormente destronou seu pai Cronos, tornou-se o deus supremo no lugar dele e foi venerada de modo universal como o grande deus nacional dos gregos.

Ansiosa para preservar de Cronos o segredo da existência do infante Zeus, Reia o enviou a Creta em sigilo, onde ele foi nutrido, protegido e educado. Uma cabra sagrada, chamada Amalteia, supriu o lugar da mãe, provendo-lhe leite; ninfas, chamadas Melissas, alimentaram-no com mel; águias e pombas trouxeram-lhe néctar e ambrosia[4]. Ele permaneceu escondido em uma caverna no coração do monte Ida, e os Curetes, ou sacerdotes de Reia, batendo os escudos juntos, mantinham um barulho

[3] O mito de Cronos engolindo os filhos é evidentemente intencional da parte dos poetas para expressar a verdade melancólica de que o tempo destrói todas as coisas.

[4] Néctar era a bebida e ambrosia, a comida dos deuses.

constante na entrada, que abafava o choro da criança e afugentava todos os intrusos. Sob o cuidado atento das Ninfas, o infante Zeus cresceu rapidamente, desenvolvendo grandes poderes físicos, combinados com extraordinária sabedoria e inteligência. Quando adulto, decidiu forçar o pai a trazer os irmãos e irmãs de volta à luz do dia; dizem que foi ajudado nessa difícil tarefa pela deusa Métis, a qual engenhosamente persuadiu Cronos a beber uma poção, que o levou a devolver os filhos que engolira. A pedra que se passou por Zeus foi colocada em Delfos, onde foi exibida por muito tempo como uma relíquia sagrada.

Cronos ficou tão furioso por ter sido enganado que a guerra entre pai e filho se tornou inevitável. As forças rivais posicionaram-se em duas altas montanhas separadas na Tessália; Zeus, com seus irmãos e irmãs, tomou sua posição no monte Olimpo, onde se juntou a Oceano e a outros Titãs, que abandonaram Cronos em decorrência de suas opressões. Cronos e os irmãos-Titãs tomaram posse do monte Ótris e prepararam-se para a batalha. A luta foi longa e feroz, até que Zeus, enfim, percebendo que não estava mais próximo da vitória do que antes, lembrou-se da existência dos Gigantes presos e, sabendo que eles poderiam dar-lhe a mais poderosa assistência, apressou-se para libertá-los. Também chamou em auxílio os Ciclopes (filhos de Poseidon e Anfitrite)[5], que tinham apenas um olho cada no meio das respectivas testas e eram chamados de Brontes (Trovão), Estérope (Relâmpago) e Arges (Bigorna de Fogo). Eles prontamente responderam ao pedido de ajuda de Zeus e trouxeram com eles raios tremendos, que os Hecatônquiros, com as cem mãos, lançaram sobre o inimigo, causando ao mesmo tempo grandes terremotos, que engoliram e destruíram todos os que se opuseram a eles. Ajudado por esses novos e poderosos aliados, Zeus fez, então, uma investida furiosa contra seus inimigos, e tão tremendo foi esse encontro que dizem que toda a natureza teria

[5] Os Ciclopes são geralmente mencionados como filhos de Urano e Gaia, mas Homero fala de Polifemo, o chefe dos Ciclopes, como filho de Poseidon e afirma que os Ciclopes são seus irmãos.

pulsado de acordo com o poderoso esforço das divindades celestiais. O mar atingiu a altura das montanhas e as ondas furiosas silvaram e espumaram; a terra tremeu por inteiro, os céus enviaram trovões contínuos e clarões e mais clarões de relâmpagos mortais, enquanto uma névoa ofuscante envolvia Cronos e seus aliados.

Agora, a sorte da guerra começava a mudar e a vitória sorria para Zeus. Cronos e seu exército foram completamente derrubados, seus irmãos, despachados para as profundezas sombrias do mundo inferior, e o próprio Cronos foi banido do reino e privado para sempre do poder supremo, que agora passou a ser exercido por seu filho Zeus. Essa guerra foi chamada de Titanomaquia e é descrita com mais detalhes pelos antigos poetas clássicos.

Com a derrota e o banimento de Cronos de seus domínios, sua carreira como a divindade grega governante cessa por completo. Sendo ele imortal, porém, como todos os deuses, supunha-se que ele ainda existia, embora já sem influência ou autoridade e com seu lugar ocupado, em certa medida, pelo seu descendente e sucessor, Zeus.

Cronos é frequentemente representado como um velho homem apoiado em uma foice, com uma ampulheta na mão. A ampulheta simboliza os momentos rápidos e fugazes à medida que se sucedem sem cessar; a foice é emblemática do tempo, que ceifa tudo à sua frente.

SATURNO

Os romanos, com o costume que tinham de identificar suas deidades com os deuses gregos cujos atributos eram similares às características de seus próprios, declararam que Cronos era idêntico à antiga divindade agrícola, Saturno. Eles acreditavam que, depois da derrota na Titanomaquia e do banimento de seus domínios por Zeus, Cronos havia encontrado refúgio com Jano, rei da Itália, que teria recebido o deus exilado com muita gentileza e até compartilhado o trono com ele. O reinado unificado de ambos tornou-se completamente pacífico e alegre e distinguiu-se por tanta prosperidade ininterrupta que foi chamado de Idade de Ouro.

Saturno é geralmente representado segurando uma foice em uma das mãos e um feixe de trigo na outra.

Um templo foi erguido para ele ao pé do monte Capitolino, onde eram depositados os tesouros públicos e a lei do estado.

REIA (Ops)

Reia, esposa de Cronos e mãe de Zeus e de outros grandes deuses do Olimpo, personificava a terra e era considerada a Grande Mãe, produtora incessante de toda a vida vegetal. Acreditava-se também que ela exercia um domínio ilimitado sobre a criação animal, especialmente sobre o leão, o nobre rei das feras. Reia é geralmente representada usando uma coroa de torres e sentada em um trono, com leões agachados aos seus pés. Por vezes, é retratada sentando-se em uma carruagem puxada por leões.

A sede principal dos cultos a ela, conhecidos por sempre serem bastante tumultuosos, ficava em Creta. Em seus festivais, que ocorriam durante a noite, a música selvagem das flautas, dos címbalos e dos tambores ressoava, enquanto a atmosfera era preenchida por gritos de júbilo e clamores, acompanhados de danças e fortes batidas de pé.

Essa divindade foi introduzida a Creta pelos primeiros colonos vindos da Frígia, na Ásia Menor, em cuja região ela era cultuada sob o nome de Cibele. O povo de Creta a adorava como a Grande Mãe, mais especificamente como o grande sustentáculo do mundo vegetal. Vendo, contudo, que, ano após ano, assim que surgia o inverno, toda a sua glória desaparecia, as flores murchavam e as árvores ficavam sem folhas, o povo cretense passou a expressar esse curso da natureza de maneira poética, a partir da imagem de um amor perdido. Dizem que ela tinha uma profunda estima por um jovem de beleza notável chamado Átis, o qual, para seu imenso pesar e indignação, mostrou-se infiel. Ele estava prestes a se unir a uma ninfa chamada Sagaris quando, em meio ao banquete de casamento, a fúria da deusa indignada caiu de repente sobre todos os presentes. O pânico tomou conta dos convidados, e Átis, afligido por um lapso de loucura, fugiu para as montanhas e suicidou-se. Cibele, movida pela tristeza e pelo arrependimento, instituiu um luto anual por sua perda, ocasião em que os sacerdotes, os coribantes, com ruidosos e habituais acompanhamentos, marchavam em direção às montanhas, em busca do jovem perdido. Quando o encontravam[6], extravasavam seu deleite extasiante entregando-se aos gestos mais violentos, dançando, gritando e, ao mesmo tempo, ferindo-se e cortando-se de maneira assustadora.

OPS

Em Roma, a grega Reia foi identificada com Ops, a deusa da abundância, esposa de Saturno e dotada de várias denominações. Era chamada de *Magna Mater*, de *Mater-Deorum*, de Ida-Berecíntia e de Dindimena[7]. Os dois últimos títulos, ela adquiriu de três altos montes da Frígia, de onde foi trazida para Roma como Cibele durante a Segunda Guerra Púnica (205 a.C.), em obediência a uma liminar contida nos Livros Sibilinos. Foi representada como uma matrona coroada de torres, sentada em uma carruagem puxada por leões.

DIVISÃO DO MUNDO

Retornaremos agora a Zeus e a seus irmãos, que, tendo obtido vitória absoluta sobre os inimigos, passaram a considerar como o mundo que conquistaram deveria ser dividido entre eles. Por fim, ficou fortuitamente estabelecido que Zeus deveria reinar de modo supremo no Céu, enquanto Hades governaria o Mundo Inferior e Poseidon teria pleno comando sobre o Mar; porém, a supremacia de Zeus foi reconhecida

6 Possivelmente, uma imagem dele colocada a postos do local.

7 Os dois primeiros títulos provêm do latim e significam "Grande Mãe" e "Mãe dos Deuses". Já os dois últimos fazem referência aos montes Ida, Berecinto e Díndimo, onde a deusa Ops era cultuada (N. T.).

em todos os três reinos, no céu, na terra (na qual o mar estava incluso, claro) e debaixo da terra. Zeus mantinha sua corte no topo do monte Olimpo, cujo cume ficava além das nuvens; os domínios de Hades eram as regiões sombrias e desconhecidas abaixo da terra; Poseidon reinava sobre o mar. Conforme se verá, o reino de cada um desses deuses era envolto em mistério. O Olimpo era coberto de névoa, o submundo era cercado pela escuridão sombria e o mar era – e, na verdade, ainda é – uma fonte de admiração e profundo interesse. Assim, vemos que aquilo que, para outras nações, era apenas um conjunto de fenômenos estranhos serviu de base a esse povo poético e imaginativo para a criação das maravilhosas histórias de sua mitologia.

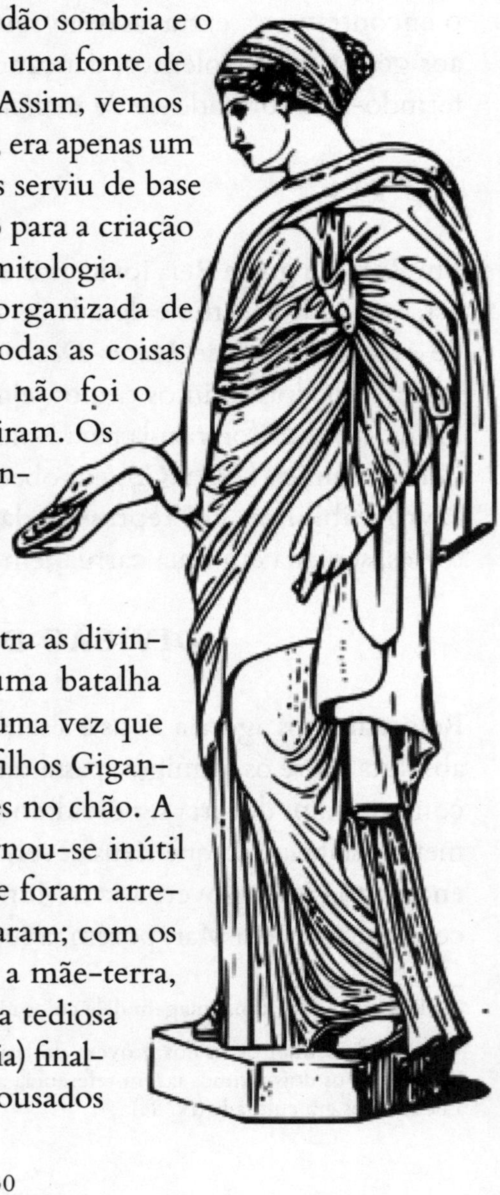

Com a divisão do mundo organizada de modo satisfatório, parecia que todas as coisas ocorreriam perfeitamente, mas não foi o caso. Problemas inesperados surgiram. Os Gigantes, aqueles monstros hediondos que brotaram da terra e do sangue de Urano (alguns dos quais com pernas formadas por serpentes), declararam guerra contra as divindades triunfantes do Olimpo; uma batalha cansativa e prolongada ocorreu, uma vez que Gaia fizera invencíveis esses seus filhos Gigantes, desde que mantivessem os pés no chão. A precaução da mãe, contudo, tornou-se inútil graças a fragmentos de pedra que foram arremessados contra eles e os derrubaram; com os pés já não mais tão firmes sobre a mãe-terra, eles foram vencidos, e essa guerra tediosa (que foi chamada de Gigantomaquia) finalmente terminou. Entre os mais ousados desses gigantes nascidos da terra, estavam Encélado, Retus e o valente Mimas, que, com fogo e energia juvenis, arremessaram contra o céu grandes quantidades de pedras e carvalhos em chamas, desafiando os relâmpagos de Zeus. Um dos monstros mais poderosos que se opuseram a Zeus nessa guerra chamava-se Tifão ou Tífon. Ele era o filho mais novo de Tártaro e Gaia e tinha cem cabeças, com olhos que aterrorizavam seus observadores e vozes imponentes e assustadoras. Esse monstro terrível resolveu conquistar deuses e homens, mas teve os planos frustrados por Zeus, o qual, após um encontro violento, conseguiu destruí-lo com um raio, mas não antes de Tífon aterrorizar os deuses a ponto de eles terem se refugiado no Egito, onde se metamorfosearam em diferentes animais e, assim, conseguiram escapar.

TEORIAS SOBRE A ORIGEM DO HOMEM

Assim como havia várias teorias a respeito da origem do mundo, também havia relatos diversos sobre a criação do homem.

A primeira crença natural do povo grego era a de que o homem nascera da terra. Os gregos viam flores e plantas delicadas abrirem caminho através do solo no início da primavera, depois que a geada do inverno já havia desaparecido: naturalmente, concluíam, então, que o homem também devia ter saído da terra, de modo similar. Igual às plantas e às flores selvagens, supunha-se que ele não tinha cultivo e assemelhava-se, nos hábitos, às feras indomáveis do campo por não ter habitação, exceto aquela que a natureza provera nos buracos das rochas e nas florestas densas, cujos galhos abrangentes o protegiam das intempéries do clima.

Com o passar do tempo, esses seres humanos primitivos foram domesticados e civilizados pelos deuses e pelos heróis, que os ensinaram a trabalhar com metais e a construir casas e outras artes úteis da civilização. Porém, a raça humana tornou-se tão degenerada no decorrer do tempo que os deuses resolveram destruir toda a humanidade por meio de um dilúvio; Deucalião (filho de Prometeu) e sua esposa Pirra foram, por conta de sua sincera devoção, os únicos mortais salvos.

Por ordem do pai, Deucalião construiu uma arca na qual ele e a esposa se refugiaram durante o dilúvio, que durou nove dias. Quando as águas baixaram, a arca parou no monte Ótris, na Tessália, ou, de acordo com alguns, no monte Parnaso. Deucalião e Pirra consultaram, então, o oráculo de Têmis para saber como a raça humana poderia ser restaurada. A resposta que receberam foi que deveriam cobrir as cabeças e atirar os ossos da mãe deles para trás. Durante certo tempo, ficaram perplexos com o sentido do comando oracular, mas, enfim, concordaram que a expressão "ossos da mãe deles" fazia referência às pedras da terra. Assim, pegaram as pedras do lado da montanha e lançaram-nas por cima dos ombros. Das pedras jogadas por Deucalião, surgiram os homens e, das jogadas por Pirra, as mulheres.

Após certo tempo, a teoria da Autoctonia (de *autos*, "auto", e *chthon*, "terra") foi deixada de lado. Quando essa crença existia, não havia nenhum mestre religioso, mas, com o passar do tempo, ergueram-se templos em honra aos diferentes deuses, e sacerdotes foram designados para oferecer-lhes sacrifícios e conduzir-lhes a adoração. Esses sacerdotes eram encarados como autoridades em todos os assuntos religiosos; a doutrina que ensinavam era que o homem fora criado pelos deuses e que haviam existido várias eras humanas em sequência, chamadas Idade de Ouro, de Prata, de Bronze e de Ferro.

A vida na Idade de Ouro foi uma fase contínua de prazeres recorrentes, sem tristeza ou preocupações. Os mortais privilegiados que viveram nessa época feliz levaram vidas puras e alegres, sem pensar em coisas ruins nem fazer mal algum. A terra produzia frutos e flores sem fadiga ou trabalho, em abundante exuberância, e não se ouvia falar em guerra. Tal existência prazerosa e divina durou centenas de anos; quando, enfim, a vida na terra terminou, a morte colocou a mão tão gentilmente sobre os mortais que eles faleceram sem dor, em um sonho feliz, e continuaram sua existência como espíritos ministradores no submundo, zelando e protegendo aqueles que amaram e deixaram para trás na terra. Os homens da Idade de Prata[8] estavam crescendo havia bastante tempo e, durante a infância, que durou cem anos, sofreram por problemas de saúde e debilidade extrema. Quando finalmente se tornaram homens, viveram por pouco tempo, pois não se abstiveram de causar dano uns aos outros e nem prestaram o devido culto aos deuses; foram, portanto, banidos para o submundo. Lá, ao contrário dos seres da Idade de Ouro, não exerceram nenhuma supervisão benéfica sobre os entes queridos deixados para trás, mas vagaram como espíritos inquietos, sempre suspirando pelos prazeres perdidos que desfrutavam em vida.

Os homens da Idade de Bronze eram uma raça de seres bem diferentes. O que tinham de força e poder era o que os da Idade de Prata tinham de fraqueza e fragilidade. Tudo o que os cercava era feito de bronze: armas, ferramentas, habitações e tudo o que faziam. Seus traços pareciam lembrar o metal com que se deleitavam; suas mentes e seus corações eram duros, obstinados e cruéis. Eles levavam uma vida de luta e contenda: introduziram no mundo, que até então não conhecia nada além de paz e tranquilidade, o flagelo da guerra e só eram felizes de fato quando lutavam e brigavam entre si. Até então, Têmis, a deusa da Justiça, vivia entre a humanidade, mas, desanimada com as más ações que presenciou entre os humanos, abandonou a terra e voou de volta ao céu. Por fim, os deuses cansaram-se tanto das maldades e dissensões contínuas dos homens que os removeram da face da terra e os enviaram ao submundo para compartilhar o destino de seus predecessores.

Chegamos, então, aos homens da Idade de Ferro. A terra, agora sem a fecundidade plena, só conseguiu crescer após muita labuta e trabalho. Com o abandono da humanidade pela deusa da Justiça, nenhuma influência permanecia suficientemente forte para preservar os homens de qualquer tipo de iniquidade e pecado. Essa condição foi piorando com o passar do tempo até que Zeus, em sua ira, derramou

8 Essa era foi contemporânea ao início da dinastia de Zeus.

cursos inteiros de água de cima a baixo e afogou todos os indivíduos dessa raça maligna, exceto Deucalião e Pirra.

A teoria de Hesíodo[9], o mais velho de todos os poetas gregos, dizia que o Titã Prometeu, filho de Jápeto, formara o homem do barro e que Atena lhe soprara uma alma. Cheio de amor pelos seres que trouxera à existência, Prometeu determinou-se a aprimorar as mentes e melhorar as condições deles em todos os sentidos; ensinou-lhes, portanto, astronomia, matemática, o alfabeto, a cura de doenças e a arte da adivinhação. Ele criou essa raça em tão grande quantidade que os deuses começaram a ver a necessidade de instituir certas leis fixas em relação aos sacrifícios que lhes eram devidos, bem como ao culto a que se consideravam dignos em troca da proteção que davam à humanidade. Uma assembleia foi convocada em Mecone, então, para resolver essas questões. Decidiu-se que Prometeu, como o advogado dos homens, deveria matar um boi e dividi-lo em duas partes iguais; os deuses deveriam selecionar uma porção que, dali em diante, fosse separada para eles em todos os sacrifícios futuros. Prometeu dividiu o boi de tal modo que uma parte foi constituída de ossos (que decerto formavam a porção menos valiosa do animal), habilmente escondidos pela gordura branca, ao passo que a outra continha todas as porções comestíveis, cobertas com a pele e com o estômago por cima de tudo.

Fingindo que havia sido ludibriado, mas percebendo o estratagema, Zeus escolheu o monte de ossos e ficou tão furioso pela enganação que Prometeu tinha intentado contra ele que se vingou ao recusar a dádiva do fogo aos mortais. Prometeu, contudo, resolveu enfrentar a ira do grande governante do Olimpo e obter do céu a chama vital, tão necessária para o progresso e o conforto da raça

9 Dizem que Hesíodo viveu 850 anos antes da Era Cristã e, consequentemente, cerca de 200 anos após o Rei Davi. Ele viveu na Beócia, onde seu túmulo ainda é visível, em Orcômeno. Esse escritor antigo deixou dois grandes poemas, um intitulado "Os trabalhos e os dias", no qual nos fornece algumas das primeiras lendas gregas, e o outro, "Teogonia", contendo as genealogias dos deuses; infelizmente, ambos os poemas foram tão interpolados pelos escritores da escola alexandrina que perderam valor como fontes confiáveis de informação sobre as crenças primitivas da nação grega.

humana. Dessa forma, conseguiu roubar algumas chamas da carruagem do sol, as quais transportou para a terra escondendo-as em um tubo oco. Furioso por ter sido ludibriado novamente, Zeus decidiu se vingar primeiro da humanidade e depois de Prometeu. Para punir os homens, ordenou a Hefesto (Vulcano) que moldasse uma bela mulher de argila e determinou que, por meio dela, problemas e desgraças fossem trazidos ao mundo.

Os deuses ficaram tão encantados com a criação graciosa e artística de Hefesto que todos resolveram dotá-la de algum presente especial. Hermes (Mercúrio) concedeu-lhe uma língua suave e persuasiva, Afrodite deu-lhe a beleza e a arte de agradar; as Graças fizeram-na fascinante; Atena (Minerva) a presenteou com os talentos femininos. Ela chamava-se Pandora – que significa "a que possui todos os dons" – e recebeu todos os atributos necessários para tornar-se charmosa e irresistível. Assim, essa criatura deslumbrante, lindamente formada, vestida pelas Graças e coroada de flores pelas Estações, foi conduzida à casa de Epimeteu[10] por Hermes, o mensageiro dos deuses. Epimeteu fora alertado pelo irmão a não aceitar nenhum presente dos deuses, mas ficou tão fascinado pela linda criatura que surgira de súbito em sua casa que a recebeu e fez dela sua esposa. Não demorou muito, no entanto, para que tivesse motivos suficientes para se arrepender de sua fraqueza.

Ele tinha em sua posse um jarro de acabamento raro, com todas as bênçãos que os deuses reservaram para a humanidade. Epimeteu fora expressamente proibido de abri-lo, mas a notória curiosidade de Pandora não conseguiu resistir a tamanha tentação e ela resolveu desvendar o mistério a qualquer custo. Na primeira oportunidade, levantou a tampa e, imediatamente, todas as bênçãos que os deuses haviam reservado para a humanidade abriram asas e voaram para longe. Mas nem tudo estava perdido. Quando a Esperança (que jazia no fundo) estava prestes a escapar, Pandora fechou depressa a tampa

---

[10] Epimeteu significa "o que pensa depois" e Prometeu, "o que pensa antes".

do jarro e, desse modo, conservou para o homem esse consolo infalível que o ajuda a suportar com coragem os muitos males que o assolam.[11]

Depois de punir a humanidade, Zeus decidiu se vingar de Prometeu. Assim, acorrentou-o em uma rocha no monte Cáucaso e enviou uma águia para todos os dias devorar-lhe o fígado, que toda noite crescia de novo, pronto para novos tormentos. Durante trinta anos, Prometeu suportou esse terrível castigo, até que Zeus finalmente cedeu e permitiu que seu filho Héracles (Hércules) matasse a águia; o sofredor foi liberto.

[11] Há várias versões desse mito. De acordo com algumas, o jarro ou vaso estava cheio de todos "os males dos quais a carne é herdeira".

TERCEIRA DINASTIA

DIVINDADES OLÍMPICAS

ZEUS[12] (Júpiter)

Zeus, a grande divindade que comandava o universo, governante do céu e da terra, foi considerado pelos gregos, em primeiro lugar, o deus de todos os fenômenos aéreos; em segundo, a personificação das leis da natureza; em terceiro, senhor da vida estatal; e, em quarto, o pai dos deuses e dos homens.

Como o deus dos fenômenos aéreos, sacudindo sua égide[13], podia produzir tempestades, tormentas e uma intensa escuridão. Ao seu comando, o poderoso trovão se manifesta, o relâmpago brilha e as nuvens se abrem e derramam torrentes refrescantes para frutificar a terra.

Como a personificação das operações da natureza, representa as grandes leis de ordem imutável e harmoniosa, por meio das quais tanto o mundo físico quanto o mundo moral são governados. Zeus é, portanto, o deus do tempo regulado, perceptível na mudança das estações e na sucessão regular do dia e da noite, em contraste com seu pai, Cronos, que representa o tempo absoluto, ou seja, a eternidade.

Como o senhor da vida estatal, é o fundador do poder dos reis, o sustentáculo de todas as instituições ligadas ao Estado, o amigo e o

12 Nome que vem de Diaus, o céu.

13 Um escudo sagrado feito para Zeus por Hefesto, cujo nome se explica por ele ser coberto pela pele da cabra Amalteia, uma vez que a palavra Ægis significa "pele de cabra".

patrono especial dos príncipes, a quem guarda e auxilia com admoestações e conselhos. Ele protege a assembleia do povo e, com efeito, zela pelo bem-estar de toda a comunidade.

Como o pai dos deuses, verifica se todos cumprem com os deveres individuais, pune os delitos, resolve as disputas e age sobre os humanos em todas as ocasiões, como conselheiro onisciente e poderoso amigo.

Como o pai dos homens, tem um interesse paternal nas ações e no conforto dos mortais. Vigia-os com terna solicitude, recompensando a verdade, a caridade e a retidão, mas punindo severamente o falso testemunho, a crueldade e a falta de hospitalidade. Até mesmo o andarilho mais pobre e desamparado encontra nele um advogado eficaz, pois, por uma providência sábia e misericordiosa, ordena que os poderosos da terra socorram os irmãos aflitos e necessitados.

Os gregos acreditavam que o lar dessa divindade onipotente era o cume do monte Olimpo, uma montanha alta e sublime entre a Tessália e a Macedônia, cujo topo, envolto em nuvens e névoa, escondia-se da visão dos mortais. Supunha-se que essa região misteriosa, inalcançável até para um pássaro, estendia-se para além das nuvens em direção ao Éter, o reino dos deuses imortais. Os poetas descrevem essa atmosfera etérea como brilhante e reluzente, exercendo uma influência peculiar e aprazível sobre as mentes e os corações desses seres privilegiados, autorizados a compartilhar as delícias do ambiente. Ali, a juventude nunca envelhece e a passagem dos anos não deixa marcas em seus habitantes favoritos. No topo do Olimpo, coberto de nuvens, ficava o palácio de Zeus e Hera, feito de ouro polido, prata cinzelada e marfim reluzente. Mais para baixo, ficavam os lares dos outros deuses, que, embora menos imponentes em posição e tamanho, ainda eram similares ao de Zeus no projeto e no acabamento, sendo todos obras do artista divino Hefesto. Abaixo destes, havia outros palácios de prata, ébano, marfim ou latão polido, onde residiam os Heróis, ou Semideuses.

Como o culto a Zeus era uma característica muito importante na religião dos gregos, as estátuas dele eram necessariamente mais numerosas e magníficas. Em geral, ele é representado como um homem de semblante nobre e imponente e expressa, na fisionomia, a majestade sublime do governante todo-poderoso do universo, combinada com a benignidade graciosa – e não obstante séria – de um pai e um amigo da humanidade. Pode ser reconhecido pela barba grande e esvoaçante e pelos grossos fios de cabelo, que vão da testa larga até cair sobre os ombros em mechas agrupadas. O nariz é grande e bem formado; já os lábios entreabertos transmitem um ar de simpatia e amabilidade, que inspira confiança. Ele é sempre acompanhado por uma águia, que pousa em seu cetro ou em seus pés; em geral, carrega em uma das mãos erguidas um feixe de raios, pronto para ser arremessado, enquanto, na outra, segura os relâmpagos. A cabeça está frequentemente adornada com uma coroa de folhas de carvalho.

A estátua mais célebre do Zeus Olímpico foi a do famoso escultor ateniense Fídias. A escultura tinha doze metros de altura e ficava no templo de Zeus, na Olímpia. Feita de ouro e marfim, era uma obra-prima tão grande que chegou a ser considerada uma das Sete Maravilhas do Mundo Antigo. Ela representava o deus sentado em um trono, segurando, na mão direita, uma imagem em tamanho real de Nike (a deusa da Vitória) e, na esquerda, um cetro real, com uma águia em cima. Dizem que o grande escultor concentrou todos os poderes maravilhosos de sua genialidade nessa obra sublime e, depois, implorou com fervor para que Zeus lhe desse a prova definitiva de que seus esforços haviam sido reconhecidos. A resposta de sua oração chegou pelo telhado aberto do templo, na forma de um relâmpago, que Fídias interpretou como um sinal de que o deus dos céus estava satisfeito com o trabalho.

Zeus foi adorado pela primeira vez em Dodona, no Épiro, onde, ao pé do monte Tomaros, na margem arborizada do lago Joanina, ficava o famoso oráculo, o mais antigo na Grécia. Aqui, supunha-se que a voz do deus eterno e invisível era ouvida no balanço das folhas de um carvalho gigante, anunciando à humanidade a vontade do céu e o destino dos mortais; essas revelações eram interpretadas ao povo pelos sacerdotes de Zeus, que eram chamados de Selos. Escavações recentes feitas nesse local trouxeram à tona as ruínas de um antigo templo de Zeus e também, entre outras relíquias interessantes, algumas placas de chumbo, nas quais estão gravadas indagações que evidentemente haviam sido feitas por certos indivíduos que consultaram o oráculo. Essas pequenas placas de chumbo, de um modo curiosamente familiar, falam conosco, por assim dizer, sobre uma época finda no passado enterrado. Uma pessoa questiona-se a que deus deve apelar para obter saúde e fortuna, outra pede conselhos sobre o filho e uma terceira, evidentemente um pastor, promete um presente ao oráculo caso seu negócio com ovelhas seja bem-sucedido. Se esses pequenos memoriais fossem de ouro em vez de chumbo, sem dúvida teriam compartilhado o destino de numerosos tesouros que adornavam esse e outros templos: a pilhagem total, quando a Grécia caiu nas mãos dos bárbaros.

Embora Dodona fosse o mais antigo dos santuários de Zeus, a grande sede nacional de seu culto ficava em Olímpia, em Élis, onde havia um magnífico templo dedicado a ele, contendo a famosa estátua colossal de Fídias, descrita anteriormente. Multidões de devotos reuniam-se nesse templo renomado, vindas de todas as partes da Grécia, não apenas para prestar homenagem ao deus supremo, mas também para participar dos jogos celebrados que lá aconteciam em intervalos de quatro anos. Os jogos olímpicos eram uma forte tradição nacional, de tal modo que os gregos que haviam deixado o país de origem faziam o possível para retornar nessas ocasiões, a fim de competir com seus compatriotas nos vários esportes atléticos desses festivais.

É possível pensar que, em um país como a Grécia, formado de tantos estados pequenos (muitas vezes em desacordo uns com os outros), essas reuniões nacionais devem ter sido muito valiosas, um meio de unir os gregos em um grande laço de irmandade. Nessas ocasiões festivas, toda a nação se reunia, esquecendo por um momento todas as diferenças do passado e compartilhando a fruição das mesmas atividades.

Outra questão notável é que, nas representações de Zeus, ele está sempre acompanhado por uma águia. Essa ave real lhe era sagrada, provavelmente pelo fato de ser a única criatura capaz de fitar o sol sem ser ofuscado por ele, o que pode ter sugerido a ideia de que ela conseguia contemplar o esplendor da majestade divina de modo inabalável.

O carvalho e também os cumes das montanhas eram sagrados para Zeus. Seus sacrifícios consistiam em touros brancos, vacas e cabras.

Zeus teve sete esposas imortais, chamadas Métis, Têmis, Eurínome, Deméter, Mnemósine, Leto e Hera.

Métis, a primeira esposa, era uma das Oceânides, ou ninfas do mar. Era a personificação da prudência e da sabedoria, o que foi comprovado quando administrou a poção que fez Cronos regurgitar os filhos. Foi agraciada com o dom da profecia e previu que um dos filhos de Zeus ganharia ascendência sobre ele. A fim de evitar que a previsão se cumprisse, ele engoliu Métis antes que qualquer filho deles nascesse. Mais tarde, sentindo fortes dores de cabeça, mandou chamar Hefesto e ordenou que ele a abrisse com um machado. Sua ordem foi obedecida e de sua cabeça surgiu, com um grito alto e marcial, uma bela criatura, vestida com uma armadura da cabeça aos pés. Era Atena (Minerva), a deusa da Resistência Armada e da Sabedoria.

Têmis era a deusa da Justiça, da Lei e da Ordem.

Eurínome era uma das Oceânides e a mãe das Cárites, ou Graças.

Deméter[14], filha de Cronos e Reia, era a deusa da Agricultura.

Mnemósine, filha de Urano e Gaia, era a deusa da Memória e mãe das nove Musas.

Leto (Latona) era a filha de Céos e Febe. Era dotada de incrível beleza e amada com ternura por Zeus; estava longe, porém, de ter um destino feliz, pois Hera, com muito ciúme, a perseguiu com uma crueldade inveterada e mandou a terrível serpente Píton[15] aterrorizá-la e atormentá-la aonde quer que ela fosse. Todavia, Zeus, que observara as peregrinações cansativas de Leto com a mais profunda compaixão, resolveu criar um lugar de refúgio, ainda que humilde, onde ela

---

[14] Ver Deméter.

[15] Esse monstro assustador surgiu das águas viscosas e estagnadas que permaneceram na superfície da terra após o dilúvio de Deucalião.

pudesse ficar protegida dos ataques venenosos da serpente. O deus levou-a, portanto, para Delos, uma ilha flutuante no mar Egeu que se tornou estática quando Zeus fincou-a no fundo do mar com correntes de adamante. Nessa ilha, Leto deu à luz os filhos gêmeos, Apolo e Ártemis (Diana), dois dos mais belos imortais.

De acordo com algumas versões da história de Leto, Zeus a transformou em uma codorna para ela escapar da vigilância de Hera; dizem que a filha de Céos e Febe retornou à forma verdadeira ao chegar à ilha de Delos.

Hera, a principal esposa de Zeus e a rainha do céu, terá uma descrição detalhada em um capítulo especialmente dedicado a ela.

Na união de Zeus com a maioria de suas esposas imortais, descobriremos que está sendo veiculado um sentido alegórico. Seu casamento com Métis – divindade que, segundo dizem, superou deuses e homens em conhecimento – representa o poder supremo aliado à sabedoria e à prudência. Sua união com Têmis tipifica o elo existente entre a majestade divina e a justiça, a lei e a ordem. Eurínome, como a mãe das Cárites ou Graças com Zeus, supriu as influências refinadas e harmoniosas da graça e da beleza, ao passo que o casamento de Zeus com Mnemósine tipifica a união entre a genialidade e a memória.

Além das sete esposas imortais, Zeus também se uniu a muitas donzelas mortais, a quem visitava sob vários disfarces, pois se supunha que, caso se revelasse na forma verdadeira, como rei dos céus, o esplendor de sua glória causaria a destruição instantânea da humanidade. As companheiras mortais de Zeus são um tema tão caro a poetas, pintores e escultores que é necessário contar essas histórias individualmente. As mais conhecidas são Antíope, Leda, Europa, Calisto, Alcmena, Sêmele, Io e Dânae.

Antíope, para quem Zeus apareceu na forma de um sátiro, era filha de Nicteu, rei de Tebas. Para escapar da fúria do pai, ela fugiu para Sícion, onde o rei Epopeu, extasiado com aquela magnífica beleza, fez dela sua esposa sem pedir a permissão do pai. Isso enfureceu tanto Nicteu que ele declarou guerra contra Epopeu, a fim de obrigá-lo a devolver Antíope. Na hora de sua morte, que ocorreu antes que conseguisse êxito em seu propósito, Nicteu deixou o reino para o irmão Lico, ordenando que ele continuasse a guerra e executasse sua vingança ao mesmo tempo. Lico invadiu Sícion, derrotou e matou Epopeu e trouxe Antíope de volta como prisioneira. No caminho para Tebas, ela deu à luz os filhos gêmeos, Anfião e Zeto, os quais, por ordem de Lico, foram imediatamente abandonados no monte Citéron, onde morreriam se não fosse a bondade de um pastor, que se apiedou deles e preservou suas vidas. Por muitos anos, Antíope foi mantida em cativeiro pelo tio e obrigada a sofrer a maior crueldade nas mãos da esposa dele, Dirce, até que um dia os nós que a prendiam foram milagrosamente desamarrados e ela correu em busca de abrigo e proteção, parando na moradia humilde dos filhos, no monte Citéron. Durante o longo período em que a mãe deles esteve em cativeiro, os bebês tornaram-se jovens robustos e, à medida que ouviam, furiosos, a história das injustiças sofridas, cada vez mais ansiavam vingá-las. Partindo de imediato para Tebas, conseguiram se apossar da cidade e, depois de matar o cruel Lico, prenderam Dirce pelos cabelos nos chifres de um touro selvagem, que a arrastou de um lado para o outro até ela dar o último suspiro. Seu corpo mutilado foi jogado na fonte perto de Tebas, que ainda leva seu nome. Anfião tornou-se o rei de Tebas no lugar do tio. Ele era amigo das Musas e devoto da música e da poesia. Seu irmão, Zeto, era famoso pela habilidade com o arco e flecha e era apaixonado pela arte da caça também. Dizem que, quando Anfião quis cercar a cidade de Tebas com muralhas e torres, bastou tocar uma doce melodia com a lira que Hermes havia lhe dado para pedras enormes começarem a mover-se obedientemente, encaixando-se umas sobre as outras.

A punição de Dirce nas mãos de Anfião e Zeto é o tema de uma peça de mármore mundialmente famosa e conhecida pelo nome de *Touro Farnésio*, que fica no Museu Arqueológico Nacional de Nápoles.

Na escultura, Anfião sempre é representado com uma lira; Zeto, com uma clava.

Leda, cujo afeto Zeus conquistou sob a forma de um cisne, era filha de Téstio, rei da Etólia. Seus filhos gêmeos, Castor e Pólux[16] (ou Polideuces), eram conhecidos pela ligação carinhosa que nutriam um pelo outro. Também eram famosos por suas façanhas físicas, sendo Castor o cocheiro mais experiente da época e Pólux, o primeiro dos pugilistas. Seus nomes aparecem tanto entre os caçadores do javali calidônio quanto entre os heróis da expedição argonáutica. Os irmãos afeiçoaram-se às filhas de Leucipo, príncipe dos messênios, mas elas tinham sido prometidas pelo pai a Idas e a Linceu, filhos de Afareu. Após persuadir Leucipo a quebrar a promessa, os gêmeos levaram as donzelas como suas noivas. Idas e Linceu, naturalmente furiosos com essa atitude, desafiaram os Dióscuros para um combate mortal, em que Castor pereceu pela mão de Idas e Linceu, pela de Pólux. Zeus desejou conferir a Pólux o dom da imortalidade, mas o rapaz se recusou a aceitá-lo, a menos que pudesse compartilhá-lo com Castor. Zeus concedeu o pedido, e os irmãos fiéis foram autorizados a viver, mas apenas em dias alternados. Os Dióscuros receberam honras divinas por toda a Grécia e foram adorados com uma reverência especial em Esparta.

Europa era a linda filha de Agenor, rei da Fenícia. Um dia, estava colhendo flores com as amigas em um campo à beira-mar quando Zeus, encantado com sua grande beleza e disposto a conquistar seu amor, transformou-se em um lindo touro branco e trotou silenciosamente até a princesa, para não assustá-la. Surpresa com a mansidão do animal e admirando-lhe a beleza enquanto ele se deitava placidamente na grama, ela acariciou-o, coroou-o de flores e, por fim, sentou-se com alegria em seu dorso. Mal ela se acomodara, o deus disfarçado saltou com sua carga adorável e nadou com ela pelo mar em direção à ilha de Creta.

[16] Castor e Pólux eram conhecidos como Dióscuros (de *dios*, deuses, e *kuroi*, jovens).

Europa foi a mãe de Minos, Éaco[17] e Radamanto. Minos, que se tornou rei de Creta, era celebrado por sua justiça e moderação, e, após sua morte, tornou-se um dos juízes do mundo inferior, cargo que ocupou junto aos irmãos.

Calisto, filha de Licaão, rei da Arcádia, era uma caçadora do séquito de Ártemis, dedicada aos prazeres da caça, que fez um voto de nunca se casar; Zeus, porém, sob a forma da deusa-caçadora, conseguiu obter seu afeto com êxito. Hera, com profundo ciúme de Calisto, transformou-a em uma ursa e fez Ártemis (que não havia sido capaz de reconhecer a serva na forma de ursa) caçá-la e dar fim à sua existência. Depois de sua morte, Calisto foi colocada por Zeus entre as estrelas como uma constelação, sob o nome de Arctos – ou Ursa Maior.

Alcmena, filha de Electrião, rei de Micenas, foi prometida ao primo Anfitrião, mas, durante a ausência do rapaz em uma empreitada perigosa, Zeus assumiu a forma dele e obteve o afeto da moça. Héracles (cujas façanhas de renome mundial serão relatadas na parte das lendas) foi o filho de Alcmena e Zeus.

Sêmele era uma linda princesa, filha de Cadmo, rei da Fenícia, e muito amada por Zeus. Assim como a infeliz Calisto, ela também foi alvo do ódio e do maligno ciúme de Hera. A altiva rainha do céu estava determinada a destruí-la, então, disfarçando-se de Béroe, a velha e fiel ama de Sêmele, engenhosamente persuadiu a princesa a insistir para que Zeus a visitasse da mesma forma que aparecia a Hera, em toda a sua glória e poder, sabendo bem que isso causaria a morte instantânea da humana. Sem suspeitar da traição, Sêmele acatou o conselho da suposta ama e, assim que Zeus veio ter com ela, rogou fervorosamente para que ele lhe concedesse o favor que estava prestes a pedir. Zeus jurou pelo Estige (um juramento irrevogável para os deuses) que concederia a solicitação dela, fosse ela qual fosse. Sêmele, então, na certeza de que teria seu pedido atendido, implorou para que

[17] Em outras versões do mito, o terceiro filho de Europa é Sarpedão. Éaco seria a prole de Zeus com Egina, a filha do deus fluvial Asopo (N. T.).

Zeus aparecesse a ela com toda a glória de seu poder divino e de sua majestade. Como havia jurado conceder qualquer coisa que ela pedisse, o deus foi obrigado a cumprir o desejo e revelou-se, então, como o poderoso senhor do universo, acompanhado de trovões e relâmpagos, fazendo Sêmele ser instantaneamente consumida pelas chamas.

Io, filha de Ínaco, rei de Argos, era uma sacerdotisa de Hera, muito bonita. Zeus, tendo bastante estima por ela, transformou-a em uma vaca branca, a fim de derrotar as intrigas de ciúmes de Hera, a qual, porém, não se deixou enganar. Consciente do estratagema, a deusa conseguiu pegar a amante de Zeus em sua forma animal e colocá-la sob o cuidado vigilante de um homem chamado Argos Panoptes, que a prendeu em uma oliveira no bosque de Hera. Ele tinha cem olhos e, quando dormia, nunca fechava mais de dois ao mesmo tempo; por estar sempre alerta, Hera o achou extremamente útil para vigiar Io. Hermes, contudo, por ordem de Zeus, conseguiu colocar a criatura para dormir com todos os olhos fechados pelo som de sua lira mágica e, aproveitando-se da condição dela, matou-o. A história conta que, em homenagem aos serviços prestados por Argos, Hera colocou os olhos dele na cauda de um pavão, como um memorial duradouro de sua gratidão. Sempre com algum recurso na manga, Hera enviou um moscardo para incomodar e atormentar, sem cessar, a infeliz Io, que vagou por todo o mundo na esperança de escapar de seu algoz. Finalmente, ela chegou ao Egito, onde encontrou descanso e liberdade das perseguições de seu inimigo. Nas margens do Nilo, assumiu a forma original e deu à luz um filho chamado Épafo, que mais tarde se tornou o rei do Egito e construiu a famosa cidade de Mênfis.

Dânae recebeu a visita de Zeus na forma de uma chuva de ouro (a história de Dânae será mais detalhada na lenda de Perseu).

Os gregos achavam que o governante divino do universo ocasionalmente assumia a forma humana e descia de sua morada celestial, a fim de visitar a humanidade e observar a conduta dos homens; seu objetivo geralmente era punir os culpados ou recompensar os dignos.

Certa vez, acompanhado de Hermes, Zeus fez uma jornada pela

Frígia à procura de hospitalidade e abrigo aonde fosse. Em nenhum lugar, porém, os dois tiveram uma recepção calorosa, até chegarem à humilde casa de campo de um senhor e sua esposa, chamados Filêmon e Báucis, que os receberam com a maior gentileza e apresentaram diante dos deuses a comida frugal que suas condições humildes permitiam, dando-lhes as boas-vindas com uma cordialidade sincera. Percebendo, no decorrer da simples refeição, que a taça de vinho milagrosamente ficava cheia de novo, o casal de idosos se convenceu da natureza divina dos convidados. Os deuses, então, informaram os dois de que, por causa da maldade de sua terra natal, ela estava condenada à destruição; também lhes disseram para subir com eles a colina vizinha, cuja vista dava para a aldeia onde moravam. Ora, como foi grande a tristeza do casal ao contemplar, aos seus pés, apenas uma planície inundada no lugar onde haviam passado tantos anos felizes juntos; a única habitação que se via era a casinha de campo deles, que de repente se transformou em um templo diante de seus olhos. Zeus pediu, então, que o nobre par fizesse qualquer pedido que tivessem, pois ele lhes seria concedido. Os dois imploraram para servir aos deuses no templo ali embaixo e terminar a vida juntos.

O desejo deles foi concedido; após passarem o resto de suas vidas adorando aos deuses, ambos morreram no mesmo instante e foram transformados em árvores por Zeus, ficando lado a lado para sempre.

Em outra ocasião, Zeus, querendo averiguar por si mesmo a veracidade dos relatos sobre a atroz maldade dos homens, fez uma jornada pela Arcádia. Ao ser reconhecido como o rei dos céus pelos árcades, foi recebido com veneração e respeito vistosos; Licaão, rei dos árcades, que havia se tornado infame pela sua bruta impiedade e a de seus filhos, duvidou, porém, do poder divino de Zeus e zombou do povo por ser tão facilmente ludibriado, decidindo assassinar Zeus – de acordo com seu costume de matar todos os estrangeiros que ousavam confiar em sua hospitalidade. Antes de executar esse plano maligno, contudo, resolveu pôr Zeus à prova e, matando um menino para esse fim, colocou diante do deus um prato com carne humana. Mas

Zeus não seria enganado com tanta facilidade. Ele encarou o prato repugnante com horror e aversão e, derrubando furiosamente a mesa onde o objeto havia sido colocado, transformou Licaão em um lobo e destruiu todos os seus cinquenta filhos com um relâmpago, exceto Nictimo, salvo pela intervenção de Gaia.

JÚPITER

O Júpiter romano, tão frequentemente confundido com o Zeus grego, é idêntico a ele apenas como o chefe dos deuses olímpicos e a divindade que preside a Vida, a Luz e os Fenômenos Aéreos. Júpiter é o senhor da vida em um sentido mais amplo e abrangente, tendo poder absoluto sobre a vida e a morte, diferentemente do Zeus grego, que era até certo ponto controlado pelo domínio todo-poderoso das Moiras ou Parcas. Zeus, conforme vimos, muitas vezes assente em visitar a humanidade, seja como um mortal, seja sob vários disfarces, ao passo que Júpiter se mantém essencialmente como o deus supremo do céu e nunca aparece sobre a terra.

O templo mais famoso de Júpiter era aquele no monte Capitolino, na cidade de Roma, onde era adorado sob os nomes de *Jupiter-Optimus-Maximus*, Capitolino e Tarpeio[18].

Os romanos representaram-no sentado em um trono de marfim, segurando, na mão direita, um feixe de raios e, na esquerda, um cetro, enquanto uma águia permanece ao lado do seu trono.

[18] Jupiter-Optimos-Maximus é uma expressão latina que significa "Júpiter Ótimo Máximo", ou, ainda, "Júpiter, o maior e o melhor". Já Capitolino e Tarpeio são epítetos que fazem referência ao local onde ficava o templo de Júpiter, no monte Capitolino (N. T.).

HERA (Juno)

Hera, filha primogênita de Cronos e Reia, nasceu em Samos, ou em Argos, segundo alguns relatos, foi criada pelas divindades marítimas Oceano e Tétis, que eram modelos de fidelidade conjugal[19]. Foi a principal esposa de Zeus e, como rainha do céu, participava das honrarias prestadas e ele; contudo, seu domínio apenas se estendia sobre o ar (as regiões aéreas inferiores). Hera parece ser a personificação sublime da estrita virtude matronal e, por isso, é a protetora da pureza e das mulheres casadas. Irrepreensível em sua fidelidade como esposa, ela é, em essência, modelo da santidade dos laços matrimoniais e abomina qualquer violação de suas obrigações. Imbuída de tão forte ódio por qualquer imoralidade, Hera, vendo-se tantas vezes chamada para punir as falhas dos deuses e dos homens nesse âmbito, tornou-se ciumenta, severa e vingativa. A posição elevada como esposa do deus supremo, combinada com a extrema beleza, tornou-a bastante vaidosa, fazendo-a ressentir-se com grande severidade, por conseguinte, por qualquer violação de seus direitos como rainha do céu – ou qualquer desfeita à sua aparência pessoal.

A história a seguir ilustrará, de modo evidente, como Hera estava pronta para ressentir-se de qualquer desprezo direcionado a ela.

No casamento da ninfa do mar Tétis com um mortal chamado Peleu, todos os deuses e deusas estavam presentes, exceto Éris (a deusa da Discórdia). Indignada por não ter sido convidada, Éris decidiu causar dissensão na assembleia e, para tanto, jogou no meio dos convidados uma maçã de ouro com os dizeres "Para a Mais Bela". Ora, uma vez que todas as deusas eram extremamente belas, cada uma reclamou a maçã para si; mas, ao final, tendo as deusas restantes renunciado às próprias vaidades, o número de candidatas foi reduzido a três: Hera,

---

19 Os gregos antigos atribuíam muito do caráter de um indivíduo às suas primeiras influências; por isso, Hera, a futura rainha e senhora do céu, é representada como alguém que cresceu em um ambiente doméstico e ordeiro, onde as virtudes do lar são cuidadosamente inculcadas.

Atena e Afrodite, que concordaram em apelar a Páris para resolver essa questão delicada, já que ele era notável pela sabedoria que dispensara ao julgar ocasiões diversas. Filho de Príamo, rei de Troia, Páris, que ignorava que havia nascido nobre, naquele momento alimentava seu rebanho no monte Ida, na Frígia. Hermes, como mensageiro dos deuses, conduziu as três beldades rivais ao jovem pastor e, com sôfrega ansiedade, elas aguardaram a decisão. Cada uma das belas candidatas se esforçou para garantir à mercê de Páris por meio das mais tentadoras ofertas. Hera prometeu-lhe domínios extensos; Atena, fama e glória bélicas; Afrodite, a mulher mais encantadora do mundo. Se ele realmente considerou Afrodite a mais bela das três – ou preferia uma linda esposa à fama e ao poder –, não podemos dizer; tudo o que sabemos é que a ela concedeu a maçã de ouro, tornando-a até hoje universalmente reconhecida como a deusa da beleza. Hera, que tinha achado mesmo que Páris lhe daria a preferência, ficou tão indignada que nunca o perdoou, e perseguiu não apenas ele, mas toda a família de Príamo, e os sofrimentos e os infortúnios terríveis sofridos por eles durante a Guerra de Troia foram atribuídos à influência dela. De fato, ela alimentou tanta animosidade que muitas vezes isso causou desentendimentos entre ela e Zeus, que abraçara a causa dos troianos.

Entre as muitas histórias dessas frequentes disputas, há uma relacionada a Héracles, o filho favorito de Zeus: quando Hera criou uma tempestade marítima para tirar Héracles da rota então programada, Zeus ficou tão furioso que a pendurou nas nuvens com uma corrente de ouro e prendeu bigornas pesadas nos pés dela. O filho Hefesto tentou libertar a mãe daquela posição humilhante, o que motivou Zeus a arremessá-lo para fora do céu; por conta da queda, Hefesto quebrou a perna.

Hera, profundamente ofendida pelos atos de Zeus, decidiu separar-se dele para sempre e, dessa forma, deixou-o e foi morar na Eubeia. Surpreso e entristecido com esse abandono inesperado, Zeus não mediu esforços para conquistá-la de volta. Diante dessa emergência, consultou Citéron, rei de Plateias, famoso por sua grande sabedoria e sutileza. Citéron o aconselhou a vestir uma imagem em trajes de noiva e colocá-la em uma carruagem, anunciando que aquela era Plateias, sua futura esposa. O artifício deu certo. Hera, indignada com a ideia de uma rival, voou ao encontro do cortejo com muita raiva e, avistando a suposta noiva, atacou-a furiosamente e arrancou-lhe o traje nupcial. O deleite dela ao descobrir o engano foi tão grande que houve uma reconciliação; entregando a imagem às chamas, com um riso de júbilo, a deusa ocupou seu lugar de novo e retornou ao Olimpo.

Hera foi mãe de Ares (Marte), Hefesto, Hebe e Ilítia. Ares foi o deus da Guerra; Hefesto, do Fogo; Hebe, da Juventude; por fim, Ilítia presidiu o nascimento dos mortais.

Hera amava a Grécia profundamente e, com efeito, sempre zelava e protegia os interesses gregos; suas cidades favoritas e mais queridas eram Argos, Samos, Esparta e Micenas.

Os templos principais de Hera ficavam em Argos e em Samos. Desde um tempo remoto, ela foi bastante venerada na Olímpia, e seu templo por lá, que ficava no Altis, ou bosque sagrado, era quinhentos anos mais velho que o de Zeus, no mesmo local. Algumas escavações interessantes em curso atualmente trouxeram à tona os resquícios de uma antiga construção, que contém, entre outros tesouros da antiguidade, várias estátuas belas, obras de escultores famosos da Grécia Antiga. A princípio, esse templo foi construído com madeira e depois com pedras – e o que foi descoberto recentemente era formado por um conglomerado de conchas.

No Altis, corridas eram realizadas por jovens donzelas em homenagem a Hera, e aquelas com os pés mais velozes recebiam como prova de sua vitória uma coroa de oliveiras e um pedaço da carne dos sacrifícios. Essas corridas, como os Jogos Olímpicos, eram celebradas em intervalos de quatro anos e chamavam-se Heraia. Um lindo manto, costurado por dezesseis mulheres escolhidas entre as dezesseis cidades de Élis, era sempre ofertado a Hera nessas ocasiões, e cantos corais e danças sagradas faziam parte das cerimônias.

Hera geralmente é representada em um trono, segurando, em uma das mãos, uma romã e, na outra, um cetro com um cuco pousado sobre ele. Apresenta-se como uma matrona de beleza majestosa, calma e digna, envolta em uma túnica e um manto; tem testa larga, olhos grandes e bem abertos e braços deslumbrantemente brancos e finamente moldados.

A mais bela estátua dessa divindade era a de Policleto, em Argos.

Seus atributos são o diadema, o véu, o cetro e o pavão.

No primeiro dia de cada mês, uma ovelha e uma porca eram sacrificadas a Hera. O falcão, o ganso e, mais especificamente, o pavão[20] eram consagrados para ela. Em geral, lindos pássaros em bando cercam seu trono e puxam sua carruagem, com Íris, o próprio Arco-Íris, sentada atrás dela.

Suas flores favoritas eram o díctamo, a papoula e o lírio.

JUNO

Juno, a divindade romana supostamente idêntica à grega Hera, diferenciava-se dela nos principais pontos, pois, enquanto Hera invariavelmente aparece como a altiva e inflexível rainha do céu, Juno, por outro lado, é reverenciada e amada como um modelo de matrona e dona de casa. Ela foi adorada em Roma sob vários títulos, a maioria deles indicando sua vocação como protetora das mulheres casadas. Acreditava-se que Juno vigiava e guardava a vida de cada mulher desde o nascimento até a morte. Os principais templos dedicados a ela ficavam em Roma, um deles sendo erguido no Aventino e o outro, no monte Capitolino. Ela também tinha um templo na Cidadela

20 No Período Homérico, os pavões não eram conhecidos; são, portanto, os poetas posteriores que descrevem que Hera é cercada de pavões, trazidos da Índia para a Grécia.

do Capitolino (*Arx*), no qual foi adorada como Juno Moneta, ou a deusa do aviso. Adjacente a esse santuário, ficava a Casa da Moeda pública[21]. No dia 1° de março, todas as mulheres de Roma celebravam um grande festival anual, chamado de Matronália, em homenagem a ela; essa tradição religiosa era acompanhada com muita solenidade[22].

PALAS ATENA (Minerva)

Palas Atena, deusa da Sabedoria e da Resistência Armada, era uma divindade puramente grega, ou seja, nenhuma outra nação tinha uma concepção análoga dela. Supunha-se, como já foi relatado, que ela saíra da cabeça do próprio Zeus, vestida com uma armadura da cabeça aos pés. O advento milagroso dessa deusa virgem é lindamente descrito por Homero em um de seus hinos: o Olimpo coberto de neve tremeu por inteiro; a terra feliz reentoou seu grito marcial; o mar revolto ficou agitado; e Hélio, o deus-sol, deteve o curso impetuoso de seus corcéis de fogo para dar as boas-vindas a essa maravilhosa emanação da cabeça divina. Atena foi imediatamente admitida na assembleia dos deuses e, dali em diante, ocupou seu lugar como a mais fiel e sagaz conselheira do pai. Essa donzela valente e destemida, essência tão exata de tudo o que é nobre no caráter do "pai dos deuses e dos homens", permaneceu casta nas palavras e nas ações e era também bondosa de coração, sem exibir nenhuma daquelas falhas

[21] Essa circunstância deu origem à conclusão errônea de que Juno presidiu as finanças do Estado, mas a palavra moneta é derivada do latim *monere*, que significa advertir ou admoestar.

[22] Ver Festivais Romanos.

que, em certa medida, maculam as características mais nobres de Zeus. Emanação direta de seu próprio ser, justamente sua filha favorita, sua melhor e mais pura réplica, recebeu dele várias prerrogativas importantes. Foi autorizada a lançar raios para prolongar a vida do homem e conceder o dom da profecia; sem dúvida, Atena foi a única divindade cuja autoridade igualava-se à do próprio Zeus; quando ele deixou de visitar a terra em pessoa, ela foi capacitada pelo pai para agir como sua representante. Era dever especial de Atena proteger o Estado e todas as associações pacíficas da humanidade, sendo apta a defendê-las quando necessário. Ela encorajou a manutenção da lei e da ordem e defendeu o que era certo em todas as ocasiões, razão pela qual abraça, na Guerra de Troia, a causa dos gregos e exerce toda a sua influência em favor deles. Acreditava-se que o Areópago, tribunal de justiça no qual causas religiosas e assassinatos eram julgados, fora instituído por ela, e, quando ambos os lados tinham um número igual de votos, ela dava o *voto de minerva*[23] a favor do acusado. Foi a padroeira da aprendizagem, da ciência e da arte, mais especificamente na medida em que essas práticas contribuíam de maneira direta para o bem-estar das nações. Presidiu todas as invenções ligadas à agricultura, inventou o arado e ensinou a humanidade a usar bois para fins agrícolas. Também instruiu os homens a

Pallas Athena, or Minerva.

[23] No original em inglês, "the casting-vote". Em português, cristalizou-se o uso da expressão "voto de minerva", cuja origem provém da mitologia grega, mais especificamente dos mitos que destacavam o papel exercido por Minerva (equivalente de Atena para os romanos) nos julgamentos de deuses e homens (N. T.).

usarem números, trombetas, carruagens etc., e presidiu a construção de *Argo*[24], incentivando, assim, a proveitosa arte da navegação. Também ensinou aos gregos como construir o cavalo de madeira por meio do qual se perpetrou a destruição de Troia.

A segurança das cidades dependia dos cuidados de Atena. Por essa razão, seus templos geralmente eram construídos nas cidadelas; ela também devia vigiar a defesa de muralhas, fortificações, portos etc. Uma divindade que guardou de modo tão fiel os maiores interesses do Estado – não apenas o protegendo do ataque de inimigos, mas também desenvolvendo as principais fontes de riqueza e prosperidade – foi dignamente escolhida como a deidade presidente do Estado e, nessa posição de deusa essencialmente política, foi chamada de Atena Polias[25].

O fato de Atena ter nascido vestida com uma armadura, o que significava apenas que sua virtude e pureza eram inatacáveis, deu margem à suposição errônea de que ela era a deusa que presidia a guerra; um estudo mais profundo de seu caráter em todos os aspectos prova, porém, que, ao contrário do irmão Ares, o deus da guerra, que amava a própria ideia da contenda, Atena só pega em armas para proteger os inocentes e os justos da opressão dos tiranos. É verdade que, na *Ilíada*, frequentemente a vemos no campo de batalha lutando com valentia e protegendo seus heróis favoritos, mas ela age sempre a mando de Zeus, que até mesmo lhe fornece armas para esse fim, pois acreditava-se que ela não tinha nenhuma. Uma característica marcante nas representações dessa divindade é a égide, o maravilhoso escudo que seu pai lhe dera, como mais um meio de defesa. Quando em perigo, ela girava esse escudo tão rapidamente que mantinha todas as forças antagônicas a distância; daí o nome Pallas, de *pallo*, "eu balanço". No centro desse escudo, coberto de escamas de dragão, bordado com serpentes e usado

[24] O primeiro grande navio dos gregos serviu para mais do que apenas navegação costeira.

[25] Conjectura-se que o epíteto "Polias" faça referência ao termo pólis, usado para designar as cidades-Estado da Grécia Antiga (N. T.).

por ela às vezes como uma couraça, ficava a cabeça imponente da Medusa, que tinha o efeito de transformar em pedra todos os seus observadores.

Além das muitas funções que exerceu em relação ao Estado, Atena presidiu os dois principais serviços do setor feminino: a fiação e a tecelagem. Nesta última arte, demonstrou gosto refinado e habilidade incomparável. Teceu o próprio manto e o de Hera, o qual ela teria bordado com excelência; também deu a Jasão uma capa feita por ela mesma, quando ele partiu em busca do Velocino de Ouro. Sendo, em certa ocasião, desafiada para um concurso por uma donzela mortal chamada Aracne, a quem instruíra na arte da tecelagem, aceitou o desafio e foi completamente vencida por sua pupila. Furiosa com a derrota, atingiu a infeliz donzela na testa com a lançadeira que segurava; Aracne, de natureza sensível, ficou tão magoada por tal humilhação que no desespero acabou se enforcando e Atena a transformou em uma aranha. Dizem que a deusa inventou a flauta[26], a qual tocava com talento considerável, até que um dia, depois de ter sido ridicularizada pelos deuses e deusas reunidos, por causa das caretas que fazia durante esses empreendimentos musicais, correu depressa até uma fonte para saber se de fato merecia a zombaria deles. Para seu profundo desgosto, descobriu que merecia e, assim, jogou a flauta fora e nunca mais a levou aos lábios.

Atena costuma ser representada totalmente vestida; tem um aspecto grave e pensativo, como se fosse repleta de seriedade e sabedoria; o belo contorno oval de seu rosto é adornado com a exuberância dos cabelos fartos, puxados para trás das têmporas e caindo graciosa e despretensiosamente; ela parece a encarnação da força, da grandeza e da majestade; os ombros largos e os quadris pequenos dão-lhe uma aparência ligeiramente masculina.

---

[26] Quando Perseu, com a ajuda de Atena, cortou a cabeça da Medusa, as duas irmãs górgonas desta fizeram um canto triste e fúnebre sair da boca das muitas cobras que compunham os cabelos de Medusa. Atena, satisfeita com o som, imitou a melodia em uma cana, inventando, assim, a flauta.

Quando representada como a deusa da guerra, aparece vestindo uma armadura, com um capacete na cabeça, no qual balança uma grande pluma; carrega a égide no braço e, na mão, um bastão de ouro, que tinha a capacidade de abençoar os escolhidos com juventude e dignidade.

Atena era universalmente adorada por toda a Grécia, mas vista com veneração especial pelos atenienses, sendo a divindade guardiã de Atenas. Seu templo mais célebre era o Partenon, que ficava na Acrópole de Atenas e continha uma estátua mundialmente famosa feita por Fídias, que perde apenas para a de Zeus, do mesmo grande artista. Essa estátua colossal tinha quase doze metros de altura e era feita de marfim e ouro; a majestosa beleza da escultura constituía a principal atração do templo. Representava a deusa ereta, portando a lança e o escudo; na mão, segurava uma imagem de Nike e, aos seus pés, havia uma serpente.

A árvore sagrada para ela era a oliveira, que ela mesma produzira em uma competição com Poseidon. Assim chamada à existência, a oliveira foi preservada no templo de Erecteu, na Acrópole, e dizem que ela possuía uma vitalidade tão maravilhosa que, quando os persas a queimaram depois de saquearem a cidade, imediatamente teria dado origem a novos brotos.

O principal festival realizado em homenagem a essa divindade eram as Panateneias.

A coruja, o galo e a serpente eram os animais sagrados para ela, e seus sacrifícios eram carneiros, touros e vacas.

MINERVA

A Minerva dos romanos foi identificada com a Palas Atena dos gregos. Como ela, Minerva preside a aprendizagem e todas as artes úteis e é a padroeira das realizações femininas da costura, da fiação, da tecelagem etc. As escolas estavam sob sua proteção especial, e os alunos, portanto, tinham férias durante seus festivais (a Grande Quinquatria), quando sempre traziam um presente ao seu mestre, chamado Minerval.

É digno de nota que as únicas três divindades cultuadas no Capitólio eram Júpiter, Juno e Minerva, e, em homenagem conjunta aos três, eram realizados os *Ludi Maximi*, ou Grandes Jogos.

TÊMIS

Têmis, que já foi referida como esposa de Zeus, era filha de Cronos e Reia e personificava as leis divinas da justiça e da ordem, por meio das quais o bem-estar e a moralidade dos povos são regulados. Ela presidia as assembleias do povo e as leis de hospitalidade. Confiaram-lhe o ofício de convocar a assembleia dos deuses, e ela também era ministra de ritual e cerimônia. Por conta de sua grande sabedoria, o próprio Zeus procurava seus conselhos com frequência e agia de acordo com suas orientações. Têmis era uma divindade profética e tinha um oráculo próximo ao rio Cefiso, na Beócia.

Em geral, ela é representada na condição da plena madureza da feminilidade, de aparência bela, usando uma roupa esvoaçante que cobre sua forma nobre e majestosa; na mão direita, segura a espada da justiça e, na esquerda, a balança, o que indica a imparcialidade com a qual todas as causas são cuidadosamente ponderadas por ela, tendo os olhos vendados para que a personalidade do indivíduo não tenha peso algum sobre seu veredito.

Essa divindade está associada ora com Tique, ora com Ananque.

Têmis, assim como muitas outras divindades gregas, tomou o lugar de uma deusa mais antiga de mesmo nome, que era filha de Urano e Gaia. Essa Têmis mais velha herdou da mãe o dom da profecia e, quando se fundiu com sua representante mais jovem, aquela transmitiu a esta seu poder profético.

HÉSTIA (Vesta)

Héstia era filha de Cronos e Reia. Era a deusa do Fogo, na primeira aplicação de referido elemento para as necessidades dos homens; assim, era essencialmente a divindade que presidia a lareira doméstica e que servia como espírito guardião dos seres humanos; sua influência pura e benigna era responsável por proteger a santidade da vida doméstica.

Ora, nessas eras primitivas, a lareira era considerada a parte mais importante e sagrada de uma habitação, provavelmente porque a proteção do fogo era um assunto relevante, pois, uma vez extinto, era muito difícil fazer a reignição. Na verdade, a lareira era tão sagrada que constituía o santuário da família, razão pela qual era sempre erguida no centro das casas. Além disso, a área era pequena em altura e feita de pedra; o fogo era colocado na parte superior e servia ao duplo propósito de preparar as refeições diárias e queimar os sacrifícios familiares. Ao redor dessa lareira ou desse altar doméstico, os vários membros da família se reuniam, o líder da casa ocupando o lugar de honra, mais próximo à lareira. Ali, orações eram feitas e sacrifícios ofertados; também se fomentava todo tipo de sentimento bondoso e amoroso, que se estendia até mesmo ao forasteiro perseguido e culpado, o qual, se conseguisse tocar nesse altar sagrado, estava a salvo da perseguição e da punição, colocando-se, dali em diante, sob a proteção da família. Qualquer crime cometido dentro do recinto sagrado da lareira doméstica era invariavelmente pago com a morte.

Nas cidades gregas, havia um salão comum chamado Pritaneu, no qual os membros do governo faziam as refeições às custas do Estado; ali também ficava a Héstia, ou lareira pública, com o fogo por meio do qual essas refeições eram preparadas. Era costume dos emigrantes levar consigo uma porção do fogo sagrado, que guardavam com zelo e levavam para o novo lar, onde o elemento servia de elo entre a jovem colônia grega e a metrópole. Héstia costuma ser representada de pé e, fazendo jus à dignidade e à santidade de seu caráter, sempre aparece inteiramente vestida. Seu semblante distingue-se por uma gravidade de expressão.

VESTA

Vesta ocupa um lugar de destaque entre as primeiras divindades dos romanos. Seu templo em Roma, contendo uma espécie de pedra angular da nação, ficava ao lado do palácio de Numa Pompílio.

Em seu altar, ardia um fogo incessante, que era cuidado por suas sacerdotisas, as Virgens Vestais[27].

O templo de Vesta tinha forma circular e um tesouro sagrado e altamente valorizado, o Paládio de Troia[28].

O grande festival em homenagem a Vesta, chamado de Vestália, era celebrado no dia 9 de junho.

DEMÉTER (Ceres)

Deméter (de *Ge-meter*, mãe-terra) era filha de Cronos e Reia[29]. Representava a porção de Gaia (a terra toda sólida) que chamamos de crosta terrestre e produz toda a vegetação. Como deusa da agricultura, das frutas do campo, da abundância e da produtividade, ela era mantenedora da vida material e, portanto, era considerada uma divindade de grande importância. Quando perdeu, junto a Urano, a posição como divindade governante, a antiga Gaia abdicou do próprio domínio em

[27] Para mais detalhes, ver Festivais Romanos.

[28] Ver A Lenda de Troia.

[29] Alguns, com pouca razão, fazem de Deméter a filha de Urano e Gaia.

favor da filha Reia, que, a partir de então, herdou os poderes que a mãe possuía anteriormente e recebeu, em troca, a honra e a adoração da humanidade. Um poema muito antigo retrata Gaia retirando-se para uma caverna nas entranhas da terra, onde ela se senta no colo da filha e cochila, geme e balança a cabeça para todo o sempre.

É necessário ter em mente a diferença fundamental entre as três grandes deusas da terra: Gaia, Reia e Deméter. Gaia representa a terra como um todo, com suas poderosas forças subterrâneas; Reia é aquela força produtiva que faz brotar a vegetação, sustentando, assim, os homens e os animais; Deméter, por presidir a agricultura, dirige e utiliza os poderes produtivos de Reia. Porém, em tempos posteriores, quando Reia, como outros deuses antigos, perde sua importância como divindade governante, Deméter assume todas as funções e atributos e torna-se, então, a deusa que produz e conserva a vida na crosta terrestre. Devemos ter em mente o fato de que o homem, em seu estado primitivo, não sabia como semear nem como cultivar a terra; quando, portanto, esgotou os pastos que o cercavam, foi obrigado a procurar outros ainda não explorados; assim, vagando constantemente de um lugar para outro, era impossível ter habitações fixas e, por conseguinte, influências civilizatórias. Deméter, contudo, ao introduzir o conhecimento sobre a agricultura, pôs fim, de uma vez por todas, à vida nômade, pois esta já não era necessária.

Acreditava-se que o favor de Deméter trazia safras ricas e colheitas frutíferas para a humanidade, enquanto seu desagrado causava pragas, seca e fome. Supunha-se que a ilha da Sicília estivesse sob sua proteção especial e, lá, ela era vista com uma veneração particular, na medida em que os sicilianos naturalmente atribuíam a maravilhosa fertilidade de sua região à parcialidade da deusa.

Deméter é geralmente representada como uma mulher de porte nobre e aparência majestosa, alta, matrona e digna, com lindos cabelos dourados, que caem em cachos ondulantes sobre os ombros imponentes, sendo as mechas amarelas emblemáticas das espigas de milho maduras. Algumas vezes, ela aparece sentada em uma carruagem puxada por dragões alados; outras vezes, aparece ereta, com a postura endireitada de modo a corresponder à sua exata altura, sempre totalmente vestida. Além disso, carrega um feixe de espigas de trigo em uma das mãos e uma tocha acesa na outra. As espigas de trigo não raro são substituídas por um punhado de papoulas, com as quais as sobrancelhas também são enfeitadas, embora às vezes use apenas uma simples fita no cabelo.

Deméter, como esposa de Zeus, tornou-se mãe de Perséfone (Proserpina), a quem era tão ternamente apegada que toda a sua vida ligava-se à da filha – e só sabia o que era felicidade na companhia dela. Um dia, contudo, enquanto estava colhendo flores no campo, assistida pelas ninfas do mar, Perséfone surpreendeu-se ao deparar-se com um belo narciso, do qual surgiram cem flores. Aproximando-se para examinar aquela linda planta cujo aroma refinado perfumava o ar, abaixou-se inocentemente para colhê-la. Naquele momento, sem suspeitar de mal algum, um grande abismo se abriu sob seus pés, e Hades, o governante sombrio do mundo inferior, saiu das profundezas sentado em uma carruagem deslumbrante, puxada por três cavalos pretos. A despeito das

Demeter, or Ceres.

lágrimas de Perséfone e dos gritos de suas criadas, Hades raptou a donzela apavorada e a levou para os reinos sombrios, sobre os quais reinava com grandeza melancólica. Hélio, o deus-sol que tudo vê, e Hécate, uma divindade misteriosa e muito antiga, foram os únicos que ouviram os gritos de socorro dela, mas não conseguiram ajudá-la. Quando Deméter soube de sua perda, sentiu uma dor imensa e recusou-se a ser consolada. Não sabia onde procurar a filha, mas, incapaz de repousar e de ficar parada, sem fazer nada, partiu em uma busca cansativa, levando consigo duas tochas, que acendeu com as chamas do monte Etna para guiá-la no caminho. Por nove dias e nove noites, vagou pedindo notícias da filha a cada pessoa que encontrava, mas em vão. Nem deuses nem homens podiam dar o conforto pelo qual sua alma tanto ansiava. Por fim, no décimo dia, a inconsolável mãe encontrou Hécate, que a informou que ouvira os gritos de Perséfone, mas não sabia quem a levara embora. Aconselhada por Hécate, Deméter consultou Hélio, cujo olho que tudo vê não deixa nada passar, e soube que o próprio Zeus permitira que Hades raptasse Perséfone e a transportasse para o mundo inferior, para fazer dela sua esposa. Indignada com Zeus por ele ter sancionado o rapto da filha e tomada pela mais amarga tristeza, Deméter abandonou a morada no Olimpo e recusou todos os alimentos celestiais. Disfarçando-se de velha, desceu à terra e começou uma cansativa peregrinação entre a humanidade. Certa noite, chegou a um lugar chamado Elêusis, na Ática, e sentou-se para descansar perto de um poço sob a sombra de uma oliveira. As jovens filhas de Celeu, rei da região, vieram com baldes de latão para tirar água do poço; vendo que a viajante cansada parecia fraca e cabisbaixa, falaram gentilmente com ela, perguntando-lhe quem era e de onde vinha. Deméter respondeu que conseguira escapar de piratas que a haviam capturado e acrescentou que se sentiria grata se conseguisse um lar junto de qualquer família digna, a quem estaria disposta a servir com suas habilidades domésticas. As princesas, ouvindo aquilo, imploraram para que Deméter tivesse um pouco de paciência enquanto voltavam para casa e consultavam a mãe delas, Metanira. As meninas logo trouxeram a alegre notícia de que Metanira desejava os serviços dela como ama do filho recém-nascido, Demofonte, ou Triptólemo. Quando Deméter chegou à casa, uma luz radiante a iluminou de repente, circunstância que intimidou Metaneira a tal ponto que ela tratou a estranha desconhecida com o maior respeito e ofereceu-lhe, com hospitalidade, comida e bebida. Deméter, ainda aflita e deprimida, recusava as amigáveis ofertas e mantinha-se à parte do convívio social, no começo. Contudo, com o passar do tempo e por meio de risos e brincadeiras, a criada Iambe conseguiu dissipar um pouco a dor da mãe aflita, fazendo-a sorrir sem querer às vezes e até mesmo a induzindo a experimentar uma mistura de farinha de cevada, hortelã e água, preparada segundo as instruções da própria deusa. O tempo passava e o bebê se desenvolvia de maneira extraordinária sob os cuidados da gentil e judiciosa ama, a qual, contudo, não lhe dava comida, mas todos os dias o ungia com ambrosia e todas as noites o deitava no fogo, às escondidas, para torná-lo imortal, à prova do envelhecimento. Infelizmente, o desígnio benevolente de Deméter foi frustrado pela própria Metaneira, cuja curiosidade a impeliu a observar, uma noite, os procedimentos do misterioso ser que amamentava seu filho. Quando, para seu horror, viu a criança ser colocada nas chamas, gritou bem alto. Deméter, irritada com aquela interrupção prematura, imediatamente retirou a criança e, jogando-a no chão, revelou sua verdadeira natureza. A forma curvada e envelhecida desaparecera, dando lugar a um ser brilhante e formoso, cujas mechas douradas escorriam sobre os ombros na mais rica exuberância, todo o seu aspecto demonstrando dignidade e majestade. Ela disse a Metaneira, intimidada, que era a deusa Deméter e pretendia tornar a criança imortal, mas a curiosidade fatal da mãe havia tornado aquilo impossível. Ainda assim, que a criança, tendo dormido em seus braços e sido amamentada em seu colo, deveria sempre merecer o respeito e a estima da humanidade. Designou, então, que um templo e um altar fossem erguidos a ela pelo povo de Elêusis em uma colina vizinha, prometendo que ela mesma o direcionaria sobre como realizar os rituais sagrados e as cerimônias, a serem respeitadas em sua homenagem. Com tais palavras, partiu para nunca mais voltar.

Obediente aos comandos de Deméter, Celeu convocou uma reunião com seu povo e construiu o templo no local indicado pela deusa. O lugar logo foi finalizado, e Deméter passou a residir nele, mas ainda estava com o coração triste pela perda da filha, e o mundo inteiro sentiu a influência de sua dor e de seu desânimo. Foi realmente um ano terrível para a humanidade. Deméter já não sorria para a terra que costumava abençoar e, ainda que o lavrador semeasse o grão e o gado ruidoso arasse os campos, nenhuma colheita recompensava o trabalho deles. Tudo estava em uma desolação estéril e deprimente. O mundo foi ameaçado pela fome, e os deuses, pela perda das honras e dos sacrifícios com os quais estavam acostumados; ficou evidente ao próprio Zeus, portanto, que era necessário tomar medidas para aplacar a ira da deusa. Assim, ele despachou Íris e muitos outros deuses e deusas para implorar para que Deméter retornasse ao Olimpo, mas nenhuma das súplicas surtiram efeito. A deusa indignada jurou que, enquanto a filha não fosse devolvida, não permitiria que o grão brotasse da terra. Por fim, Zeus enviou seu fiel mensageiro Hermes ao mundo inferior com uma petição a Hades, rogando-lhe que devolvesse urgentemente Perséfone aos braços de sua mãe inconsolável. Quando chegou aos reinos sombrios de Hades, Hermes o encontrou sentado em um trono com a bela Perséfone ao lado, lamentando com muita tristeza seu destino infeliz. Ao tomar conhecimento do recado, Hades consentiu em abrir mão de Perséfone, que se preparou alegre para seguir o mensageiro dos deuses até a morada da vida e da luz. Antes de se despedir da esposa, Hades a presenteou com algumas sementes de romã, as quais, na emoção, Perséfone engoliu sem pensar; esse simples ato, como o futuro revelaria mais tarde, afetou substancialmente toda a sua vida. O encontro entre mãe e filha foi de profundo êxtase e, por um momento, todo o passado foi esquecido. A felicidade da mãe amorosa estaria completa, não fosse por Hades, que quis garantir seus direitos, segundo os quais, se algum ser imortal tivesse provado alguma comida em seus reinos, lá deveria permanecer para sempre. É claro que o governante do mundo inferior precisava fazer valer aquela reivindicação. Para isso, no entanto, não encontrou dificuldade, pois Ascálafo, filho de Aqueronte e de Orfne, foi a testemunha daquele acontecimento[30]. Lamentando a decepção de Deméter ao ver suas esperanças assim arruinadas, Zeus conseguiu fazer um acordo, induzindo o irmão a permitir que Perséfone passasse seis meses do ano com os deuses de cima e, nos outros seis, deveria ser a triste companheira de seu sombrio senhor abaixo. Acompanhada da filha, a linda Perséfone, Deméter retornou enfim à sua morada no Olimpo, havia muito abandonada; a terra simpática respondeu com alegria aos seus sorrisos resplandecentes, o milho brotou imediatamente do solo em abundância, as árvores, que antes estavam secas e sem folhas, agora usavam suas vestes de esmeraldas brilhantes, e as flores, aprisionadas por tanto tempo no solo seco e duro, enchiam todo o ar com um perfume aromático. Assim termina essa história encantadora, um tema de grande predileção entre todos os autores clássicos.

É muito provável que os poetas que criaram esse mito gracioso tencionavam que ele fosse apenas uma alegoria para ilustrar a mudança das estações; com o passar do tempo, no entanto, um sentido literal foi associado a essa e a outras fantasias poéticas similares; assim, o povo da Grécia passou a considerar como artefato de crença religiosa aquilo que, em primeira instância, não passava de um símile poético.

No templo erguido a Deméter em Elêusis, os famosos Mistérios de Elêusis foram instituídos pela própria deusa. Assim como em qualquer sociedade secreta, é extremamente difícil ter qualquer certeza sobre esses ritos sagrados. A suposição mais plausível é que as doutrinas ensinadas pelos sacerdotes aos poucos eleitos que iniciavam eram verdades religiosas consideradas impróprias para a mente não instruída da multidão. Por exemplo, supõe-se que o mito de Deméter e Perséfone foi explicado pelos mestres dos Mistérios para significar a

---

[30] Deméter transformou Ascálafo em uma coruja por ele ter revelado aquele segredo.

perda temporária que a mãe terra sofre, todos os anos, quando o sopro gelado do inverno lhe rouba as flores, os frutos e os grãos.

Acredita-se que, em tempos posteriores, um significado ainda mais profundo foi transmitido por esse belo mito, a saber, a doutrina da imortalidade da alma. O grão – que, por assim dizer, permanece morto por certo tempo na terra escura apenas para um dia se erguer vestido com uma roupagem mais nova e bela – deveria simbolizar a alma que, após a morte, liberta-se da corrupção, para voltar a viver sob uma forma melhor e mais pura.

Quando Deméter instituiu os Mistérios de Elêusis, Celeu e sua família foram os primeiros iniciados, sendo o próprio Celeu nomeado como sumo sacerdote. Seu filho Triptólemo e suas filhas, que atuavam como sacerdotisas, o auxiliavam nos deveres de seu ofício sagrado. Os Mistérios eram celebrados pelos atenienses a cada cinco anos e foram, por muito tempo, privilégio exclusivo deles. Ocorriam à luz de tochas e eram conduzidos com a maior solenidade.

A fim de disseminar as bênçãos que a agricultura confere, Deméter presenteou Triptólemo com a sua carruagem, puxada por dragões alados, e, dando-lhe alguns grãos de milho, desejou que ele viajasse pelo mundo, ensinando à humanidade as artes da agricultura e da pecuária.

Deméter agia com grande severidade para com aqueles que suscitavam seu desagrado. Encontramos exemplos disso nas histórias de Estélio e Erisictão. Estélio foi um jovem que zombou da deusa pela avidez com que ela comia uma tigela de mingau, enquanto estava cansada e desfalecida em meio à busca vã pela filha. Certa de que ele nunca mais teria a oportunidade de ofendê-la assim, Deméter jogou com raiva o resto da comida na cara dele e o transformou em um lagarto malhado.

Erisictão, filho de Triopas, atraiu para si a ira de Deméter ao cortar os bosques sagrados dela, motivo pelo qual a deusa o puniu com uma fome constante e insaciável. Ele vendeu todas as posses para satisfazer ao seu apetite e foi forçado, por fim, a devorar os próprios membros. Sua filha Metra, que lhe tinha devota estima, possuía o poder de transformar-se em uma miríade de animais diferentes. Dessa forma, conseguia sustentar o pai, que a vendia reiteradamente cada vez que ela assumia uma forma nova; assim, Erisictão arrastou-se por uma existência deplorável.

CERES

A Ceres romana é, na verdade, a grega Deméter com outro nome; seus atributos, sua adoração, seus festivais, e assim por diante, são praticamente idênticos.

Os romanos ficaram em dívida com a Sicília por conta dessa divindade, visto que o seu culto foi introduzido pelos colonos gregos que ali se estabeleceram.

Os Cereália, ou festivais em honra a Ceres, começavam no dia 12 de abril e duravam vários dias.

AFRODITE (Vênus)

Afrodite (de *aphros*, espuma do mar, e *dite*, concebida), filha de Zeus e de uma ninfa do mar chamada Dione, era a deusa do Amor e da Beleza.

Dione, sendo uma ninfa do mar, deu à luz Afrodite debaixo das ondas; mas a filha do Zeus celestial foi forçada a ascender das profundezas do oceano e a subir os cumes nevados do Olimpo, a fim de que pudesse respirar a atmosfera etérea e rarefeita que pertence aos deuses celestiais.

Afrodite foi a mãe de Eros (Cupido), o deus do Amor, e também de Eneias, o grande herói troiano, chefe da colônia grega que se instalou na Itália e da qual surgiu a cidade de Roma. Como mãe, Afrodite suscita em nós solidariedade, pela ternura que demonstra para com os filhos. Homero conta-nos, em *Ilíada,* como ela veio ao auxílio de Eneias quando ele foi ferido em batalha, a despeito do perigo pessoal que corria e do fato de ter sido gravemente ferida ao tentar salvar a vida dele.

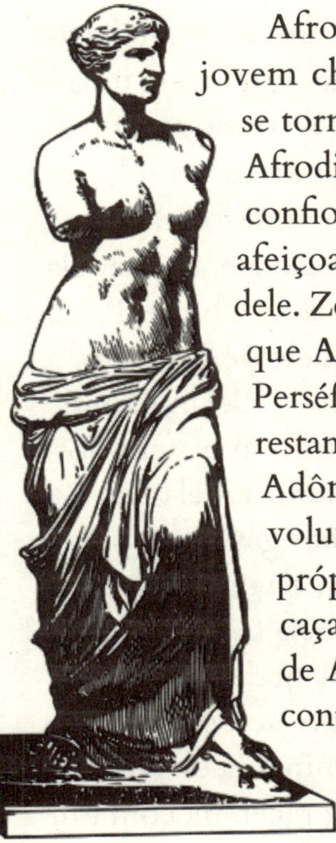

Afrodite tinha profunda estima por um adorável jovem chamado Adônis, cuja beleza primorosa havia se tornado notória. Ele era um bebê órfão de mãe, e Afrodite, apiedando-se dele, colocou-o em um baú e confiou-o aos cuidados de Perséfone, a qual ficou tão afeiçoada ao belo jovem que se recusou a separar-se dele. Zeus, convocado pelas mães adotivas rivais, decidiu que Adônis deveria passar quatro meses do ano com Perséfone, quatro com Afrodite, e, durante os quatro restantes, seria deixado por conta própria. No entanto, Adônis desenvolveu tanta estima por Afrodite que voluntariamente lhe dedicava o tempo que tinha à própria disposição. Adônis foi morto durante uma caçada por um javali selvagem, para a grande tristeza de Afrodite, que lamentou sua perda de modo tão contínuo que Hades, movido por pena, permitiu que o rapaz passasse seis meses do ano com ela e o restante do tempo no mundo inferior.

Afrodite possuía um cinto mágico (o famoso *cestus*) que frequentemente emprestava a donzelas infelizes que sofriam as dores de um amor não correspondido, já que o cinto tinha o poder de fazer as pessoas gostarem daquela que o usasse ao investir nela todos os atributos de graça, beleza e fascínio.

Suas assistentes habituais são as Cárites ou Graças (Eufrosina, Aglaia e Talia), as quais são representadas despidas e entrelaçadas em um abraço amoroso.

Na *Teogonia*, de Hesíodo, acredita-se que Afrodite pertença às divindades mais antigas e, enquanto as deidades posteriores são representadas como descendentes umas das outras – e todas mais ou menos de Zeus –, a deusa do amor tem uma origem independente, mas com diferentes versões.

A versão mais poética de seu nascimento conta que, quando Urano foi ferido pelo filho Cronos, seu sangue misturou-se com a espuma do mar, ao que as águas borbulhantes assumiram imediatamente uma coloração rosada, e de suas profundezas surgiu, em toda a glória insuperável de sua amabilidade, Afrodite, a deusa do amor e da beleza! Balançando as longas e belas madeixas, gotas d'água rolaram em direção à linda concha do mar em que estava e transformaram-se em puras pérolas brilhantes. Levada pela brisa suave e amena, ela flutuou até Citera e dali foi transportada para a ilha de Chipre. Pisou de leve na praia e, diante da pressão suave daquele pé delicado, a areia seca e rígida transformou-se em um campo verdejante, onde cada tonalidade variada e cada doce odor encantavam os sentidos. Toda a ilha de Chipre vestiu-se de verdura e saudou aquela que é a mais bela de todas as criaturas com um alegre e amigável sorriso de boas-vindas. Ali, ela foi recebida pelas Estações, que a enfeitaram com roupas de tecido imortal e envolveram sua bela testa com uma coroa de ouro puro, enquanto argolas caras pendiam de suas orelhas e uma corrente brilhante abraçava seu pescoço de cisne. Vestida com toda a panóplia de seus irresistíveis encantos, as ninfas a escoltaram até os deslumbrantes salões do Olimpo, onde foi recebida com um entusiasmo extático por deuses e deusas que a admiravam. Todos os deuses competiram entre si para aspirar à honra de sua mão, mas Hefesto tornou-se o invejado possuidor dessa criatura adorável, a qual, no entanto, mostrou-se tão infiel quanto bela e trouxe muita infelicidade ao marido devido à preferência que demonstrou, em vários momentos, por alguns dos outros deuses e por homens mortais também.

A célebre Vênus de Milo, agora no Louvre, é uma primorosa estátua dessa divindade. A cabeça é lindamente formada; as ricas ondulações do cabelo caem em direção à baixíssima – porém larga – testa e são graciosamente presas em um pequeno coque na parte de trás da cabeça; a expressão do rosto é bem encantadora e revela a perfeita alegria de uma natureza feliz, combinada com a dignidade de uma deusa; a roupagem cai em dobras descuidadas da cintura para baixo, e sua atitude como um todo é a personificação de tudo o que é gracioso e adorável na feminilidade. Ela é de estatura mediana, e suas formas são perfeitas e impecáveis em simetria e em proporção.

Afrodite também é frequentemente representada prendendo suas mechas gotejantes em um coque, enquanto as ninfas que a auxiliam envolvem a deusa em um véu transparente.

Os animais sagrados para ela eram a pomba, o cisne, a andorinha e o pardal. Suas plantas favoritas eram a murta, a macieira, a rosa e a papoula.

Acredita-se que o culto à Afrodite foi introduzido na Grécia a partir da Ásia Central. Não restam dúvidas de que ela originalmente era idêntica à famosa Astarte, o Ashtaroth da Bíblia, cuja adoração idólatra e ritos infames foram denunciados pelos profetas da antiguidade, com seus anátemas sublimes e poderosos.

VÊNUS

A Vênus dos romanos foi identificada com a Afrodite dos gregos. O culto a essa divindade só foi estabelecido em Roma relativamente após certo tempo. Festivais anuais, chamados Venerália, eram realizados em sua homenagem, e o mês de abril, quando flores e plantas voltavam a nascer, era sagrado para ela. Era adorada como Vênus Cloacina (ou a Purificadora) e como Vênus Múrcia (ou a deusa murta), epíteto derivado da murta, o emblema do Amor.

HÉLIO (Sol)

O culto a Hélio foi introduzido na Grécia vindo da Ásia. De acordo com as primeiras concepções dos gregos, ele não era apenas o deus-sol, mas também a personificação da vida e de todo o poder vivificante, pois a luz é conhecida por ser uma condição indispensável para toda vida terrestre saudável. A adoração ao sol foi originalmente muito disseminada não apenas entre os primeiros gregos, mas também entre outras nações primitivas. A nós, o sol é apenas o orbe de luz que, bem acima de nossas cabeças, todos os dias desempenha as funções que lhe são designadas por uma força invisível e poderosa; podemos, desse modo, ter apenas uma vaga ideia da impressão que ele produzia no espírito de um povo cujo intelecto ainda estava na primeira infância e que acreditava, com uma simplicidade infantil, que toda força da natureza era uma divindade que, de acordo com seu caráter, funesto ou benevolente, trabalhava para a destruição ou para o benefício da raça humana.

Hélio, que era filho dos Titãs Hiperião e Teia, é descrito como o ser que se levanta a cada manhã no leste, precedido por sua irmã Eos (o Amanhecer), a qual, com os dedos rosados, pinta o topo das montanhas e afasta aquele véu nebuloso através do qual o irmão está prestes a surgir. Quando Hélio irrompe com toda a gloriosa luz do dia, Eos desaparece e ele passa a dirigir sua carruagem de velocidade inflamável ao longo da trilha costumeira. Essa carruagem de ouro polido é puxada por quatro corcéis cuspidores de fogo, atrás dos quais o jovem deus permanece em pé com olhos brilhantes, a cabeça cercada de raios, segurando com uma das mãos as rédeas desses corcéis de fogo, incontroláveis para todas as outras, exceto as dele. Quando, ao anoitecer, ele desce a curva[31] para refrescar a testa ardente nas águas do mar profundo, é seguido de perto por sua irmã Selene (a Lua), que naquele momento está preparada para tomar conta do mundo e iluminar a noite escura com sua crescente prateada. Nesse ínterim, Hélio descansa de seus trabalhos e, reclinando-se suavemente no leito fresco e aromático preparado pelas ninfas do mar, renova as energias para outro dia formoso, vivificante e alegre.

Pode parecer estranho que, embora os gregos considerassem a Terra um círculo achatado, nenhuma explicação seja dada para o fato de que Hélio afunda no extremo oeste regularmente todas as noites e reaparece com a mesma regularidade no leste todas as manhãs. Não há nenhuma linha em Homero ou Hesíodo que possa provar que

[31] O curso que o sol percorria era considerado pelos antigos uma curva ascendente e descendente, cujo centro deveria ser alcançado por Hélio ao meio-dia.

o deus-sol passava pelo Tártaro e retomava, assim, a extremidade oposta pelas entranhas da terra, ou que os gregos pensavam que ele possuía qualquer outro meio de fazer esse trajeto. Posteriormente, no entanto, os poetas inventaram a graciosa ficção de que, quando Hélio terminava seu percurso e alcançava o lado oeste da curva, um barco alado, que Hefesto havia feito para ele, esperava-o lá e, com sua gloriosa carruagem, transportava-o rapidamente para o leste, onde recomeçava o brilhante e incandescente curso.

Essa divindade era invocada como testemunha quando um juramento solene era feito, pois se acreditava que nada escapava ao seu olho que tudo vê – e foi esse fato que lhe permitiu informar Deméter sobre o destino da filha dela, como já foi relatado. Acreditava-se que ele tinha rebanhos e manadas em várias localidades, que podem representar os dias e as noites do ano ou as estrelas do céu.

Dizem que Hélio amava Clítia, filha de Oceano, que correspondia profundamente à sua afeição; com o passar do tempo, porém, o inconstante deus-sol transferiu sua devoção para Leucótoe, filha de Órcamo, rei dos países orientais, o que irritou tanto a abandonada Clítia que ela informou Órcamo dos sentimentos da filha dele, e ele a puniu desumanamente, enterrando-a viva. Hélio, dominado pela dor, tentou, por todos os meios que estavam ao seu alcance, trazê-la de volta à vida. Por fim, constatando que os seus esforços eram inúteis, aspergiu o túmulo dela com néctar celestial e, do local, imediatamente surgiu um broto de olíbano, que espalhou um perfume aromático pelo ambiente.

A ciumenta Clítia nada logrou com sua conduta cruel, pois o deus-sol não veio mais ao seu encontro. Inconsolável por perdê-lo, ela jogou-se no chão e recusou qualquer alimento. Por nove longos dias, virou o rosto na direção do glorioso deus do dia, enquanto ele se movia pelos céus, até finalmente enraizar seus membros no chão e transformar-se em uma flor, que sempre se volta para o sol[32].

[32] Trata-se do girassol (N. T.).

Hélio casou-se com Perseis, filha de Oceano, e seus filhos foram Eetes, rei da Cólquida (celebrado na lenda dos argonautas como o possuidor do Velocino de Ouro), e Circe, a renomada feiticeira.

Hélio teve outro filho, chamado Faetonte, cuja mãe era Clímene, uma das Oceânides. O jovem era muito bonito e o grande favorito de Afrodite, que lhe confiou o cuidado de um de seus templos; tal prova lisonjeira da estima da deusa por ele tornou-o vaidoso e presunçoso. Épafo, amigo de Faetonte, filho de Zeus e Io, procurou testar a vaidade juvenil do amigo ao fingir que não acreditava na afirmação de que o deus-sol era seu pai. Cheio de ressentimento e ansioso para refutar a calúnia, Faetonte correu até sua mãe, Clímene, e rogou para ela lhe contar se Hélio era realmente pai dele. Movida pelas súplicas do filho e ao mesmo tempo zangada com o vitupério de Épafo, Clímene apontou para o sol glorioso brilhando sobre eles e assegurou a Faetonte que, naquele orbe brilhante, ele contemplava o autor de sua existência, acrescentando que, se ainda houvesse alguma dúvida, o filho poderia visitar a morada radiante do grande deus da luz e perguntar ele mesmo. Muito feliz com as palavras reconfortantes da mãe e seguindo as instruções que lhe foram dadas, Faetonte rapidamente se dirigiu ao palácio do pai.

Assim que entrou no palácio do deus-sol, raios ofuscantes quase o deixaram cego e impediram-no de se aproximar do trono no qual o pai estava sentado, cercado por Horas, Dias, Meses, Anos e Estações. Hélio, com seu olho que tudo vê, observava-o de longe e removeu sua coroa de raios cintilantes, dizendo para o rapaz não ter medo e aproximar-se de seu pai. Encorajado por essa recepção calorosa, Faetonte rogou para o deus-sol lhe dar uma grande prova de seu amor e, assim, todo o mundo se convencer de que ele era, de fato, seu pai; Hélio falou para Faetonte pedir qualquer favor que quisesse, jurando pelo Estige que o pedido seria concedido. O jovem impetuoso imediatamente pediu permissão para dirigir a carruagem do sol por um dia inteiro. Seu pai, horrorizado, escutou aquela demanda presunçosa e, apresentando os muitos perigos que ele encontraria no caminho, tentou dissuadi-lo de tão arriscada empreitada, mas o filho, não dando ouvidos a nenhum conselho, insistiu com tamanha obstinação que Hélio, relutante, foi obrigado a levá-lo à carruagem. Faetonte parou por um momento para admirar a beleza do veículo cintilante, presente do deus do fogo, que o forjou do ouro e o ornamentou com pedras preciosas que refletiam os raios solares. Hélio, então, vendo a irmã, o Amanhecer, abrir as portas no leste rosado, ordenou às Horas que prendessem os cavalos aos veículos. As deusas rapidamente obedeceram à ordem, e o pai ungiu a face do filho com um bálsamo sagrado, para fazê-lo suportar as chamas ardentes que saíam das narinas dos corcéis; com pesar, passando a coroa de raios para a cabeça de Faetonte, ordenou que o rapaz erguesse a carruagem.

O jovem ambicioso tomou seu lugar com alegria e agarrou as cobiçadas rédeas, mas, assim que sentiram a mão inexperiente que tentava guiá-los, os corcéis flamejantes do sol ficaram inquietos e incontroláveis. Saíram desenfreados de sua rota habitual, ora voando tão alto que ameaçavam destruir os céus, ora indo tão baixo que quase incendiavam a terra. Por fim, o cocheiro desafortunado, cego pelo clarão e aterrorizado pela terrível devastação que causava, soltou as mãos trêmulas das rédeas. Montanhas e florestas estavam em chamas, rios e córregos secaram e estava prestes a ocorrer uma conflagração geral. A terra chamuscada agora clamava pelo socorro de Zeus, que lançou um raio contra Faetonte e, com o clarão de um relâmpago, parou os corcéis de fogo. O corpo sem vida do jovem caiu de cabeça no rio Erídano[33], onde foi recebido e enterrado pelas ninfas do córrego. As irmãs choraram tanto por ele que foram transformadas por Zeus em choupos, e as lágrimas derramadas nas águas tornaram-se gotas de âmbar claro e transparente. Cicno, fiel amigo do infeliz Faetonte, sentiu uma dor tão avassaladora pelo terrível destino do rapaz que definhou e desfaleceu. Os deuses, movidos por compaixão, transformaram-no em um cisne, que pairava para

[33] O rio Pó.

sempre no ponto fatal onde as águas se fecharam sobre a cabeça do seu desafortunado amigo.

A sede principal do culto a Hélio era a ilha de Rodes, que, segundo o mito a ser contado a seguir, era seu território especial. Na época da Titanomaquia, quando os deuses estavam fortuitamente dividindo o mundo, Hélio não estava presente e, por conseguinte, não recebeu parte alguma. Reclamou, portanto, com Zeus, que propôs uma nova distribuição, mas Hélio não permitiu, dizendo que, enquanto prosseguia em sua peregrinação diária, avistou, com seus olhos penetrantes, uma bela e fértil ilha sob as ondas do oceano e, se os imortais jurassem lhe dar pacificamente a posse do local, ficaria satisfeito em aceitar aquilo como sua parte do universo. Os deuses fizeram um juramento e a ilha de Rodes imediatamente se elevou acima da superfície das águas.

O famoso Colosso de Rodes, que era uma das Sete Maravilhas do Mundo Antigo, foi erguido em homenagem a Hélio. Essa maravilhosa estátua tinha 32 metros de altura e era feita inteiramente de bronze. Formava a entrada do porto de Rodes, e até o maior dos navios podia navegar com facilidade entre suas pernas, que ficavam em quebra-mares de cada lado do porto. Embora gigantesca, era perfeitamente proporcional em todas as partes. É possível ter uma vaga noção de seu tamanho pelo fato de pouquíssimas pessoas serem capazes de cobrir o polegar da estátua com os braços. No interior do Colosso, havia uma escada em espiral que levava a um topo no qual dizem que, por meio de um telescópio, avistavam-se a costa da Síria e também as margens do Egito[34].

[34] Essa grande obra da Antiguidade foi destruída por um terremoto cinquenta e seis anos após sua construção, em 256 a.C. Os fragmentos permaneceram no solo por muitos séculos, até que Rodes foi conquistada pelos turcos e tais fragmentos foram vendidos por um dos generais do califa Otomão IV a um comerciante de Emesa, por £36,000, no ano 672 d.C.

EOS (Aurora)

Eos, o Amanhecer, assim como seu irmão Hélio, cujo advento ela sempre anunciava, foi igualmente divinizada pelos primeiros gregos. Ela também tinha a própria carruagem, que dirigia pelo vasto horizonte tanto de manhã quanto à noite, antes e depois do deus-sol. Portanto, ela não é apenas a personificação da manhã rosada, mas também do crepúsculo, razão pela qual seu palácio está localizado a oeste, na ilha Ea. A morada de Eos é uma estrutura magnífica, cercada por prados floridos e gramados aveludados, onde ninfas e outros seres imortais serpenteiam nas figuras labirínticas da dança, enquanto a música de uma melodia docemente afinada acompanha seus movimentos graciosos e deslizantes.

Eos é descrita pelos poetas como uma bela donzela com braços e dedos rosados e grandes asas, cuja plumagem é de uma tonalidade em constante mudança; ela ostenta uma estrela na testa e uma tocha na mão. Envolvendo-se nas ricas dobras de seu manto tingido de violeta, ela deixa seu leito antes do raiar do dia e atrela sozinha seus dois cavalos, Lampo e Faetonte, à sua gloriosa carruagem. Com viva alegria, apressa-se, então, para abrir os portões do céu a fim de anunciar a aproximação do irmão, o deus do dia, enquanto as delicadas plantas e flores, revividas pelo orvalho da manhã, levantam a cabeça para recebê-la enquanto passa.

Eos casou-se pela primeira vez com o Titã Astreu[35], e seus filhos foram Eósforo (Héspero), a estrela d'alva, e os ventos. Depois, uniu-se a Titono, filho de Laomedonte, rei de Troia, que conquistou a afeição dela por sua beleza incomparável: descontente com o pensamento de que os dois seriam separados eternamente pela morte, ela obteve de Zeus a bênção da imortalidade para o amado, esquecendo-se, contudo, de acrescentar-lhe a eterna juventude. A consequência foi que, com o passar do tempo, quando Titono ficou velho e decrépito e

35 De acordo com algumas autoridades, Estrimão.

perdeu toda a beleza que lhe conquistara a admiração, Eos enojou-se das enfermidades dele e, por fim, trancou-o em uma câmara, onde dele logo restou muito pouco além da voz, já trêmula, fraca e débil. De acordo com alguns poetas posteriores, ele ficou tão saturado da própria existência miserável que pediu permissão para morrer, mas aquilo era impossível. Eos, porém, com pena da condição infeliz de Titono, exerceu seu poder divino e, assim, transformou-o em uma cigarra, que é, por assim dizer, um ser puramente vocal, cujos cantos monótonos e incessantes podem ser comparados, com razão, ao balbucio sem sentido da extrema velhice.

FEBO APOLO

Febo Apolo, o deus da Luz, da Profecia, da Música, da Poesia, das Artes e Ciências, é de longe a mais nobre concepção dentro de toda a mitologia grega, e seu culto, que se estendia não apenas por todos os estados da Grécia, mas também para a Ásia Menor e para toda colônia grega ao redor do mundo, destaca-se entre as características mais antigas e fortemente marcantes da história da Grécia, além de ter exercido uma influência decisiva sobre a nação grega, mais do que qualquer outra divindade, incluindo o próprio Zeus.

Apolo era filho de Zeus e Leto e nasceu à sombra de uma palmeira que cresceu ao pé do monte Cinto, na árida e rochosa ilha de Delos. Os poetas contam que a terra sorriu quando o jovem deus viu a luz do dia pela primeira vez e que Delos ficou tão orgulhosa e exultante pela honra conferida a ela que se cobriu com flores douradas; cisnes cercaram a ilha e as ninfas de Delos celebraram o nascimento do deus com cânticos de júbilo.

A infeliz Leto, levada a Delos pelas perseguições implacáveis de Hera, não teve muito tempo para desfrutar de seu refúgio. Ainda atormentada por sua inimiga, a jovem mãe foi novamente obrigada a fugir, abrindo mão, portanto, dos cuidados do filho recém-nascido e dando essa tarefa à deusa Têmis, que cuidadosamente embrulhou o bebê indefeso em panos e o alimentou com néctar e ambrosia. Mal ele havia comido o alimento celestial e já rompeu, para o espanto da deusa, as faixas que lhe prendiam os membros e, levantando-se de um salto, apareceu diante dela como um jovem adulto de força e beleza divinas. Ele, então, pediu uma lira e um arco, declarando que, dali em diante, anunciaria à humanidade a vontade de seu pai Zeus. "A lira dourada", disse ele, "será minha amiga, o arco inclinado, meu deleite, e em oráculos predirei o futuro sombrio". Com essas palavras, ascendeu ao Olimpo, onde foi recebido com aclamações jubilosas na assembleia dos deuses celestiais, que o reconheceram como o mais belo e glorioso de todos os filhos de Zeus.

Febo Apolo era o deus da luz em uma significação dúplice: primeiro, representava o grande orbe do dia que ilumina o mundo; segundo, como a luz celestial que anima a alma do homem. Ele herdou a função como deus-sol de Hélio, a quem, tempos depois, foi tão completamente associado que a personalidade de um aos poucos se fundiu à do outro. Dessa maneira, com frequência vemos Hélio sendo confundido com Apolo, a ponto de alguns mitos que pertencem àquele serem atribuídos a este; em algumas tribos (a jônica, por exemplo), a associação é tão grande que Apolo é chamado de Hélio-Apolo.

Como a divindade cujo poder se desenvolve em plena luz do dia, Apolo traz alegria e deleite à natureza, bem como saúde e prosperidade ao homem. Pela influência de seus raios calorosos e suaves, dispersa os vapores nocivos da noite, ajuda o grão a amadurecer e as flores a desabrochar.

Embora, como deus do sol, seja uma força que confere e preserva a vida, além de, com sua influência acolhedora, dissipar o frio do inverno, ele é, ao mesmo tempo, o deus que, por meio de seus raios, atirados com tanto furor, podia disseminar doenças e causar a morte súbita de homens e animais; é a esse traço de seu caráter que devemos recorrer para explicar sua designação como uma divindade da morte junto da irmã gêmea, Ártemis (como deusa-lua). Irmão e irmã compartilham essa função entre si, sendo que ele tem como alvo o homem e ela, a mulher; acredita-se que aqueles que morreram no auge da juventude ou mesmo em idade avançada foram mortos pelas flechas suaves deles, mas Apolo nem sempre proporcionava uma morte fácil. Vemos em *Ilíada* como, quando furioso com os gregos, o "deus do arco prateado" desceu do Olimpo com sua aljava repleta de dardos mortais e enviou uma peste violenta ao acampamento deles. Por nove dias, lançou flechas fatais primeiro nos animais e depois nos homens, até o ar escurecer com a fumaça das piras funerárias.

Em sua faceta como deus da luz, Febo Apolo é a divindade protetora dos pastores porque é ele quem aquece os campos e prados e fornece ricos pastos aos rebanhos, alegrando, assim, o coração do pastor.

Como o calor ameno do sol exerce um efeito tão revigorante sobre o homem e sobre os animais – e também promove o crescimento de ervas medicinais e produtos vegetais necessários para curar doenças –, acreditava-se que Febo Apolo tinha o poder de restaurar a vida e a saúde; por isso, era considerado o deus da cura, mas encontraremos essa característica mais particularmente desenvolvida em seu filho Asclépio (Esculápio), o verdadeiro deus da arte de curar.

Seguindo com nossa análise sobre as várias facetas do caráter de Febo Apolo, descobriremos que, com os primeiros raios de sua luz acolhedora, toda a natureza desperta para uma vida renovada, e os bosques ecoam o som jubiloso de canções espontâneas, chilreadas por milhares de coristas emplumados. Portanto, por dedução natural, ele é o deus da música; além disso, uma vez que, segundo a crença dos antigos, as inspirações da genialidade estavam inseparavelmente conectadas com a gloriosa luz do céu, ele também é o deus da poesia e age como patrono especial das artes e das ciências. O próprio Apolo é o músico celestial entre os deuses olímpicos, cujos banquetes são animados pelos admiráveis acordes que produz com seu instrumento favorito, a lira de sete cordas. No culto de Apolo, a música formava uma característica distintiva. Todas as danças sagradas e até mesmo os sacrifícios em sua homenagem eram realizados ao som de instrumentos

musicais; é, em grande medida, devido à influência que a música de seu culto exerceu sobre a nação grega que Apolo passou a ser considerado o líder das nove Musas, as divindades legítimas da poesia e do canto. Nesse âmbito, ele é chamado de Musageta e é sempre retratado usando uma longa vestimenta esvoaçante; sua lira, cuja sonoridade se assemelha a um canto, fica suspensa por uma faixa no peito; sua cabeça é cercada por uma coroa de louros e o longo cabelo, caindo sobre os ombros, dá-lhe uma aparência um tanto afeminada.

E agora, devemos ver o glorioso deus da luz sob outro aspecto, muito mais importante (no que diz respeito à sua influência sobre a nação grega); pois, em tempos históricos, todas as outras funções e atributos de Apolo caem em relativa insignificância diante do grande poder que ele exerceu como deus da profecia. É verdade que todos os deuses gregos eram dotados, até certo ponto, da faculdade de prever acontecimentos futuros, mas Apolo, como deus do sol, representava a concentração de todo o poder profético, pois se supunha que nada escapava ao seu olho que tudo vê, o qual penetrava nos recônditos mais ocultos e desvendava os segredos que estavam ocultos atrás do véu escuro do futuro.

Vimos que, quando assumiu a forma divina, Apolo tomou seu lugar entre os imortais; porém, mal ele havia desfrutado das delícias arrebatadoras do Olimpo, sentiu dentro de si um desejo ardente de cumprir sua grande missão: traduzir para os homens a vontade de seu poderoso pai. Desceu à terra, portanto, e viajou por muitas regiões, procurando um local adequado para estabelecer um oráculo. Finalmente, alcançou o lado sul das colinas rochosas do Parnaso, abaixo do qual ficava o porto de Crissa. Aqui, sob o penhasco preponderante, encontrou um local isolado, onde, desde os tempos mais antigos, havia um oráculo no qual a própria Gaia revelara o futuro ao homem; no tempo de Deucalião, ela deixou esse oráculo aos cuidados de Têmis. Ele era guardado pela enorme serpente Píton, o flagelo da cercania e o terror tanto dos homens quanto do gado. O jovem deus, cheio de confiança em seu objetivo infalível, atacou e matou o monstro com flechas, libertando, assim, a terra e as pessoas de seu poderoso inimigo.

Os gratos habitantes, ansiosos para honrar seu libertador, reuniram-se em torno de Apolo, que começou a traçar um plano para a construção de um templo; com a ajuda de numerosos voluntários dispostos, logo um edifício apropriado foi erguido. Tornou-se necessário, então, escolher os ministros, que ofereceriam sacrifícios, interpretariam as profecias dele para o povo e tomariam conta do templo. Olhando ao redor, avistou ao longe uma embarcação que ia de Creta para o Peloponeso e decidiu valer-se dessa tripulação para o serviço. Assumindo a forma de um enorme golfinho, agitou as águas de tal modo que o navio foi sacudido violentamente de um lado para o outro, para grande inquietação dos marinheiros; ao mesmo tempo, criou uma ventania poderosa, que conduziu o navio para o porto de Crissa, onde encalhou. Os marujos aterrorizados não se atreveram a colocar os pés na terra, mas Apolo, sob a forma de um jovem vigoroso, desceu em direção à embarcação, revelou-se em sua verdadeira natureza e informou-lhes que fora ele quem os conduzira a Crissa, a fim de que pudessem virar sacerdotes e o servissem em seu templo. Chegando ao templo sagrado, ele os instruiu a realizar os serviços em sua homenagem e pediu que o adorassem sob o nome de Apolo Delfínio, porque ele aparecera para eles primeiramente na forma de um golfinho. Assim ficou estabelecido o célebre oráculo de Delfos, a única instituição do tipo que não era exclusivamente nacional, pois era consultada por lídios, frígios, etruscos, romanos etc., e, de fato, detinha a maior reputação no mundo todo. Em obediência a seus decretos, as leis de Licurgo foram introduzidas e as primeiras colônias gregas foram fundadas. Nenhuma cidade era construída sem antes consultar o oráculo de Delfos, pois acreditava-se que Apolo tinha um prazer especial na fundação de cidades cuja primeira pedra ele colocava pessoalmente; além disso, nenhuma empreitada era feita sem consultar o templo sagrado sobre se o projeto seria bem-sucedido.

Mas o que trouxe Apolo para mais perto do coração das pessoas e elevou todo o tom moral da nação grega foi a crença, desenvolvida gradualmente com a inteligência das pessoas, de que ele era o deus que aceitava o arrependimento como reparação para o pecado, que perdoava o pecador contrito e agia como protetor especial daqueles que, como Orestes, cometiam um crime que exigia longos anos de expiação.

Apolo é representado pelos poetas como um ser eternamente jovem; sua fisionomia, resplandecente de vida alegre, é a encarnação da beleza imortal; seus olhos são de um azul profundo; a testa é baixa, mas larga; o cabelo, que cai sobre os ombros em longas mechas onduladas, é de um tom dourado ou castanho-claro. Ele é coroado de louros e veste uma túnica roxa; na mão, carrega um arco prateado, que não está inclinado quando ele sorri, mas fica pronto para uso quando ameaça malfeitores.

Apollo.

Contudo, Apolo, o jovem eternamente belo, a perfeição de tudo o que é gracioso e refinado, raramente parece ter sido feliz no amor, seja porque suas investidas eram recebidas com desprezo, seja porque a união com seu objeto de desejo acarretava consequências fatais.

Seu primeiro amor foi Dafne (filha de Peneu, o deus-rio), que era tão avessa ao casamento que rogou ao pai para deixá-la levar uma vida de celibato e dedicar-se à caça, que ela amava acima de todas as outras atividades. Um dia, logo após a vitória sobre Píton, Apolo viu Eros dobrar o arco e, orgulhoso da própria superioridade na força e na competência, riu dos esforços do pequeno arqueiro, dizendo que tal arma era mais apropriada àquele que acabara de matar a terrível serpente. Eros, com raiva, respondeu que sua flecha devia perfurar o coração do próprio escarnecedor e, voando para o cume do monte Parnaso, tirou da aljava dois dardos de acabamentos diferentes – um de ouro, que tinha o efeito de inspirar amor, e outro de chumbo, que criava aversão. Mirando em Apolo, perfurou o peito dele com a flecha de ouro, ao mesmo tempo que descarregou a de chumbo no seio da bela Dafne. O filho de Leto instantaneamente sentiu a mais intensa afeição pela ninfa, a qual, por sua vez, demonstrou a maior antipatia por seu divino admirador e, à sua aproximação, fugiu como um cervo perseguido. Com o tom mais cativante possível, ele pediu a ela que ficasse, mas Dafne saiu correndo mesmo assim, até que, enfim, pálida de fraqueza e sentindo que estava prestes a desfalecer, chamou os deuses para virem em seu auxílio. Mal ela havia proferido a oração e um torpor pesado apoderou-se de seus membros e, no momento em que Apolo estendeu os braços para pegá-la, ela transformou-se em um loureiro. Com pesar, ele coroou a própria cabeça com as folhas do loureiro e declarou que, em memória da amada, essa árvore deveria permanecer sempre verde e ser considerada sagrada para ele.

Em seguida, ele buscou o amor de Marpessa, filha de Evenus; embora o pai aprovasse o pedido dele, a donzela preferiu um jovem chamado Idas, que conseguiu carregá-la em uma carruagem alada que adquirira de Poseidon. Apolo perseguiu os fugitivos, a quem alcançou rapidamente, e, agarrando a noiva à força, recusou-se a desistir dela. Zeus interferiu e declarou que a própria Marpessa deveria decidir qual dos admiradores poderia reivindicá-la como esposa. Após a devida reflexão, ela aceitou Idas como marido, concluindo sensatamente que, embora os atrativos do divino Apolo fossem superiores aos de seu amado, seria mais sábio unir-se a um mortal que, envelhecendo junto a ela, teria menos probabilidade de abandoná-la quando a idade avançada a destituísse de encantos.

Cassandra, filha de Príamo, rei de Troia, foi outro objeto do amor de Apolo. Ela fingiu retribuir-lhe a afeição e prometeu se casar com ele, contanto que conferisse a ela o dom da profecia; ao receber a bênção que desejava, porém, a donzela traiçoeira recusou-se a cumprir as condições acordadas. Indignado por aquela violação de fé, Apolo, incapaz de anular o dom que lhe dera, tornou-o inútil, fazendo as previsões dela falharem e não terem nenhuma credibilidade. Cassandra ficou famosa na história pelos poderes proféticos, mas suas profecias eram sempre desacreditadas. Por exemplo, ela advertiu o irmão Páris que, se ele trouxesse uma esposa da Grécia, ela causaria a destruição da casa e do reino do pai deles; ela também alertou os troianos a não admitirem o cavalo de madeira dentro dos muros da cidade e predisse a Agamênon todos os desastres que mais tarde lhe sucederiam.

Apolo, posteriormente, casou-se com Corônis, uma ninfa de Lárissa, e considerou-se feliz ao obter o fiel amor da moça; porém, mais uma vez estava fadado à decepção, pois, um dia, seu pássaro favorito, o corvo, voou até ele com a informação de que a esposa havia transferido a afeição para um jovem de Harmônia. Apolo, ardendo de raiva, destruiu-a instantaneamente com um de seus dardos mortais. Arrependeu-se demasiado tarde daquele ato de imprudência, pois ele a amava profundamente e gostaria de trazê-la de volta à vida; ainda que tivesse exercido os poderes de cura, porém, seus esforços seriam em vão. Ele puniu o corvo por sua tagarelice mudando a cor de sua plumagem de branco puro para preto intenso e proibiu-o de voar mais do que outros pássaros.

Corônis deixou um filho pequeno chamado Asclépio, que depois se tornou deus da medicina. Seus poderes eram tão extraordinários que ele podia não apenas curar os enfermos, mas até mesmo trazer os mortos de volta à vida. Enfim, Hades reclamou com Zeus que o número de espíritos levados aos seus domínios estava diminuindo a cada dia, e o grande governante do Olimpo, temendo que a humanidade, uma vez protegida contra a doença e a morte, pudesse desafiar os próprios deuses, matou Asclépio com um de seus raios. A perda do talentoso filho exasperou tanto Apolo que, incapaz de descarregar a própria raiva em Zeus, destruiu o Ciclope que forjara os raios fatais. Por essa ofensa, Apolo seria banido por Zeus para o Tártaro, mas, pela intercessão fervorosa de Leto, o pai voltou atrás parcialmente e contentou-se em privá-lo de todo poder e dignidade, impondo-lhe uma servidão temporária na casa de Admeto, rei da Tessália. Apolo serviu fielmente ao mestre real por nove anos na humilde condição de pastor e foi tratado por ele com toda a bondade e consideração. Durante o período de serviço, o rei buscou a mão de Alceste, a bela filha de Pélias, filho de Poseidon, mas o pai dela declarou que só a entregaria ao pretendente que conseguisse atrelar um leão e um javali à sua carruagem. Com a ajuda de seu pastor divino, Admeto realizou essa difícil tarefa e ganhou a noiva. Não foi esse o único favor que o rei recebeu do deus exilado, pois Apolo obteve das Parcas o dom da imortalidade para seu benfeitor, com a condição de que, quando sua última hora se aproximasse, algum membro de sua família estivesse disposto a morrer em seu lugar. Quando a hora fatal chegou e Admeto sentiu que estava à beira da morte, implorou aos pais idosos que lhe entregassem seus poucos dias restantes, mas "a vida é doce" mesmo na velhice e ambos se recusaram a fazer o sacrifício exigido. Alceste, por outro lado, secretamente se dedicava até a morte ao marido e foi acometida de uma doença mortal, que acompanhou a rápida recuperação dele. A devota esposa deu o último suspiro nos braços de Admeto, e ele tinha acabado de encaminhá-la para o túmulo quando Héracles chegou casualmente ao palácio. Admeto considerava os ritos de hospitalidade tão sagrados que, a princípio, manteve silêncio em relação ao seu grande luto, mas, assim que o amigo soube do ocorrido, desceu bravamente ao túmulo e, quando a morte veio reivindicar sua presa, ele exerceu sua força maravilhosa e a segurou nos braços até que ela prometesse restaurar a bela e heroica rainha ao seio de sua família.

Enquanto buscava a vida pacífica de um pastor, Apolo teve uma forte amizade com dois jovens chamados Jacinto e Ciparisso, mas o grande favor mostrado a eles pelo deus não foi suficiente para protegê-los do infortúnio. O primeiro, certo dia, estava jogando disco com Apolo quando, ao correr com muito afinco para pegar o disco lançado pelo deus, foi atingido na cabeça pelo objeto e morreu no local. Apolo foi dominado pelo luto com o triste fim de seu jovem favorito, mas, não sendo capaz de restaurá-lo à vida, transformou-o na flor jacinto, nomeada em sua homenagem. Ciparisso teve a infelicidade de matar por acidente um dos cervos favoritos de Apolo, o qual atormentou tanto sua mente que ele aos poucos definhou e morreu de coração partido. Foi transformado em um cipreste pelo deus, e o nome da árvore se deve a essa história.

Após essas tristes ocorrências, Apolo deixou a Tessália e foi para a Frígia, na Ásia Menor, onde encontrou Poseidon, que, como ele próprio, também estava em exílio, condenado a uma servidão temporária na terra. Os dois deuses ingressaram, então, nos serviços de Laomedonte, rei de Troia, Apolo se comprometeu a cuidar dos rebanhos e Poseidon, a construir os muros da cidade. Contudo, Apolo também contribuiu na edificação daqueles maravilhosos muros; com o auxílio de seus magníficos poderes musicais, as tarefas do colega de trabalho, Poseidon, ficaram tão leves e fáceis que seu árduo dever avançou com celeridade surpreendente, pois, conforme a mão mestra do deus da música agarrava as cordas da lira[36], os enormes blocos de pedra moviam-se por conta própria, ajustando-se com a maior delicadeza nos lugares a eles designados.

Embora Apolo fosse tão renomado na arte da música, dois indivíduos tiveram a audácia de se considerar iguais a ele nesse mérito e, dessa maneira, cada um o desafiou a uma competição em um concurso

[36] Dizem que essa maravilhosa lira, que foi dada a Apolo por Hermes (Mercúrio) em troca do caduceu ou bastão da riqueza, tinha poderes tão extraordinários que fazia uma pedra sobre a qual era colocada tornar-se tão melodiosa que, mesmo após ser tocada, emitia um som musical que se assemelhava ao da própria lira.

musical. Esses indivíduos eram Mársias e Pã. Mársias era um sátiro que, apanhando a flauta que Atena jogara fora com desgosto, descobriu, com grande prazer e espanto, que, pelo fato de o instrumento ter tido contato com os lábios de uma deusa, era possível tocá-lo da maneira mais encantadora. Mársias, que era um grande amante da música e muito amado nesse quesito por todos os habitantes elfos dos bosques e vales, ficou tão inebriado com essa descoberta que tolamente desafiou Apolo a competir com ele em um concurso musical. Aceito o desafio, as Musas foram escolhidas como juízas e ficou decidido que o candidato que perdesse deveria sofrer o castigo de ser esfolado vivo. Por muito tempo, as habilidades dos dois que haviam puxado a disputa permaneceram tão equilibrados que era impossível conceder a salva de palmas do vencedor a qualquer um dos dois; ao perceber isso, Apolo, determinado a ganhar, acrescentou o doce tom de sua voz melodiosa aos acordes da lira, e de imediato isso virou o jogo ao seu favor. Derrotado, o infeliz Mársias teve de sofrer a terrível penalidade e seu destino inoportuno foi lamentado por todos; de fato, seus companheiros, os sátiros e as dríades, choraram tão incessantemente pelo destino do amigo que suas lágrimas, unidas, formaram um rio na Frígia que ainda é conhecido pelo nome de Mársias.

O resultado da competição com Pã não foi, de forma alguma, tão sério. Quando o deus dos pastores afirmou que podia tocar a flauta de sete juncos (a siringe ou a flauta de Pã) com mais destreza do que Apolo conseguiria com sua lira de renome mundial, houve um concurso do qual Apolo foi declarado vencedor por todos os juízes designados para decidir entre os candidatos rivais. Midas, rei da Frígia, foi o único que se opôs à decisão, tendo o mau gosto de preferir os tons grosseiros da flauta de Pã às melodias refinadas da lira de Apolo. Furioso com a obstinação e a estupidez do rei frígio, Apolo o puniu dando-lhe orelhas de asno. Midas, horrorizado por estar desfigurado daquela maneira, decidiu esconder sua desgraça dos súditos por meio de um gorro; não seria possível, contudo, que o barbeiro ignorasse o fato, então ele logo foi subornado com ricos presentes para nunca revelá-lo. Percebendo, no entanto, que não conseguia mais guardar o segredo, o barbeiro cavou um buraco no chão, no qual sussurrou o que sabia; em seguida, fechou a abertura e voltou para casa, sentindo-se bastante aliviado por ter acalmado a mente desse fardo. Apesar de tudo, esse segredo humilhante foi revelado ao mundo, pois alguns juncos que brotaram do local murmuravam sem parar, conforme balançavam de um lado para o outro com o vento: "O rei Midas tem orelhas de asno".

Na triste e linda história de Níobe, filha de Tântalo e esposa de Anfião, rei de Tebas, temos outro exemplo das punições severas impostas por Apolo sobre aqueles que, de alguma forma, caíram em seu desagrado. Níobe era a mãe orgulhosa de sete filhos e sete filhas; exultante com o número de sua prole, em certa ocasião, ela ridicularizou a adoração a Leto – porque esta tinha apenas um filho e uma filha – e desejou que os tebanos, no futuro, dessem-lhe as honras e os sacrifícios que até então eram oferecidos à mãe de Apolo e de Ártemis. As palavras sacrílegas mal haviam saído dos lábios de Níobe e Apolo chamou a irmã para ajudá-lo a vingar o insulto direcionado à mãe deles, de modo que rapidamente as flechas invisíveis de ambos voaram pelo ar. Apolo matou todos os filhos e Ártemis, todas as filhas de Níobe, exceto uma, a mais jovem e mais amada, a quem a mãe apertou nos braços; a mulher agonizante implorou às divindades enfurecidas para que lhe deixassem ao menos uma de suas lindas filhas, mas, mesmo assim, enquanto ela suplicava, a flecha mortal atingiu o coração daquela criança. O pai infeliz, por outro lado, incapaz de suportar a perda dos filhos, matou-se, e seu cadáver repousou ao lado do corpo sem vida de seu filho favorito. Viúva e sem filhos, Níobe, de coração partido, sentou-se entre os mortos, e os deuses, com pena daquela aflição indescritível, transformaram-na em uma pedra e transferiram-na para Sípilo, sua montanha frígia natal, onde continua com seus prantos.

A punição de Níobe é o tema de uma magnífica peça de mármore que foi encontrada em Roma no ano de 1553 e agora está na Galleria degli Uffizi, em Florença.

O renomado cantor Orfeu era filho de Apolo e Calíope, a musa da poesia épica, e, como era de se esperar com pais tão talentosos, foi dotado das mais distintas qualidades intelectuais. Era poeta, professor das doutrinas religiosas conhecidas como mistérios órficos e um grande músico, tendo herdado do pai um talento extraordinário para a música. Quando cantava ao doce som da lira, encantava toda a natureza e convocava ao seu redor as feras selvagens das florestas, que, sob a influência de sua música, ficavam mansas e gentis como cordeiros. Torrentes furiosas e impetuosas interrompiam o rápido curso e mesmo montanhas e árvores mudavam de lugar ao som de suas melodias extasiantes.

Orfeu uniu-se a uma linda ninfa chamada Eurídice, filha do deus-mar Nereu, a quem amava profundamente. Eurídice não lhe tinha menos estima, e a vida de casados deles era repleta de prazer e alegria. Isso durou apenas um curto tempo, porém, pois Aristeu[37], meio-irmão de Orfeu, tendo se apaixonado pela bela Eurídice, tentou tomá-la à força do marido; enquanto ela fugia por alguns campos para escapar da perseguição de Aristeu, foi mordida no pé por uma cobra venenosa, que jazia escondida na grama alta. Eurídice morreu por causa do ferimento, e seu aflito marido encheu os bosques e vales com lamentações compassivas e incessantes.

Seu anseio de vê-la mais uma vez tornou-se tão indomável que ele decidiu enfrentar os horrores do mundo inferior para suplicar que Hades lhe devolvesse a amada esposa. Armado apenas com a lira dourada, presente de Apolo, ele desceu às profundezas sombrias do submundo, onde sua música celestial deteve, por um momento, os suplícios dos infelizes sofredores. A pedra de Sísifo permaneceu imóvel; Tântalo esqueceu-se da sede perpétua; a roda de Íxion parou de girar e até mesmo as Fúrias derramaram lágrimas e interromperam suas perseguições por certo tempo. Sem se abalar com as cenas de horror e sofrimento que avistou por todos os lados, Orfeu seguiu

[37] Aristeu era adorado como uma divindade rural em várias partes da Grécia e supostamente teria ensinado a humanidade a capturar abelhas e utilizar o mel e a cera.

caminho até chegar ao palácio de Hades. Apresentando-se diante do trono em que estavam sentados o rei coração de pedra e sua consorte Perséfone, Orfeu relatou suas aflições ao som da lira. Comovidos pelos doces acordes, ambos ouviram a história melancólica do rapaz e consentiram em libertar Eurídice, com a condição de que ele não olhasse para ela até chegarem ao mundo superior. Orfeu, de bom grado, prometeu cumprir essa ordem e, seguido por Eurídice, subiu o caminho íngreme e sombrio que levava aos reinos da vida e da luz. Tudo corria bem até o momento em que ele estava prestes a ultrapassar os limites máximos do submundo e, esquecendo-se por um momento da difícil condição, virou-se para convencer-se de que a amada esposa realmente estava atrás dele. O vislumbre foi fatal e destruiu-lhe todas as esperanças de felicidade, pois, assim que ele ansiosamente estendeu os braços para abraçá-la, Eurídice foi pega de volta e desapareceu de sua vista para sempre. A dor de Orfeu por essa segunda perda foi ainda mais intensa do que pela primeira, e ele passou a evitar qualquer companhia humana. Em vão, as ninfas, suas companheiras de outrora, esforçaram-se para trazê-lo de volta aos refúgios habituais; o poder encantatório delas se foi e a música era agora o único consolo dele. Orfeu vagou sozinho, escolhendo os caminhos mais selvagens e isolados, e suas tristes melodias ressoavam pelas colinas e vales. Por fim, acabou cruzando o caminho de algumas mulheres trácias, que estavam realizando os frenéticos ritos de Dionísio (Baco); enfurecidas por ele não querer se juntar a elas, atacaram-no com ferocidade e cortaram-no em pedaços. Com pena do destino infeliz de Orfeu, as Musas recolheram seus restos mortais e enterraram-no ao pé do monte Olimpo, e o rouxinol chilreou um canto fúnebre perante seu túmulo. Sua cabeça foi jogada no rio Hebro e, enquanto flutuava rio abaixo, seus lábios continuavam a murmurar o amado nome de Eurídice.

A sede principal do culto a Apolo era em Delfos, onde ficava o mais magnífico de todos os seus templos, cuja fundação vai muito além de todo o conhecimento histórico. Havia ali imensas riquezas – oferendas de reis e de pessoas anônimas que haviam recebido respostas favoráveis do oráculo. Os gregos acreditavam que Delfos era o ponto central da terra porque duas águias enviadas por Zeus, uma do leste e outra do oeste, teriam chegado lá no mesmo instante.

Os Jogos Píticos, celebrados em homenagem à vitória de Apolo sobre Píton, aconteciam em Delfos a cada quatro anos. Na primeira celebração desses jogos, deuses, deusas e heróis disputaram os prêmios, que inicialmente eram de ouro ou prata, mas posteriormente passaram a ser simples coroas de louros.

Por ser o local de seu nascimento, toda a ilha de Delos foi consagrada a Apolo, onde ele era adorado com grande solenidade; tomava-se o maior cuidado para preservar a santidade do local, razão pela qual não se permitia que ninguém fosse enterrado lá. Ao pé do monte Cinto, havia um esplêndido templo de Apolo, que possuía um oráculo e havia sido enriquecido com magníficas oferendas de todas as partes da Grécia. Até mesmo nações estrangeiras consideravam essa ilha sagrada, pois, quando os persas passaram por ela a caminho de atacar a Grécia, eles não só a deixaram ilesa ao circundarem-na navegando como também enviaram ricos presentes ao templo. Os jogos, chamados Délia e instituídos por Teseu, eram celebrados em Delos a cada quatro anos.

Um festival denominado Gimnopédia foi realizado em Esparta em honra a Apolo – no qual garotos cantavam louvores aos deuses – e aos trezentos lacedemônios que caíram na batalha de Termópilas.

Lobos e falcões eram oferecidos em sacrifício a Apolo, e os pássaros sagrados para ele eram o falcão, o corvo e o cisne.

APOLO ROMANO

O culto a Apolo em Roma nunca ocupou a posição tão importante que teve na Grécia e foi introduzido de maneira relativamente tardia. Não havia santuário erguido para essa divindade até 430 a.C., quando os romanos, para evitarem uma praga, construíram um templo em sua homenagem. Não vemos o culto a Apolo tornar-se proeminente até a era de Augusto, o qual, tendo invocado esse deus para obter ajuda na famosa Batalha de Áccio, atribuiu a vitória conquistada à influência dele e, assim, ali erigiu um templo, aprimorado com uma parte dos despojos.

Posteriormente, Augusto construiu outro templo em homenagem a Apolo, no monte Palatino, onde, ao pé da estátua, foram depositados dois baús dourados contendo os oráculos sibilinos. Esses oráculos foram coletados para substituir os Livros Sibilinos que haviam sido originalmente preservados no templo de Júpiter e acabaram sendo destruídos quando esse edifício foi queimado.

As Sibilas eram donzelas que receberam o dom da profecia e o privilégio de viver até uma idade incrível. Uma dessas Sibilas (conhecida como Sibila de Cumas) apareceu a Tarquínio Soberbo, o último rei de Roma, oferecendo nove livros à venda, os quais, segundo informado, haviam sido escritos por ela mesma. Sem saber quem ela era, Tarquínio recusou-se a comprá-los; diante disso, a Sibila queimou três e voltou com seis, exigindo o mesmo preço de antes. Sendo novamente expulsa como impostora, ela mais uma vez se retirou e queimou mais três, retornando com os três restantes, pelos quais ainda pediu o mesmo preço de início. Tarquínio, espantado com aquela incoerência, consultou, então, os áugures, que o acusaram de não ter comprado os nove livros quando lhe foram oferecidos pela primeira vez e pediram a ele que conseguisse os três restantes, a qualquer preço. Ele, portanto, comprou os volumes, que continham previsões de grande importância para os romanos. Após o descarte dos livros, a Sibila desapareceu e não foi mais vista.

A mais bela e renomada entre todas as estátuas de Apolo existentes atualmente é conhecida como Apolo Belvedere, encontrada em 1503 entre as ruínas da antiga Anzio. Ela foi comprada pelo Papa Júlio II, que a transferiu para o Belvedere do Vaticano, por isso recebeu o seu nome, e onde tem sido objeto de admiração do mundo há mais de trezentos anos. Quando Roma foi tomada e saqueada pelos franceses, essa célebre estátua foi transportada para Paris e colocada no museu de lá, mas, em 1815, foi restaurada ao seu antigo local, no Vaticano. A posição da imagem, com mais de dois metros de altura, é inigualável em liberdade, graça e majestade. A fronte é nobre e intelectual, e todo o semblante é tão requintado em beleza que paramos enfeitiçados para contemplar uma criação tão perfeita. O deus tem uma aparência muito jovem, como é comum em todas as suas representações, e, com exceção de um manto curto que lhe cai dos ombros, está despido. Ele está de pé contra o tronco de uma árvore, sobre a qual uma serpente rasteja, e seu braço esquerdo está estendido, como se estivesse prestes a punir.

HÉCATE

Hécate parece ter sido originalmente uma deusa-lua adorada pelos Trácios. Ela passou a ser confundida – e talvez identificada – com Selene e Perséfone, e é uma daquelas divindades sobre as quais os antigos tinham vários relatos conflitantes.

Hécate era filha de Perses com a Astéria "coroada de ouro" (a noite estrelada[38]); seu domínio estendia-se sobre a terra, o céu e o inferno, razão pela qual é representada em obras de arte como uma tríplice divindade, tendo três corpos femininos, todos jovens, belos e unidos.

Em tempos posteriores, quando essa divindade passa a ser identificada com Perséfone, presume-se que ela habita o mundo inferior como uma deusa maligna; dali em diante, é somente o lado sombrio e assustador de sua personalidade que se desenvolve. Ela agora preside todas as práticas relacionadas à feitiçaria e aos encantamentos e assombra também sepulcros, encruzilhadas e lugares isolados onde ocorreram assassinatos. Presume-se que estava conectada com o aparecimento de fantasmas e espectros, possuía influência ilimitada sobre os poderes do mundo inferior e era capaz de acabar com aparições sobrenaturais por meio de feitiços e encantamentos.

[38] Astéria era filha dos Titãs Céos e Febe. Perses era filho dos Titãs Crio e Euríbia.

Hécate aparece como uma mulher gigantesca, carregando uma tocha e uma espada. Seus pés e cabelos são formados por cobras, e seus passos são acompanhados por vozes de trovão, gritos agourentos e berros, bem como uivos e latidos profundos de cães.

Seus favores eram obtidos por meio de ofertas e sacrifícios, que consistiam principalmente em cordeiros pretos. Seus festivais eram celebrados à noite, à luz de tochas, quando esses animais lhe eram ofertados, junto de muitas cerimônias peculiares. Essas cerimônias eram conduzidas com uma atenção minuciosa aos detalhes, já que se acreditava que a omissão de qualquer pormenor daria aos espíritos malignos do mundo inferior, seus ministros, que pairavam em torno dos adoradores, uma oportunidade para incorporá-los e exercer sua influência funesta. Ao fim de cada mês, colocava-se alimento nas encruzilhadas à disposição dela e de outras divindades malignas.

Ao estudarmos as características peculiares que Hécate assume quando usurpa o lugar de Perséfone, a legítima senhora do mundo inferior, somos lembrados das várias superstições em relação a espectros, feitiçarias etc., que, até mesmo em nossos dias, exercem uma influência muito poderosa sobre a mente dos ignorantes, e a origem disso parece dever-se a uma remota fonte pagã.

SELENE (Luna)

Assim como Hélio personificava o sol, sua irmã Selene representava a lua e devia conduzir a própria carruagem pelo céu enquanto o irmão repousava após os trabalhos do dia.

Quando as sombras da noite começavam a envolver a terra, os dois corcéis brancos como leite de Selene erguiam-se das misteriosas profundezas do Oceano. Sentada em uma carruagem prateada e acompanhada pela filha Ersa, a deusa do orvalho, a suave e gentil rainha da noite aparecia com uma lua crescente na testa clara, um véu transparente caindo solto atrás da cabeça e uma tocha acesa na mão.

Selene admirava muito um belo e jovem pastor chamado Endimião, a quem Zeus concedera o privilégio da juventude eterna, combinado com a faculdade de dormir quando quisesse e pelo tempo que quisesse. Vendo esse jovem adorável dormindo no monte Latmos, Selene ficou tão impressionada com sua beleza que descia do céu todas as noites para vigiá-lo e protegê-lo.

ÁRTEMIS (Diana)

Ártemis era adorada pelos gregos sob várias denominações, cada uma com características especiais. Assim, ela é conhecida como Ártemis Árcade, Efésia e Braurônia, e também como Ártemis-Selene. Para compreender totalmente o culto a essa divindade, devemos considerá-la sob cada um dos aspectos.

ÁRTEMIS ÁRCADE

Ártemis Árcade (a verdadeira Ártemis dos gregos) era filha de Zeus e Leto, e irmã gêmea de Apolo. Era a deusa da Caça e da Castidade. Ao obter do pai permissão para levar uma vida de celibato, permaneceu uma divindade virgem para todo o sempre. Ártemis é a versão feminina do irmão, o glorioso deus da Luz, e, embora cause destruição e morte súbita a homens e a animais, igual a ele, também é capaz de aliviar o sofrimento e curar doenças. Também como Apolo, ela é hábil no uso do arco, mas em um grau muito mais eminente, pois, na personalidade de Ártemis, que se dedicava à caça com um ardor apaixonado, esse traço se torna distintivo. Munida de seu arco e de sua aljava e acompanhada por seu séquito de caçadoras, que eram ninfas dos bosques e das nascentes, ela percorria as montanhas em busca de seu passatempo favorito: matar os animais selvagens da floresta que surgissem pelo caminho. Quando a caça terminava, Ártemis e as donzelas amavam se reunir em um bosque sombreado ou às margens do riacho favorito delas, onde se juntavam em um canto alegre – ou em uma dança graciosa – e seus gritos de júbilo ressoavam pelas colinas.

Como modelo de pureza e castidade, Ártemis era especialmente venerada por jovens donzelas, que, antes de se casarem, sacrificavam-lhe os cabelos. Ela também era padroeira daqueles que faziam voto de celibato e punia severamente qualquer violação de obrigações.

A deusa-caçadora é representada mais alta do que as ninfas companheiras e sempre aparece como uma donzela jovem e esbelta. Suas feições são belas, mas carecem de gentileza de expressão; o cabelo aparece preso displicentemente com um nó na parte de trás de sua cabeça bem formada e o corpo, embora um tanto masculino, é gracioso em postura e proporção. A curta túnica que veste deixa os membros de Ártemis livres para o exercício da caça, devoção que é indicada pela aljava pendurada no ombro e pelo arco que carrega na mão.

Há muitas estátuas famosas dessa divindade, mas a mais célebre é aquela conhecida como a Diana de Versalhes – atualmente no Louvre –, companheira nada desprezível do Apolo Belvedere do Vaticano. Nessa estátua, a deusa aparece resgatando uma corça de perseguidores e direciona a eles um semblante raivoso. Coloca uma das mãos na cabeça do animal, com ar protetor, enquanto, com a outra, tira uma flecha da aljava pendurada no ombro.

Seus atributos são o arco, a aljava e a lança. Os animais sagrados para ela são a corça, o cachorro, o urso e o javali.

Ártemis se ressentia de imediato de qualquer descaso ou negligência para com seu culto; um exemplo notável disso é demonstrado na seguinte história da caçada ao javali calidônio:

Eneu, rei de Calidão, na Etólia, caiu no desagrado de Ártemis por ter se esquecido de incluí-la em um sacrifício geral que oferecera aos deuses, em gratidão a uma colheita abundante. A deusa, enfurecida com essa negligência, enviou um javali selvagem de tamanho extraordinário e força prodigiosa para destruir os grãos germinados, devastar os campos e ameaçar os habitantes com a fome e a morte. Nessa conjuntura, Meleagro, o corajoso filho de Eneu, voltou da expedição argonáutica e, ao encontrar a região assolada por essa terrível praga, pediu ajuda a todos os célebres heróis da época, para que se juntassem a ele na caçada ao monstro feroz. Entre os heróis mais famosos que responderam ao chamado, estavam Jasão, Castor e Pólux, Idas e Linceu, Peleu, Télamon, Admeto, Pirítoo e Teseu. Os irmãos de Alteia, esposa de Eneu, juntaram-se igualmente à caçada, e Meleagro também recrutou Atalanta, a caçadora de pés velozes.

O pai dessa donzela era Esqueneu, o árcade, o qual, desapontado com o nascimento de uma filha (quando, na verdade, desejava um filho), abandonou-a no monte Partênio, onde a deixou para morrer. Ali, ela foi amamentada por uma ursa e, por fim, encontrada por alguns caçadores, que a criaram e deram-lhe o nome de Atalanta. Conforme a donzela crescia, tornou-se uma profunda amante da caça e distinguia-se igualmente pela beleza e pela coragem. Embora fosse cortejada com frequência, levou uma vida de rigoroso celibato; um oráculo havia previsto que uma desgraça inevitável a esperava caso se entregasse em casamento a qualquer um de seus numerosos pretendentes.

Muitos dos heróis se opuseram a caçar em companhia de uma donzela, mas Meleagro, que amava Atalanta, contornou essa situação, e o bando valente partiu na expedição. Atalanta foi a primeira a ferir o javali com a lança, mas não antes de dois heróis encararem a morte pelas presas ferozes do monstro. Após um embate longo e desesperador, Meleagro conseguiu matar o monstro e apresentou a cabeça e o couro a Atalanta, como troféus da vitória. Os tios de Meleagro, no entanto, tomaram o couro à força da donzela, reivindicando seus direitos ao espólio como parentes mais próximos, caso Meleagro não o quisesse. Ártemis, cuja raiva ainda não fora aplacada, causou uma briga violenta entre os tios e o sobrinho e, na luta que se seguiu, Meleagro matou os irmãos de sua mãe e depois devolveu o couro a Atalanta. Quando Alteia avistou os cadáveres dos heróis abatidos, sua dor e sua raiva tornaram-se imensuráveis. Ela jurou vingar a morte dos irmãos com a de seu próprio filho e, para o azar dele, o instrumento de vingança já estava pronto em suas mãos.

No nascimento de Meleagro, as Moiras, ou Parcas, entraram na casa de Eneu e, apontando para um pedaço de madeira que queimava na lareira, declararam que, assim que fosse consumido por completo, o bebê certamente morreria. Ao ouvir aquilo, Alteia pegou o objeto simbólico, colocou-o com cuidado em um baú e, dali em diante, passou a conservá-lo como o bem mais precioso. Naquele momento, porém, com o amor pelo filho dando lugar ao rancor pelo assassino de seus irmãos, ela jogou o símbolo fatal nas chamas vorazes. Conforme a madeira era consumida pelo fogo, o vigor de Meleagro definhava e, quando o objeto foi reduzido a cinzas, o rapaz deu o último suspiro. Arrependendo-se tarde demais dos terríveis efeitos de seu ato precipitado, Alteia, com remorso e desespero, tirou a própria vida.

A notícia da coragem e da intrepidez demonstradas por Atalanta na famosa caçada ao javali chegou aos ouvidos de seu pai e o fez reconhecer a filha havia muito perdida. Instada por ele a escolher um de seus numerosos pretendentes, ela consentiu, mas estabeleceu a condição de que apenas aquele que conseguisse vencê-la em uma corrida seria seu marido, e os derrotados seriam mortos por ela com a lança que trazia na mão. Assim, muitos pretendentes pereceram, pois a donzela tinha inigualável agilidade, até que enfim um belo rapaz chamado Hipômenes, que em vão tentara conquistar o amor dela com seus cuidados assíduos durante a caça, decidiu aventurar-se entrando na arena fatal. Sabendo que apenas por um estratagema haveria a esperança de ser bem-sucedido, ele obteve, com a ajuda de Afrodite, três maçãs douradas do jardim das Hespérides, as quais jogou no chão em intervalos regulares ao longo do percurso. Atalanta, certa da vitória, parou para apanhar o fruto tentador e, nesse ínterim, Hipômenes chegou ao destino. Ele tornou-se o marido da adorável Atalanta, mas, em meio à sua facilidade recém-descoberta, esqueceu-se de que devia gratidão a Afrodite, e a deusa retirou o auxílio ao casal. Pouco tempo depois, a previsão que prenunciara a desgraça de Atalanta, na hipótese de seu casamento, foi cumprida, pois ela e seu marido, tendo vagado sem autorização por um bosque sagrado de Zeus, foram ambos transformados em leões.

Os troféus da memorável caçada ao javali foram levados por Atalanta para a Arcádia, e, por muitos séculos, o couro genuíno e as enormes presas do javali calidônio ficaram pendurados no templo de Atena na Tégea. As presas foram posteriormente transportadas para Roma e ali expostas, em meio a outras curiosidades.

É possível obter um exemplo convincente de como Ártemis se ressentia de qualquer intrusão a seus retiros no destino que caiu sobre o famoso caçador Actéon. Certo dia, ao ver Ártemis e suas assistentes banhando-se, o homem, em ato imprudente, ousou aproximar-se do local. A deusa, indignada pela audácia dele, aspergiu-o com água e transformou-o em um veado; depois disso, Actéon foi despedaçado e devorado por seus próprios cães.

ÁRTEMIS EFÉSIA

A Ártemis Efésia, conhecida por nós como "Diana dos Efésios", era uma divindade muito antiga de origem Persa chamada Metra[39], e sua adoração já estava estabelecida quando os colonos gregos se instalaram pela primeira vez na Ásia Menor, identificando-a com a própria Ártemis grega deles, embora ela possuísse um único atributo em comum com a sua divindade natal.

Metra era uma divindade dupla e representava, em uma das facetas de seu caráter, o amor que tudo permeia; na outra, era a luz do céu. Uma vez que Ártemis, em sua personalidade como Selene, era a única divindade feminina grega que representava a luz celestial, os colonos gregos, com o costume de fundir divindades estrangeiras com as suas, agarraram-se imediatamente a esse ponto de semelhança e decidiram que Metra, dali em diante, deveria ser considerada idêntica a Ártemis.

Em sua faceta como o amor que permeia toda a natureza e penetra em todos os lugares, eles acreditavam que ela também estava presente

[39] Também chamada de Anaitis-Aphroditis.

no misterioso Reino das Sombras, onde exercia um domínio benigno, substituindo até certo ponto a antiga divindade Hécate e parcialmente usurpando o lugar de Perséfone, como senhora do mundo inferior. Assim, acreditavam que era ela quem permitia que os espíritos dos falecidos revisitassem a terra, a fim de se comunicarem com aqueles que amavam e de darem-lhes avisos oportunos sobre o mal vindouro. Com efeito, os grandes pensadores da antiguidade acreditavam que essa grande, poderosa e onipresente força do amor, tal como incorporada na Ártemis Efésia, era o espírito que governava o universo e que, por sua influência, foram atribuídos todo o misterioso e benéfico funcionamento da natureza.

Havia um templo magnífico erguido para essa divindade em Éfeso (uma cidade da Ásia Menor), que foi classificado entre as Sete Maravilhas do Mundo Antigo e era inigualável em beleza e grandeza. O interior desse edifício era adornado com estátuas e pinturas e continha cento e vinte e sete colunas, com cerca de dezoito metros de altura, sendo que cada coluna havia sido erguida por um rei diferente. A riqueza depositada no templo era enorme, e a deusa era ali adorada com particular admiração e solenidade. No interior do edifício, ficava a estátua dela, feita de ébano, com leões em seus braços e torres em sua cabeça, enquanto os seus vários seios indicavam a fertilidade da terra e da natureza. Ctesifonte foi o principal arquiteto dessa estrutura de renome mundial, mas ela só foi ficar inteiramente completa duzentos e vinte anos após a colocação da primeira pedra. O trabalho de séculos foi destruído, porém, em uma única noite, pois um homem chamado Heróstrato, tomado pelo desejo insano de tornar seu nome famoso para todas as gerações vindouras, incendiou-o e destruiu-o por completo[40]. A indignação e o sofrimento dos efésios diante dessa calamidade foram tão grandes que eles promulgaram uma lei proibindo a menção ao nome do incendiário. No entanto, o ato acabou destruindo o objetivo dos

[40] Isso ocorreu durante a noite em que nasceu Alexandre, o Grande.

efésios, pois eternizou o nome de Heróstrato, que foi transmitido, então, à posteridade e permanecerá enquanto durar a memória do famoso templo de Éfeso.

ÁRTEMIS BRAURÔNIA

Em tempos antigos, a região que hoje chamamos de Crimeia era conhecida pelo nome de Quersoneso Táurico. Ela foi colonizada pelos gregos, que, descobrindo que os habitantes citas tinham uma divindade nativa um pouco parecida com a sua própria Ártemis, associaram-na com a deusa-caçadora de sua mãe-pátria. O culto a essa Ártemis Táurica era acompanhado das práticas mais bárbaras, pois, de acordo com a lei que ela decretara, todos os estrangeiros, homens ou mulheres, desembarcando ou naufragando em suas praias, eram sacrificados nos altares. Acredita-se que esse decreto fora emitido pela deusa táurica da Castidade para proteger a pureza de seus seguidores, mantendo-os afastados de influências estrangeiras.

A interessante história de Ifigênia, uma sacerdotisa no templo de Ártemis em Táuris, é tema de uma das peças mais belas de Schiller. As circunstâncias ocorreram no início da Guerra de Troia: A frota, reunida pelos gregos para o cerco de Troia, juntou-se em Áulis, na Beócia, e estava prestes a zarpar quando Agamênon, o capitão-mor, teve o azar de matar acidentalmente um cervo que pastava em um bosque consagrado a Ártemis. A deusa, ofendida, enviou contínuas calmarias no mar, o que atrasou a partida da frota, e Calcas, o adivinho que acompanhava a expedição, declarou que somente o sacrifício da filha favorita de Agamênon, Ifigênia, aplacaria a fúria da deusa. Aquelas palavras partiram o coração heroico do bravo líder. Ele declarou, então, que, em vez de concordar com uma alternativa tão temerosa, desistiria de sua parte na expedição e voltaria para Argos. Nesse dilema, Odisseu e outros grandes generais convocaram um conselho para discutir a questão; após muita deliberação, decidiu-se que os sentimentos individuais deveriam ceder ao bem-estar do

Estado. Por muito tempo, o infeliz Agamênon não deu ouvidos aos argumentos deles, mas, ao final, conseguiram persuadi-lo de que era seu dever fazer o sacrifício. Ele, portanto, despachou um mensageiro para a esposa, Clitemnestra, implorando a ela que enviasse Ifigênia e alegando, como pretexto, que o grande herói Aquiles desejava fazê-la sua esposa. Regozijando-se com o brilhante destino que esperava sua linda filha, a mãe carinhosa obedeceu imediatamente ao pedido e a enviou para Áulis. Quando a donzela chegou ao destino e descobriu, horrorizada, a terrível sina que a esperava, jogou-se aos pés do pai e, com um sofrimento atroz, entre soluços e lágrimas, rogou-lhe que tivesse misericórdia dela e poupasse sua jovem vida. Infelizmente, porém, seu destino estava selado, e seu pai, agora arrependido e de coração partido, não tinha poder para desfazê-lo. A infeliz vítima foi amarrada no altar, e a faca mortal já estava erguida para desferir o fatídico golpe quando, de repente, Ifigênia desapareceu de vista e, em seu lugar no altar, apareceu um belo veado pronto para ser sacrificado. Foi a própria Ártemis que, compadecida da juventude e da beleza de sua vítima, fez Ifigênia ser transportada em uma nuvem para Táurica, onde se tornou uma de suas sacerdotisas e foi incumbida de cuidar do templo de Ártemis, uma dignidade que, no entanto, exigia a oferta de sacrifícios humanos apresentados à deusa.

Muitos anos se passaram e, durante eles, o longo e cansativo cerco de Troia chegara ao fim. O corajoso Agamênon voltou para casa para encarar a morte nas mãos de sua esposa e de Egisto. Contudo, a filha, Ifigênia, ainda estava exilada do país natal e continuava a realizar os terríveis deveres de seu cargo. Havia muito, ela já tinha perdido todas as esperanças de ser devolvida aos seus quando, certo dia, dois estrangeiros gregos desembarcaram nas praias inóspitas de Táurica. Eram Orestes e Pílades, cuja forte ligação tornou os nomes deles sinônimo de amizade devota e abnegada. Orestes era irmão de Ifigênia, e Pílades, seu primo; o objetivo deles ao empreender uma expedição tão arriscada era obter a estátua da Ártemis Táurica. Orestes, tendo acarretado a ira das Fúrias por vingar o assassinato de seu pai Agamênon, era perseguido por elas aonde quer que fosse, até que, enfim, foi informado pelo oráculo de Delfos de que, para acalmá-las, deveria transportar a imagem da Ártemis Táurica de Táuris para Ática. Resolveu fazê-lo de imediato e, acompanhado do fiel amigo Pílades, que insistiu em compartilhar os perigos da empreitada, partiu para Táurica. Mal os jovens desafortunados pisaram na praia, foram capturados pelos nativos, que, como de costume, levaram-nos para os sacrifícios no templo de Ártemis. Ao descobrir que eles eram gregos, embora sem saber da relação próxima que tinham, Ifigênia viu a oportunidade perfeita para mandar notícias de sua existência para seu país natal, então pediu que um dos estrangeiros fosse o portador de uma carta dela para sua família. Surgiu, ali, uma disputa magnânima entre os amigos, e cada um implorava para o outro aceitar o privilégio precioso da vida e da liberdade. Pílades, vencido enfim pelas súplicas urgentes de Orestes, concordou em ser o portador da missiva, mas, ao olhar mais de perto o cabeçalho, notou, com imensa surpresa, que ele estava endereçado a Orestes. Em seguida, ocorreu, então, uma explicação: irmão e irmã reconheceram-se, entre lágrimas de alegria e abraços amorosos, e, auxiliada pelos parentes companheiros, Ifigênia escapou da região onde passara tantos dias infelizes e testemunhara tantas cenas de horror e aflição.

Os fugitivos, após conseguirem a imagem da Ártemis Táurica, levaram-na para Brauron, na Ática. Essa divindade passou a ser conhecida como a Ártemis Braurônia, e os ritos que tornaram seu culto tão infame em Táurica foram então introduzidos na Grécia; tanto em Atenas quanto em Esparta, vítimas humanas sangraram abundantemente com a faca sacrificial. A prática revoltante de oferecer sacrifícios humanos à deusa continuou até o tempo de Licurgo, o grande legislador espartano, que pôs fim à tradição e substituiu-a por outra que não era propriamente menos bárbara: a flagelação de jovens, açoitados da maneira mais cruel nos altares da Ártemis Braurônia; às vezes, eles padeciam sob o chicote; nesse caso, dizem que suas mães, longe de lamentar o destino dos rapazes, alegravam-se por considerar uma morte honrosa para os filhos.

ÁRTEMIS-SELENE

Até aqui, vimos Ártemis apenas nas várias facetas de seu caráter terrestre; mas, assim como o irmão Apolo aos poucos atraiu para si os atributos da divindade mais antiga Hélio, o deus-sol, Ártemis também veio a ser associada, em tempos posteriores, a Selene, a deusa-lua, cuja figura é sempre representada usando uma lua crescente brilhante na testa, enquanto um véu esvoaçante, enfeitado com estrelas, chega até os pés e uma longa túnica a envolve completamente.

DIANA

A Diana dos romanos foi associada à grega Ártemis, com quem compartilha o peculiar caráter tripartido, que tão fortemente marca a individualidade da deusa grega. No céu, ela era Luna (a lua), na terra, Diana (a deusa-caçadora) e, no mundo inferior, Proserpina; mas, diferentemente da Ártemis Efésia, Diana, em sua personalidade como Proserpina, não carrega consigo para o mundo inferior nenhum elemento de amor ou simpatia; ela é, ao contrário, caracterizada por práticas totalmente hostis ao homem, como o exercício da feitiçaria, encantamentos malignos e outras influências antagônicas, e, na verdade, é também a grega Hécate em seu desenvolvimento posterior.

As estátuas de Diana eram geralmente erguidas em um ponto onde três estradas se cruzavam, razão pela qual ela é denominada Trivia (de *tri*, três, e *via*, caminho).

Um templo foi dedicado a ela no monte Aventino por Sérvio Túlio, que teria introduzido o culto a essa divindade em Roma.

Os Nemorália, ou Festivais do Bosque, eram celebrados em sua homenagem no dia 13 de agosto, no lago Nemi (*Lacus Nemorensis*), ou lago enterrado na floresta, perto da Arícia. O sacerdote que oficiava em seu templo nesse local era sempre um escravo fugitivo que conquistara seu cargo assassinando o predecessor e, por isso, andava constantemente armado, a fim de estar preparado para o caso de encontrar um novo aspirante.

HEFESTO (Vulcano)

Filho de Zeus e Hera, Hefesto era o deus do fogo em seu aspecto benéfico, bem como a divindade que presidia toda a fabricação realizada por meio desse elemento útil. Era homenageado universalmente, não apenas como o deus de todas as artes mecânicas, mas também como uma divindade da casa e da lareira, que exercia uma influência benéfica sobre a sociedade civilizada em geral. Diferentemente de outros deuses gregos, ele era feio e deformado, desajeitado em seus movimentos e manco no andar. Este último defeito originou-se, como já vimos, da fúria de seu pai Zeus, que o atirou do céu[41] por ele ter tomado o partido de Hera em um dos tantos desentendimentos domésticos que surgiam entre o casal real. Hefesto passou um dia inteiro caindo do Olimpo em direção à terra, onde, por fim, desceu na ilha de Lemnos. Os habitantes da região, vendo-o cair, receberam-no em seus braços; mas, a despeito do cuidado que tiveram, o deus quebrou a perna com a queda e permaneceu coxo de um pé para sempre. Grato pela gentileza dos Lemnianos, passou a morar na ilha deles e lá construiu um soberbo palácio para si, bem como forjas para o exercício de sua vocação. Instruiu o povo a trabalhar com metais e também os ensinou outras artes valiosas e úteis.

Dizem que a primeira obra de Hefesto foi um engenhoso trono de ouro, com molas secretas, que ele deu de presente a Hera. Foi montado de tal modo que, uma vez sentada, a deusa viu-se incapaz de se mover e, embora todos os deuses tentassem libertá-la, os esforços

[41] Outra versão sobre a origem desse defeito diz que, tendo nascido feio e deformado, sua mãe Hera, enojada com sua má aparência, jogou Hefesto de seu colo com violência, causando a fratura na perna dele e produzindo a claudicação com a qual sofreu para sempre. Nessa ocasião, ele caiu no mar e foi salvo pelas ninfas marítimas Tétis e Eurínome, que o mantiveram por nove anos em uma caverna no fundo do oceano, onde ele fez para elas, em gratidão por sua bondade, muitos e lindos ornamentos e amuletos de fabricação rara.

eram inúteis. Hefesto vingou-se, assim, de sua mãe pela crueldade com a qual ela sempre o havia tratado, devido à sua falta de graça e formosura. Dionísio, o deus do vinho, conseguiu intoxicar Hefesto, no entanto, e depois o induziu a voltar para o Olimpo, onde se reconciliou com os pais, após libertar a rainha do céu daquela posição bastante indigna.

Assim, Hefesto construiu para si um glorioso palácio no Olimpo, de ouro reluzente, e fez para as outras divindades os edifícios magníficos em que elas habitavam. Em suas diversas e primorosamente hábeis obras de arte, era auxiliado por duas estátuas femininas de ouro puro – feitas por suas mãos – que possuíam o poder do movimento e sempre o acompanhavam aonde quer que ele fosse. Com a ajuda do Ciclope, forjou maravilhosos raios para Zeus, munindo, dessa forma, seu forte pai com um poder de imensa importância. Zeus demonstrou apreço por aquele presente valioso concedendo a Hefesto a bela Afrodite em casamento[42], mas foi uma bênção duvidosa, pois a adorável Afrodite, a personificação de toda graça e beleza, não sentia nada pelo marido desajeitado e sem atrativos e divertia-se ridicularizando seus movimentos desengonçados e seu corpo desagradável. Em uma ocasião específica, quando Hefesto assumiu de bom grado o posto de copeiro dos deuses, seu andar manco e sua extrema falta de jeito geraram risos entre os celestiais, e sua parceira desleal foi a primeira a se juntar à zombaria, sem disfarçar o quanto se divertia com aquilo.

Afrodite preferia Ares ao próprio marido, e tal preferência naturalmente gerou muito ciúme da parte de Hefesto, causando-lhes enorme infelicidade.

Ao que tudo indica, Hefesto foi um membro indispensável da Assembleia Olímpica, na qual desempenhava o papel de ferreiro, fabricante de armas, construtor de carruagens etc. Como já mencionado, ele construiu os palácios onde os deuses residiam, moldou os sapatos de ouro com os quais pisavam no céu ou na água, construiu maravilhosas

---

42 De acordo com alguns relatos, a esposa de Hefesto era Chares.

carruagens para eles e colocou ferraduras de bronze nos cavalos de raça celestial, que transportavam sua carruagem brilhante por terra e por mar. Ele também fez os trípodes que se moviam para dentro e para fora dos salões celestiais, constituíam a famosa égide para Zeus e erigiam o magnífico palácio do sol. Criou também os touros de patas de bronze de Eetes, que expiravam chamas das narinas e lançavam nuvens de fumaça, enchendo o ar com seus bramidos.

Entre as obras de arte mais renomadas de Hefesto para uso dos mortais, estavam: a armadura de Aquiles e Eneias, o belo colar de Harmonia e a coroa de Ariadne; sua obra-prima, porém, foi Pandora, sobre a qual já fizemos um relato detalhado.

Havia um templo no monte Etna erguido em sua homenagem, no qual apenas os puros e virtuosos podiam entrar. A entrada desse templo era guardada por cães, que tinham a capacidade extraordinária de distinguir os justos e os injustos, adulando e acariciando os bons e atacando todos os malfeitores, a fim de expulsá-los.

Hefesto é geralmente representado como um homem poderoso, vigoroso e muito musculoso, de altura média e idade madura; seu forte braço aparece erguido, golpeando a bigorna com um martelo, que segura em uma das mãos, enquanto, com a outra, forja um raio, ao lado do qual uma águia espera para levá-lo a Zeus. A sede principal de seu culto era a ilha de Lemnos, lugar onde era estimado com uma veneração peculiar.

VULCANO

O Vulcano romano foi meramente uma importação da Grécia, que nunca, em tempo algum, enraizou-se em Roma, nem entrou amplamente na vida real e nas simpatias da nação, sendo que, em seu culto, faltavam o sentimento devocional e o entusiasmo que caracterizavam os ritos religiosos das outras divindades. No entanto, ele ainda manteve em Roma seus atributos gregos como deus do fogo e mestre incomparável da arte de trabalhar com metais, e foi classificado entre os doze grandes deuses do Olimpo, cujas estátuas douradas eram dispostas consecutivamente ao longo do Fórum. Seu nome romano, Vulcano, parece indicar uma conexão com o primeiro grande artífice metalúrgico da história bíblica, Tubalcaim.

POSEIDON (Netuno)

Poseidon era filho de Cronos e Reia, e irmão de Zeus. Era o deus do mar, mais especificamente do Mediterrâneo, e, como o elemento que presidia, tinha um temperamento volátil: ora violentamente agitado, ora calmo e plácido, razão pela qual é algumas vezes representado pelos poetas como quieto e sereno e, outras, como transtornado e irritado.

Nas primeiras eras da mitologia grega, ele apenas simbolizava o elemento água; mas depois, à medida que a navegação e o intercâmbio com outras nações geraram maior circulação pelo mar, Poseidon ganhou importância e passou a ser considerado uma divindade distinta, mantendo domínio incontestável sobre as águas e sobre todas as divindades marítimas, que o reconheciam como governante soberano. Ele tinha o poder de causar, ao seu bel-prazer, tempestades poderosas e destrutivas, em que as ondas se erguiam na altura das montanhas, o vento tornava-se um furacão e a terra e o mar eram envoltos em névoa, enquanto a destruição assolava os infelizes marinheiros expostos à sua fúria. Por outro lado, somente dele era o poder de aquietar as ondas furiosas, de apaziguar as águas turbulentas e de garantir viagens seguras aos marinheiros. Por essa razão, Poseidon era sempre invocado e acalmado com bebidas tomadas em oferenda a ele antes de uma viagem ser realizada, e sacrifícios e ações de graça lhe eram ofertados com gratidão após uma viagem segura e próspera pelo mar.

O símbolo de seu poder era a forquilha de pescador ou o tridente[43], por meio do qual produzia terremotos, erguia ilhas do fundo

[43] O tridente assemelhava-se à forquilha pontiaguda com flechas nas extremidades, usada na pesca da enguia pelos pescadores do Mar Mediterrâneo.

do mar e fazia brotar poços da terra.

Poseidon era essencialmente a divindade que liderava os pescadores e, por isso, era mais especificamente adorado e reverenciado em regiões litorâneas, onde o peixe naturalmente era uma mercadoria básica de comércio. Supunha-se que ele dava vazão ao seu descontentamento enviando inundações catastróficas, que destruíam países inteiros e geralmente eram acompanhadas por terríveis monstros marinhos, que engoliam e devoravam aqueles que as enchentes haviam poupado. É provável que esses monstros do mar sejam figuras poéticas que representam os demônios da fome e da escassez, acompanhantes forçosos de uma inundação geral.

Poseidon é geralmente representado como semelhante ao irmão Zeus nos traços, na altura e na aparência como um todo, mas não encontramos no semblante do deus-mar a gentileza e a benignidade que tão agradavelmente caracterizam seu poderoso irmão. Os olhos são claros e penetrantes, e o contorno da face, um pouco mais acentuado do que o de Zeus, correspondendo, por assim dizer, à sua natureza mais raivosa e violenta. Seu cabelo ondula sobre os ombros em mechas escuras e desordenadas; seu peito é largo e seu corpo, poderoso e robusto; tem uma barba curta e encaracolada e usa uma faixa em volta da cabeça. Normalmente, aparece de pé em uma graciosa carruagem de conchas, puxada por hipocampos, ou cavalos-marinhos, com crinas douradas e cascos de bronze, que saltam sobre as ondas dançantes com uma rapidez tão maravilhosa que a carruagem mal toca na água. Os monstros das profundezas, reconhecendo seu poderoso senhor, cabriolam de alegria ao redor dele, enquanto o mar abre caminho com alegria para a passagem de seu governante todo-poderoso.

Ele habitava um belo palácio no fundo do mar Egeu, na Eubeia, e tinha uma residência real no monte Olimpo também. No entanto, ele apenas visitava a morada quando sua presença era necessária no conselho dos deuses.

Seu maravilhoso palácio embaixo d'água era de vasta extensão; em salões elevados e espaçosos, seus milhares de seguidores podiam se reunir. O exterior do prédio era de ouro reluzente, que a contínua lavagem das águas preservava imaculado; no interior, colunas elevadas e graciosas sustentavam a abóbada reluzente. Por toda parte, jorravam fontes de águas prateadas e cintilantes e apareciam bosques e arbustos de plantas marinhas com folhas emplumadas, enquanto pedras de cristal puro brilhavam com a totalidade das cores variadas do arco-íris. Alguns dos caminhos eram cobertos de areia branca cintilante, entremeada de joias, pérolas e âmbar. Essa morada encantadora era rodeada de vastos campos, onde havia bosques inteiros de coralina púrpura escura e ramos de plantas com lindas folhas escarlates, bem como anêmonas-do-mar de todas as cores. Ali cresciam algas marinhas brilhantes e rosadas, musgos de todos os matizes e tons e uma grama alta que, quando crescia bastante, formava cavernas e grutas de cor esmeralda, do jeito como as Nereidas amam, enquanto peixes de várias espécies entravam e saíam alegremente, em pleno gozo de seu elemento natural. Tampouco faltava iluminação nessa região feérica, que à noite era iluminada pelos vaga-lumes das profundezas.

Embora Poseidon governasse o oceano e seus habitantes com poder absoluto, ainda assim se curvava, submisso, à vontade do grande governante do Olimpo, e parecia sempre desejar agradá-lo. É possível encontrá-lo vindo ao auxílio de Zeus quando a ocasião exigia e, com frequência, prestando-lhe uma ajuda valiosa contra os oponentes. No momento em que Zeus foi importunado pelos ataques dos gigantes, Poseidon provou-se um aliado muito poderoso, travando um combate individual com um gigante hediondo chamado Polibotes, a quem seguiu pelo mar e, por fim, conseguiu destruir, arremessando sobre ele a ilha de Cós.

Essas relações amigáveis entre os irmãos eram, no entanto, interrompidas algumas vezes. Assim, por exemplo, em certa ocasião, Poseidon juntou-se a Hera e Atena em uma conspiração secreta para capturar o governante do céu, prendê-lo em grilhões e privá-lo do poder soberano. Descoberta a conspiração, Hera, como a principal instigadora desse atentado sacrílego contra a pessoa divina de Zeus, foi severamente castigada – e até espancada – por seu esposo enfurecido, como punição pela rebelião e traição; já Poseidon foi condenado, pelo período de um ano inteiro, a renunciar o domínio sobre o mar, e foi nessa época que, em conjunto com Apolo, construiu para Laomedonte as muralhas de Troia.

Poseidon casou-se com uma ninfa do mar chamada Anfitrite, a quem cortejou sob a forma de um golfinho. Ela acabou ficando com ciúmes de uma bela donzela chamada Cila, que era amada por Poseidon, e, para se vingar, jogou algumas ervas em um poço onde Cila estava se banhando, o que a metamorfoseou em um monstro de terrível aparência, com doze pés, seis cabeças com seis longos pescoços e uma voz que parecia o latido de um cachorro. Dizem que esse monstro terrível habitava uma caverna muito alta na famosa rocha que ainda leva seu nome[44] e que ele caía de sua eminência rochosa sobre cada navio que passava para fazer uma vítima com cada uma das seis cabeças. Anfitrite é muitas vezes representada ajudando Poseidon a atrelar os cavalos-marinhos à carruagem.

Os ciclopes, aos quais já se aludiu na história de Cronos, eram filhos de Poseidon e Anfitrite. Eram uma raça selvagem de crescimento gigantesco, semelhantes, em natureza, aos Gigantes nascidos da terra, e tinham apenas um olho cada, no meio da testa. Levavam uma vida sem lei e sem costumes sociais e não tinham medo dos deuses. Eram os trabalhadores de Hefesto, cuja oficina devia estar no coração da montanha vulcânica Etna.

Temos aqui outro exemplo impressionante da maneira como os gregos personificavam as forças da natureza que viam em plena operação ao seu redor. Eles contemplavam, com admiração misturada com espanto, o fogo, as pedras e as cinzas que jorravam do cume dessa e de outras montanhas vulcânicas, e, com uma viva imaginação, encontravam resposta para o mistério ao acreditar que o deus do Fogo devia estar ocupado trabalhando com seus homens nas profundezas

[44] Cila é uma pedra perigosa, muito temida pelos marinheiros, no Estreito de Messina.

da terra e que as chamas poderosas que encaravam saíam, desse modo, de sua forja subterrânea.

O principal representante dos Ciclopes era Polifema, o monstro devorador de homens que, segundo a descrição de Homero, foi cegado e enganado por Odisseu. Esse monstro apaixonou-se por uma bela ninfa chamada Galateia, mas, como era de se esperar, suas investidas não foram aceitas pela linda donzela, que o rejeitou em favor de um jovem chamado Ácis. Por esse motivo, Polifemo, com sua barbaridade habitual, destruiu a vida do rival ao jogar sobre ele uma pedra gigantesca. Jorrando da pedra, o sangue do assassinado Ácis formou um rio que ainda carrega seu nome.

Tritão, Rode[45] e Bentesicima também eram filhos de Poseidon e Anfitrite.

O deus-mar era o pai de dois filhos gigantes, chamados Oto e Efialtes[46]. Quando tinham apenas 9 anos de idade, dizia-se que tinham vinte e sete côvados[47] de altura e nove de largura. Esses jovens gigantes eram tão rebeldes quanto poderosos, tendo até mesmo a presunção de ameaçar os próprios deuses com hostilidades. Durante a guerra da Gigantomaquia, eles tentaram escalar o céu empilhando montanhas poderosas umas sobre as outras. Quando já haviam conseguido colocar o monte Ossa no Olimpo e o Pélion no Ossa, esse plano ímpio foi frustrado por Apolo, que os destruiu com suas flechas. Supunha-se que, se não tivessem tido as vidas arrancadas antes de atingirem a maturidade, seus desígnios sacrílegos teriam sido levados a sério.

---

45 A ilha de Rodes deve seu nome a ela.

46 É digno de nota que os filhos de Poseidon eram, em maioria, notáveis pela grande força e pela impetuosidade do caráter, fazendo jus ao elemento que seu divino pai governava. Eles eram gigantes na força e intratáveis, impetuosos e impacientes por natureza, rejeitando todas as tentativas de controlá-los; em todos os aspectos, portanto, eram representantes adequados de seu progenitor, o poderoso governante do mar.

47 Um côvado é o comprimento do cotovelo até a extremidade do dedo médio e, portanto, uma medida indefinida; o uso moderno, porém, o consagra como a representação de um comprimento de dezessete a dezoito polegadas.

Pélias e Neleu também eram filhos de Poseidon. A mãe deles, Tiro, estava ligada ao deus-rio Enipeu, cuja forma Poseidon assumiu e, assim, conquistou seu amor. Mais tarde, Pélias se tornaria famoso na história dos argonautas e Neleu seria pai de Nestor, que se destacaria na Guerra de Troia.

Os gregos acreditavam que era a Poseidon que deviam a existência do cavalo, o qual teria sido produzido da seguinte forma: com Atena e Poseidon reivindicando o direito de nomear Cecrópia (antigo nome de Atenas), surgiu uma disputa violenta, que foi finalmente resolvida por uma assembleia dos deuses olímpicos. Esta decidiu que qualquer uma das partes em disputa que apresentasse à humanidade o presente mais útil deveria obter o privilégio de nomear a cidade. Com isso, Poseidon atingiu o chão com o tridente, e um cavalo saltou em toda sua força indomável e beleza graciosa. Do local que Atena tocou com a varinha, saiu a oliveira, ao que os deuses unanimemente lhe concederam a vitória, declarando que seu presente era o emblema da paz e da fartura, enquanto o de Poseidon era considerado o símbolo da guerra e do derramamento de sangue. Atena, portanto, denominou a cidade de Atenas com base no próprio nome, e dali em diante o lugar passou a ser assim chamado.

Poseidon domou o cavalo para ser usado pela humanidade, e acredita-se que tenha ensinado aos homens a arte de controlar esses animais pelas rédeas. Os Jogos Ístmicos (assim chamados porque eram realizados no Istmo de Corinto), caracterizados por corridas de cavalos e carruagens, foram instituídos em homenagem a Poseidon.

Ele era mais especificamente adorado no Peloponeso, embora universalmente reverenciado por toda a Grécia e pelo sul da Itália. Em geral, seus sacrifícios eram touros pretos e brancos, javalis e carneiros. Seus atributos habituais eram o tridente, o cavalo e o golfinho.

Em algumas partes da Grécia, essa divindade era identificada com o deus-mar Nereu, razão pela qual as Nereidas, filhas de Nereu, são representadas como suas acompanhantes.

NETUNO

Os romanos adoravam Poseidon sob o nome de Netuno e investiam-no de todos os atributos que pertenciam à divindade grega.

Os comandantes romanos nunca empreendiam nenhuma expedição naval sem antes agradar a Netuno com algum sacrifício.

Seu templo em Roma ficava no Campo de Marte, e os festivais celebrados em sua homenagem eram chamados de Neptunálias.

DIVINDADES MARÍTIMAS

OCEANO

Oceano era filho de Urano e Gaia. Era a personificação das águas sempre correntes, que, de acordo com as noções primitivas dos gregos antigos, circundavam o mundo – e eram o lugar de onde nasceram todos os rios e córregos que irrigavam a terra. Casou-se com Tétis, uma Titânide, e foi pai de uma prole numerosa, as chamadas Oceânides que, segundo dizem, somavam três mil. Somente ele, entre todos os Titãs, absteve-se de tomar partido contra Zeus na Titanomaquia e, por conta disso, foi o único entre as divindades primevas autorizado a manter domínio na nova dinastia.

NEREU

Nereu parecia ser a personificação do mar em seu temperamento calmo e plácido e era, depois de Poseidon, a mais importante das divindades marítimas. É representado como um velho gentil e benevolente. Possuía o dom da profecia e governava mais particularmente o Mar Egeu, do qual era considerado o espírito protetor. Lá, morou sob as ondas em um belo palácio-gruta, com a esposa Dóris e as cinquenta filhas floridas, as Nereidas. Estava sempre pronto para ajudar marinheiros aflitos na hora do perigo.

PROTEU

Proteu, mais conhecido como "O Velho Homem do Mar", era filho de Poseidon e era dotado de poder profético. Contudo, recusava-se terminantemente a ser consultado como vidente; aqueles que desejavam que ele previsse eventos, aguardavam a hora do meio-dia, quando costumava subir para a ilha de Faros[48]

[48] Na costa egípcia.

com as focas de Poseidon, das quais cuidava no fundo do mar. Cercado por essas criaturas das profundezas, costumava adormecer à sombra gratificante das rochas. Aquele era o momento favorável para aproximar-se do profeta, o qual, a fim de evitar importunações, assumia uma infinidade de formas. Mas a paciência fazia valer o dia, pois, caso ele permanecesse ali por tempo suficiente, acabava se cansando, no fim das contas, e, voltando para sua forma verdadeira, dava a informação desejada; em seguida, mergulhava novamente no fundo do mar, acompanhado dos animais de que cuidava.

TRITÃO E OS TRITÕES

Tritão era o único filho de Poseidon e Anfitrite, mas tinha pouca influência, sendo uma divindade bem menor. É geralmente representado à frente do pai, agindo como seu trompetista e valendo-se de uma concha para esse fim. Vivia com os pais no lindo palácio dourado abaixo do mar Egeu e tinha como passatempo favorito surfar com cavalos ou monstros marinhos. Tritão é sempre representado como metade homem, metade peixe, com o corpo abaixo da cintura terminando em uma cauda de golfinho. Com frequência, encontramos referências aos Tritões, que são descendentes ou parentes de Tritão.

GLAUCO

Dizem que Glauco se tornou uma divindade marítima do seguinte modo: certo dia, enquanto pescava, observou que o peixe que pegara e jogara na margem do rio imediatamente mordiscou a grama e, em seguida, saltou de volta para a água. Diante daquilo, automaticamente sua curiosidade foi instigada e começou a saná-la pegando alguns pedaços de grama e provando-os. Mal o fizera e, obedecendo a um impulso irresistível, precipitou-se em direção às profundezas, tornando-se um deus marítimo.

Como a maioria das divindades do mar, era dotado de poder profético e, todos os anos, visitava todas as ilhas e costas com um comboio de monstros marinhos, prenunciando qualquer tipo de malignidade. Por isso, os pescadores temiam sua aproximação e esforçavam-se, por meio de jejum e oração, para evitar os males que ele profetizava. Glauco é muitas vezes representado flutuando sobre as ondas, com o corpo coberto de mexilhões, algas marinhas e conchas, além de barba completa e longos cabelos esvoaçantes, a lamentar amargamente sua imortalidade.

TÉTIS

A Tétis de pés de prata e cabelos louros, que tem um papel importante na mitologia da Grécia, era filha de Nereu ou, como alguns afirmam, de Poseidon. Sua graça e beleza eram tão marcantes que tanto Zeus quanto Poseidon buscaram ter uma aliança com ela, mas, como já havia sido previsto que um filho dela obteria supremacia sobre o pai, ambos abdicaram de suas intenções, e ela tornou-se esposa de Peleu, filho de Éaco. Como Proteu, Tétis tinha o poder de transformar-se em uma variedade de figuras diferentes e, enquanto estava sendo cortejada por Peleu, exerceu esse poder para esquivar-se dele. Contudo, sabendo que a persistência resultaria em êxito, ele a segurou firme até que ela assumisse a forma verdadeira. Suas núpcias foram celebradas com a maior pompa e magnificência e honradas com a presença de todos os deuses e deusas, exceto Éris. O modo como a deusa da discórdia se ressentiu por ter sido excluída das festividades matrimoniais já foi relatado algumas páginas atrás.

Tétis sempre manteve grande influência sobre o poderoso senhor do céu e, como veremos em breve, usou isso em favor do renomado filho, Aquiles, na Guerra de Troia.

Quando Alcíone mergulhou no mar em desespero após o naufrágio e a morte do marido, o rei Ceix, Tétis transformou tanto o marido quanto a esposa em pássaros denominados martins-pescadores (alcíones), os quais, representando a terna afeição do infeliz casal, voavam sempre em pares. Para os antigos, essas aves geravam os filhotes em ninhos e flutuavam na superfície do mar durante a calmaria, antes e depois do dia mais curto, quando Tétis, segundo diziam, mantinha as águas suaves e tranquilas para o especial proveito do casal; daí vem o termo *halcyon-days*[49], que significa um período de descanso e imperturbável felicidade.

TAUMANTE, FÓRCIS E CETO

Os primeiros gregos, com o poder extraordinário de personificar todo e qualquer atributo da Natureza, deram uma personalidade distinta às poderosas maravilhas das profundezas, as quais, em todas as épocas, foram objeto de especulação tanto para os instruídos quanto para os incultos. Entre essas personificações, encontramos Taumante, Fórcis e a irmã Ceto, descendentes de Ponto.

Taumante (cujo nome significa "Maravilha") tipifica a condição peculiar e translúcida da superfície do mar quando esta reflete várias imagens, como um espelho, e aparenta conter, no abraço transparente, as estrelas flamejantes e as cidades iluminadas, tão frequentemente refletidas em seu colo vítreo.

Taumante casou-se com a adorável Electra (cujo nome significa luz cintilante produzida pela eletricidade), filha de Oceano. O cabelo cor de âmbar de Electra era de uma beleza tão rara que nenhuma de suas louras irmãs igualava-se a ela; quando dormia, suas lágrimas, preciosas demais para serem perdidas, formavam gotas de âmbar brilhante.

Fórcis e Ceto personificavam mais especificamente os perigos e os horrores ocultos do oceano. Eram os pais das Górgonas, das Greias e do Dragão[50] que guardava as maçãs douradas das Hespérides.

---

49 Expressão em inglês que, em tradução literal, significa "dias alcíones" ou "Dias de Alcíone", mas que costuma ser traduzida como "dias felizes" ou "dias tranquilos" (N. T.).

50 Conhecido como Ladão ou Dragão Hespério (N. T.).

LEUCOTEIA

Leucoteia era originalmente uma mortal chamada Ino, filha de Cadmo, rei de Tebas. Casou-se com Atamante, rei de Orcômeno, que, indignado com a conduta desnaturada de Leucoteia para com os enteados[51], perseguiu a esposa e o filho dela até a beira do mar, onde, sem ver esperança de fuga, ela atirou-se nas profundezas com a criança. Ambos foram gentilmente recebidos pelas Nereidas e tornaram-se divindades marítimas sob o nome de Leucoteia e Palêmon.

AS SEREIAS

As Sereias pareciam ser personificações das numerosas pedras e dos perigos ocultos que abundam na costa sudoeste da Itália. Eram ninfas do mar, com a parte superior do corpo de uma donzela e a parte inferior de uma ave marinha, tendo asas acopladas aos ombros; eram dotadas de vozes tão maravilhosas que se dizia que suas doces canções atraíam marinheiros para a destruição.

ARES (Marte)

Filho de Zeus e Hera, Ares era o deus da guerra e alegrava-se com a mera ideia de contenda; amava o tumulto e a devastação dos campos de batalha e deleitava-se com a matança e o extermínio. Era incontestável sua falta de benevolência para agir de modo favorável sobre a vida humana.

Os poetas épicos, em particular, representam o deus das batalhas como um guerreiro selvagem e ingovernável que atravessa os exércitos como um redemoinho, arremessando ao chão tanto os bravos quanto os covardes, destruindo carruagens e capacetes e triunfando sobre a desolação terrível que produz.

[51] Ver a Lenda dos Argonautas.

Em todos os mitos que mencionam Ares, sua irmã Atena sempre aparece lutando contra ele e empenhando-se com todos os meios de que dispõe para derrotar os desígnios sanguinolentos do irmão. Dessa forma, ela ajuda o herói divino Diomedes a derrotar Ares em batalha no cerco de Troia, e o rapaz aproveita tão bem essa ajuda oportuna que consegue ferir o sanguinário deus-guerra, o qual sai urrando do campo de batalha como dez mil touros.

Ares parecia ser objeto de aversão de todos os deuses do Olimpo, exceto de Afrodite. Como filho de Hera, herdou da mãe os mais fortes sentimentos de independência e contradição e, por se regozijar ao perturbar o curso pacífico da vida estatal estabelecida de maneira preeminente sob os cuidados de Zeus, era naturalmente odiado e até mesmo execrado pelo pai dos deuses.

Quando ferido por Diomedes, como relatado acima, Ares reclama com o pai, mas não recebe simpatia alguma do outrora bondoso e benévolo governante do Olimpo, que se dirige a ele com raiva: "Não me incomode com tuas queixas, tu que és, entre todos os deuses do Olimpo, o que eu mais odeio, pois te deleitas somente na guerra e na contenda. O próprio espírito de tua mãe vive em ti e, não fosses tu meu filho, havia muito já terias caído nas entranhas da terra, ainda mais fundo do que o filho de Urano."

Ares, em certa ocasião, incorreu na ira de Poseidon ao matar-lhe o filho Halirrótio, que insultara Alcipe, filha do deus-guerra. Por essa ação, Poseidon convocou Ares a comparecer perante o tribunal dos deuses olímpicos, que foi realizado em uma colina em Atenas. Ares foi absolvido, e esse evento supostamente deu origem ao nome Areópago (ou Colina de Ares), que depois se tornou muito famoso como um tribunal de justiça. Na Gigantomaquia, Ares foi derrotado pelos Aloídas, os dois filhos gigantes de Poseidon, que o acorrentaram e o mantiveram na prisão por treze meses.

Ares é representado como um homem de aparência jovem; sua forma muscular altiva conjuga grande força e incrível agilidade. Na mão direita, segura uma espada ou uma poderosa lança, enquanto, no braço esquerdo, carrega um escudo redondo. A vizinhança demoníaca é formada por: Terror e Medo[52]; Ênio, a deusa do grito de guerra; Cidoimos, o demônio do fragor das batalhas; e Éris (Discórdia), sua irmã-gêmea e companheira, que sempre lhe precede a carruagem quando ele corre para a luta, o que é evidentemente um símile dos poetas para expressar o fato de que a guerra sucede à discórdia.

Éris é representada como uma mulher de tez corada e cabelos desgrenhados, e toda a sua aparência é raivosa e ameaçadora. Em uma das mãos, ela brande um punhal e uma víbora sibilante, enquanto, na outra, carrega uma tocha acesa. Seu vestido está rasgado e desordenado, e seus cabelos, entrelaçados com cobras venenosas. Essa divindade nunca era invocada pelos mortais, exceto quando desejavam sua assistência para a realização de propósitos malignos.

MARTE

A divindade romana que mais se assemelhava ao grego Ares – e a ele era associada – chamava-se Marte, Mamers e Marspiter (ou Pai Marte).

As primeiras tribos italianas, que se dedicavam em especial ao exercício da pecuária, consideravam essa divindade mais especificamente o deus da primavera, que derrotava os poderes do inverno e encorajava as artes pacíficas da agricultura. Porém, com os romanos, que eram uma nação essencialmente bélica, Marte gradualmente perdeu seu caráter pacífico e, como deus da guerra, alcançou, depois de Júpiter, a posição mais alta entre os deuses olímpicos. Os romanos consideraram-no o protetor especial e declararam que ele era o pai de Rômulo e Remo, fundadores da cidade. Embora fosse adorado especialmente em Roma como deus da guerra, continuou a cuidar da agricultura e também foi a divindade protetora que zelava pela segurança do Estado.

52 Seus dois filhos, Deimos e Fobos.

Como o deus que caminhava com passos beligerantes para o campo de batalha, Marte era chamado de Gradivo (de *gradus*, um passo), sendo que os romanos popularmente acreditavam que ele mesmo marchava à frente deles para a batalha, atuando como um protetor invisível. Como a divindade que cuidava da agricultura, era denominado Silvano, ao passo que, em seu caráter como guardião do Estado, levava o nome de Quirino[53].

Os sacerdotes de Marte eram doze e chamavam-se sálios, ou dançarinos, pelo fato de que as danças sagradas, nas quais usavam armadura completa, constituíam um elemento importante de sua cerimônia peculiar. Essa ordem religiosa, cujos membros eram sempre escolhidos entre as famílias mais nobres de Roma, foi primeiramente instituída por Numa Pompílio, que confiou os Ancis – ou escudos sagrados – ao encargo especial dos sálios. Há relatos de que, em uma manhã, quando Numa implorava a proteção de Júpiter para a recém--fundada cidade de Roma, o deus do céu, como resposta à sua oração, enviou um escudo oblongo de bronze e, conforme este caiu aos pés do rei, ouviu-se uma voz anunciar que de sua preservação dependia a segurança e a prosperidade futuras de Roma. A fim de diminuir, portanto, as chances desse tesouro sagrado ser extraviado, Numa mandou fazer outros onze exatamente iguais a ele, que foram entregues aos cuidados dos sálios.

A assistência e a proteção do deus da guerra eram sempre invocadas com solenidade antes de o exército romano partir para o campo de batalha, e quaisquer infortúnios eram invariavelmente atribuídos à sua ira, a qual era, dessa forma, aplacada por meio de extraordinárias e pecaminosas oferendas e de orações.

Em Roma, um campo chamado *Campus Martius*[54] foi dedicado a Marte. Era um espaço amplo e aberto, onde os exércitos eram reunidos

---

53 Rômulo foi deificado pelos romanos após a morte e adorado por eles sob o nome Quirino, denominação que compartilhou com seu pai Marte.

54 Em português, Campo de Marte (N. T.).

e inspecionados, havia assembleias gerais do povo e ocorriam os treinos dos exercícios marciais da jovem nobreza.

O mais célebre e magnífico dos numerosos templos construídos pelos romanos em honra a essa divindade foi erguido por Augusto no Fórum, para comemorar a derrocada dos assassinos de César.

Ares, com Eros, eus do amor, brincando a seus pés.

De todas as estátuas de Marte existentes, a mais renomada é a da Villa Ludovisi, na qual ele é representado como um homem poderoso e musculoso, em pleno vigor da juventude. A postura é de um repouso meditativo, mas o cabelo curto e ondulado, as narinas dilatadas e os traços fortemente marcados não deixam dúvidas quanto à sua força e à impetuosidade de caráter. A seus pés, o escultor depositou o pequeno deus do amor, que olha todo intrépido para o poderoso deus-guerra, como se soubesse que aquele temperamento excepcionalmente quieto devia-se à sua própria presença.

Festivais religiosos em homenagem a Marte costumavam ocorrer no mês de março, mas ele também tinha um festival nos idos de outubro, quando aconteciam corridas de carruagem, no fim das quais o cavalo da equipe que puxara a carruagem vencedora – e ficava do lado direito – era sacrificado a ele. Em tempos antigos, sacrifícios humanos, mais especificamente de prisioneiros de guerra, eram-lhe ofertados, mas, depois de um tempo, cessou-se essa prática cruel.

Os atributos dessa divindade são o capacete, o escuto e a lança. Os animais consagrados a ele eram o lobo, o cavalo, o abutre e o pica-pau.

Em íntima associação com o caráter de deus da guerra de Marte, havia uma deusa chamada BELONA, que era, por óbvio, a divindade feminina da batalha em alguma nação primitiva da Itália (provavelmente, os sabinos) e costumava ser vista acompanhando Marte, cuja carruagem de guerra ela guiava. Belona aparece no campo de batalha inspirada pela raiva desmedida, pela crueldade e pelo amor ao extermínio. Está usando uma armadura completa, com o cabelo desgrenhado, e segurando um açoite em uma das mãos e um laço na outra.

Um templo foi erigido a ela em *Campus Martius*. Antes da entrada desse edifício, havia um pilar, no qual se arremessava uma lança quando a guerra era declarada publicamente.

NIKE (Vitória)

Nike, a deusa da vitória, era filha do Titã Palas e de Estige, a ninfa que presidia o rio de mesmo nome no mundo inferior.

Em suas estátuas, Nike lembra um pouco Atena, mas pode ser reconhecida e distinguida com facilidade por ter asas grandes e graciosas e uma roupagem esvoaçante, que fica presa com displicência no ombro direito e esconde-lhe a adorável forma apenas de maneira parcial. Na mão esquerda, ergue uma coroa de louros e, na direita, um ramo de palmeira. Na escultura antiga, Nike costuma ser representada em conexão com as estátuas colossais de Zeus ou Palas Atena; nesses casos, ela é de tamanho real e fica em cima de uma bola, segurada na palma aberta da divindade que acompanha. Por vezes, aparece empenhada em inscrever a vitória de um conquistador no escudo dele, com o pé direito levemente erguido e posicionado em uma bola.

Um templo célebre foi erigido a essa divindade na Acrópole de Atenas, o qual ainda pode ser visto e está em excelente estado de conservação.

VITÓRIA

Sob o nome de Vitória, Nike foi muito honrada pelos romanos, entre os quais o amor pela conquista era uma característica totalmente fascinante. Havia vários santuários em Roma dedicados a ela, e o principal deles ficava no Capitólio, onde era costume dos generais erguer estátuas a deusas em celebração às suas vitórias, após alcançar sucesso em suas armas. A mais magnífica dessas estátuas foi erguida por Augusto após a batalha de Áccio. Celebrava-se um festival em homenagem a Nike no dia 12 de abril.

HERMES (Mercúrio)

Hermes era o mensageiro de pés velozes, confiável embaixador de todos os deuses e condutor de almas para o submundo. Presidia a criação e a educação dos jovens e encorajava exercícios de ginástica e atividades atléticas, razão pela qual os ginásios e as escolas de luta por toda a Grécia eram adornados com suas estátuas. Dizem que ele inventou o alfabeto e ensinou a arte de interpretar línguas estrangeiras; a versatilidade, a sagacidade e a astúcia desse deus eram tão extraordinárias que Zeus sempre o escolhia como assistente quando viajava pela terra disfarçado de mortal.

Hermes era adorado como o deus da eloquência, muito provavelmente pelo fato de que, em seu cargo de embaixador, essa faculdade era indispensável para o êxito nas negociações que lhe eram confiadas. Também era reconhecido como o deus que dava crescimento e prosperidade a rebanhos e manadas; por esse motivo, era adorado com veneração especial pelos pastores.

Em tempos antigos, o comércio era realizado majoritariamente por meio da troca de gado. Hermes, portanto, como deus dos pastores, veio a ser considerado o protetor dos mercadores e, uma vez que o engenho e a destreza são qualidades na compra e venda de produtos, ele também era visto como o padroeiro dos artifícios e da astúcia. Sem dúvida, essa noção estava tão arraigada na mente do povo grego que popularmente se acreditava que ele também era o deus dos ladrões e de todas as pessoas que vivem do engenho.

Como padroeiro do comércio, Hermes devia ser, naturalmente, aquele que promovia o intercâmbio entre as nações; assim, em suma, ele é o deus dos viajantes, de cuja segurança cuidava, punindo com

Hermes, ou Mercúrio

rigor aqueles que se recusavam a ajudar viajantes perdidos ou fatigados. Também era o guardião das ruas e das estradas, e suas estátuas, denominadas Hermas (pilares de pedra sobre os quais havia uma cabeça de Hermes), eram posicionadas em encruzilhadas e, com frequência, em ruas e praças públicas.

Sendo o deus de todos os empreendimentos caracterizados pelo lucro, era adorado como provedor da riqueza e da boa sorte, e qualquer golpe inesperado na fortuna era atribuído à sua influência. Também cuidava do jogo de dados, instruído por Apolo, conforme relatos.

Hermes era filho de Zeus e Maia, a mais velha e mais bela das sete Plêiades (filhas de Atlas). Nasceu em uma caverna no Monte Cilene, na Arcádia e, quando ainda era bebê, já ostentava uma capacidade extraordinária para a astúcia e a dissimulação. De fato, era um ladrão desde o berço, pois, poucas horas após seu nascimento, foi encontrado rastejando furtivamente para fora da caverna onde nascera, a fim de roubar alguns bois do irmão Apolo, que estava alimentando os rebanhos de Admeto naquele momento. Hermes não havia avançado muito em sua expedição quando se deparou com uma tartaruga, que acabou matando e, estendendo sete cordas sobre o casco vazio, inventou uma lira e imediatamente começou a tocá-la com extraordinária habilidade. Quando terminou de se entreter com o instrumento, largou-o no berço e retomou a viagem para Pieria, onde o gado de Admeto estava pastando. Chegando ao seu destino, ao pôr do sol, conseguiu separar cinquenta bois da manada do irmão, agora conduzida por ele, que tomava a precaução de cobrir os pés com sandálias feitas de ramos de murta para não ser pego. O pequeno maroto, porém, não passou despercebido, pois o roubo fora testemunhado por um velho pastor chamado Bato, que cuidava dos rebanhos de Neleu, rei de Pilos (pai de Nestor). Hermes, com medo de ser descoberto, subornou-o com a melhor vaca do rebanho para que não fosse traído, e Bato prometeu guardar o segredo. Contudo Hermes, tão astuto quanto desonesto, resolveu testar a integridade do pastor. Fingindo ir embora, assumiu a forma de Admeto e, voltando ao local, ofereceu ao velho dois de seus melhores bois caso Bato lhe revelasse o autor do furto. O ardil teve êxito, pois o pastor avaro, incapaz de resistir à isca tentadora, deu a informação desejada, ao que Hermes, exercendo seu poder divino, transformou-o em um pedaço de pedra angular, como punição por sua deslealdade e avareza. Hermes matou, então, dois bois, sacrificando-os a si mesmo e a outros deuses e escondendo os demais animais na caverna. Em seguida, apagou cuidadosamente o fogo e, após jogar os sapatos de ramo no rio Alfeu, retornou a Cilene.

Apolo, com seu poder onividente, logo descobriu quem o roubara e, correndo para Cilene, exigiu a restituição de suas propriedades. Quando o deus-luz reclamou com Maia sobre a conduta do filho dela, a plêiade apontou para o inocente bebê deitado e aparentemente adormecido no berço. Apolo acordou o falso dorminhoco de maneira enérgica e o acusou de furto. A criança negou com veemência qualquer conhecimento do ocorrido e desempenhou seu papel de modo tão habilidoso que até chegou a perguntar, da maneira mais ingênua, que espécie de animais eram as vacas. Apolo ameaçou jogá-lo no Tártaro se não confessasse a verdade, mas foi em vão. Por fim, pegou o bebê e levou-o à presença de seu augusto pai, que estava sentado na câmara do conselho dos deuses. Zeus escutou a acusação de Apolo e, em seguida, pediu com austeridade a Hermes que contasse onde escondera o gado. A criança, ainda usando cueiros, encarou o pai corajosamente e disse: "Ora, pareço capaz de afugentar um rebanho de gado? Logo eu, que só nasci ontem e tenho pés muito macios e delicados para pisar em lugares ásperos? Até este momento, eu estava em um doce sono no colo de minha mãe e nunca nem sequer cruzei a soleira de nossa morada. Você sabe bem que não sou culpado, mas, se quiser, assim o direi com os juramentos mais solenes". Enquanto a criança estava diante dele, a cara da inocência, Zeus não pôde deixar de sorrir com sua esperteza e astúcia, mas, ciente de que o filho era culpado, ordenou-lhe que conduzisse Apolo até a caverna onde escondera o rebanho. Hermes, vendo que não poderia mais usar subterfúgios, obedeceu sem hesitação. Porém, quando o pastor divino estava prestes a conduzir o gado de volta a Pieria, Hermes casualmente começou a tocar as cordas de sua lira. Até então, Apolo não tinha ouvido nada além da música da própria lira de três cordas e da siringe, ou flauta de Pã; conforme escutava em transe os encantadores acordes daquele instrumento novo, sua ânsia de possuí-lo tornou-se tão grande que ofereceu de bom grado seus bois em troca, prometendo dar a Hermes pleno domínio sobre manadas e rebanhos também, bem como sobre cavalos e sobre todos os animais selvagens dos bosques e das florestas. A oferta foi aceita e, uma vez feita a reconciliação entre os dois irmãos, Hermes passou a ser o deus dos pastores, enquanto Apolo se dedicou com entusiasmo à arte da música.

Ambos seguiram juntos para o Olimpo, onde Apolo apresentou Hermes como seu amigo e companheiro e, depois de tê-lo feito jurar pelo Estige que nunca roubaria sua lira ou seu arco, nem invadiria seu santuário em Delfos, presenteou-lhe com o Caduceu, ou bastão dourado. Esse bastão era coroado de asas e, ao apresentá-lo a Hermes, Apolo informou que o objeto tinha a faculdade de unir em amor todos os seres divididos pelo ódio. Desejando comprovar a veracidade dessa afirmação, Hermes o jogou no chão entre duas cobras que estavam brigando, e as combatentes raivosas se agarraram em um abraço amoroso e, enroscadas no cajado, ficaram permanentemente presas a ele. O bastão simbolizava o poder; as serpentes, a sabedoria; as asas, o deslocamento – todas as qualidades características de um embaixador confiável.

O jovem deus foi, então, presenteado pelo pai com um chapéu de prata alado (Pétaso) e também com asas de prata para os pés (Talária), e foi imediatamente designado arauto dos deuses e condutor de almas para o submundo, cargo até então ocupado por Hades.

Como mensageiro dos deuses, é possível encontrar Hermes presente em todas as ocasiões que requerem habilidade especial, tática ou deslocamento. Assim, ele conduz Hera, Atena e Afrodite até Páris, leva Príamo até Aquiles para pedir o corpo de Heitor, prende Prometeu ao Monte Cáucaso, amarra Íxion à roda eternamente giratória, destrói Argos, o guardião de cem olhos de Io, e assim por diante.

Como condutor de almas, Hermes era sempre invocado pelos moribundos para garantir-lhes uma passagem segura e rápida pelo Estige. Também tinha o poder de trazer de volta os espíritos dos mortos para o mundo superior e era, portanto, o mediador entre os vivos e os mortos.

Os poetas relatam muitas histórias divertidas sobre os truques juvenis aplicados em outros imortais por esse deus que amava travessuras. Por exemplo, ele teve a audácia de extrair a cabeça da Medusa do escudo de Atena, a qual prendeu jocosamente nas costas de Hefesto; também roubou o cinto de Afrodite e privou Ártemis de suas flechas e Ares de sua lança, mas esses atos eram realizados sempre com uma destreza tão graciosa, combinada com um bom humor tão perfeito, que até mesmo os deuses e as deusas que ele provocava o perdoavam de bom grado, e, assim, ele tornou-se o favorito de todos.

Hermes voava sobre Atenas certo dia quando, olhando para a cidade, avistou uma série de donzelas voltando em procissão solene de um templo de Palas Atena. A principal delas era Herse, a bela filha do rei Cécrope; Hermes ficou tão impressionado com a formosura da moça que decidiu ter um encontro com ela. Apresentou-se, por conseguinte, no palácio real e implorou à irmã dela, Aglauro, que interviesse em sua causa, mas ela, que tinha espírito mesquinho, recusou-se a fazê-lo sem receber o pagamento de uma enorme quantia em dinheiro. Não demorou muito para o mensageiro dos deuses obter os meios de cumprir essa condição, e logo retornou com uma bolsa bem cheia. Nesse ínterim, Atena, para punir a cobiça de Aglauro, fez com que o demônio da inveja a possuísse, e, por causa disso, uma vez incapaz de contemplar a felicidade da irmã, ela sentou-se diante da porta e recusou-se de forma resoluta a permitir a entrada de Hermes. Ele empregou toda a persuasão e a lisonja de que dispunha, mas ela permaneceu obstinada mesmo assim. Por fim, esgotada a sua paciência, Hermes a transformou em uma massa de pedra negra e, eliminando o obstáculo aos seus desejos, conseguiu persuadir Herse a tornar-se sua esposa.

Em suas estátuas, Hermes é representado como um jovem sem barba, de peito largo e membros graciosos, mas musculosos; a face é bela e inteligente, e um sorriso cordial de gentil benevolência emerge ao redor dos lábios delicadamente esculpidos.

Como mensageiro dos deuses, usa o Pétaso e a Talária, e segura o Caduceu, ou cajado do arauto.

Como deus da eloquência, é frequentemente representado com correntes de ouro penduradas nos lábios, ao passo que, como o padroeiro dos mercadores, segura uma bolsa na mão.

As maravilhosas escavações em Olímpia, às quais já se fez alusão, trouxeram à tona uma primorosa peça de mármore de Hermes e do infante Baco, feita por Praxíteles. Nessa grande obra de arte, Hermes é representado como um homem jovem e bonito, que está olhando de maneira gentil e afetuosa para a criança que descansa em seus braços; infelizmente, porém, nada resta do infante exceto a mão direita, colocada com delicadeza no ombro de seu protetor.

Os sacrifícios a Hermes consistiam em incenso, mel, bolos, porcos e, principalmente, cordeiros e cabritos. Como deus da eloquência, as línguas dos animais eram sacrificadas a ele.

MERCÚRIO

Mercúrio era o deus romano do comércio e do lucro. Encontramos menção a um templo que foi erguido a ele próximo ao Circo Máximo, já em 495 a.C.; ele também tinha um templo e uma fonte sagrada perto de Porta Capena. Poderes mágicos eram atribuídos a esta última, e, no festival de Mercúrio, que acontecia em 25 de maio, era costume dos mercadores aspergirem a si mesmos e a suas mercadorias com essa água sagrada, a fim de assegurar enormes ganhos com as mercadorias.

Os feciais (sacerdotes romanos cujo dever era atuar como guardiões da fé pública) recusaram-se a reconhecer a associação de Mercúrio com Hermes e ordenaram que o primeiro fosse representado com um ramo sagrado como emblema da paz, no lugar do caduceu. Em tempos posteriores, contudo, o deus romano foi completamente identificado com o grego Hermes.

DIONÍSIO (Baco)

Dionísio, também chamado de Baco (de *bacca*, baga), era o deus do vinho e a personificação das bênçãos da Natureza em geral.

O culto a essa divindade, que, ao que tudo indica, foi introduzido na Grécia a partir da Ásia (muito provavelmente, da Índia) primeiro se enraizou na Trácia, de onde se espalhou aos poucos para outras partes da Grécia.

Dionísio era filho de Zeus e de Sêmele e foi arrebatado por Zeus das chamas vorazes nas quais sua mãe pereceu, quando ele aparecera a ela em todo o esplendor de sua glória divina. A criança, órfã de mãe, foi confiada ao encargo de Hermes, que a encaminhou para a irmã de Sêmele, Ino, mas Hera, ainda implacável em sua vingança, visitou Atamante, marido de Ino, com a loucura; uma vez que a vida da criança já não estava segura, foi transferida aos cuidados das ninfas do Monte Nisa. Um velho sátiro chamado Sileno, filho de Pã, tomou para si a função de guardião e preceptor do jovem deus, que, por sua vez, tornou-se muito apegado ao seu gentil tutor; por conta disso, vemos Sileno sempre figurando como um dos personagens principais nas várias expedições do deus-vinho.

Dionísio teve uma infância inocente e tranquila, vagando pelos bosques e florestas, rodeado de ninfas, sátiros e pastores. Durante uma dessas perambulações, encontrou uma fruta de natureza muito agradável e refrescante, a crescer no mato. Era a videira, da qual tempos depois aprendeu a extrair um suco que formava uma bebida muito estimulante. Após seus companheiros servirem-se dela à vontade, sentiram-se inteiramente permeados por uma sensação inusitada de excitação prazerosa e deram plena vazão à sua transbordante exuberância gritando, cantando e dançando. A quantidade de pessoas logo foi aumentando até virar uma multidão, ávida por saborear uma bebida que produzia resultados tão extraordinários e ansiosa para se juntar ao culto de uma divindade a quem deviam esse novo prazer. Dionísio, por sua vez, vendo que sua descoberta afetara seus seguidores mais próximos de maneira tão agradável, resolveu estender a bênção à humanidade em geral. Percebeu que o vinho, usado com moderação, permitiria ao homem desfrutar de uma existência alegre e mais sociável, e que, sob a sua influência revigorante, os tristes poderiam, por um tempo, esquecer o sofrimento, bem como os doentes, a dor. Dessa forma, reuniu ao redor seus zelosos seguidores, e eles partiram em viagem, plantando a videira e ensinando o cultivo dela aonde quer que fossem.

Agora, vemos Dionísio à frente de um grande exército composto de homens, mulheres, faunos e sátiros, todos trazendo em mãos o Tirso (um bastão entrelaçado com galhos de videira e com uma pinha na parte superior), e tocando em conjunto címbalos e outros instrumentos musicais. Sentado em uma carruagem puxada por panteras e acompanhado de milhares de seguidores entusiasmados, Dionísio fez um progresso triunfal através da Síria, do Egito, da Arábia, da Índia etc., conquistando todos à sua frente, fundando cidades e estabelecendo por todos os lados um modo de vida mais civilizado e sociável entre os habitantes dos vários países pelos quais passava.

Quando Dionísio retornou à Grécia após sua expedição oriental, encontrou grande oposição de Licurgo, rei da Trácia, e Penteu, rei de Tebas. O primeiro, desaprovando com veemência os festejos selvagens que acompanhavam o culto ao deus do vinho, expulsou suas ajudantes, as ninfas de Nisa, da montanha sagrada e intimidou Dionísio de modo tão enfático que ele se lançou ao mar, onde foi recebido nos braços da ninfa-oceano, Tétis. Mas o rei ímpio expiou amargamente sua conduta sacrílega. Foi punido com a perda da razão e, durante um de seus loucos paroxismos, matou o próprio filho Drias, tendo-o confundido com uma videira.

Penteu, rei de Tebas, vendo os súditos tão completamente encantados pelo culto turbulento dessa nova divindade e temendo os efeitos desmoralizantes das indecorosas orgias noturnas feitas em homenagem ao deus-vinho, estritamente proibiu seu povo de fazer parte das selvagens bacanais[55]. Ansioso para salvá-lo das consequências de sua impiedade, Dionísio apareceu diante dele sob a forma de um jovem da comitiva do rei e advertiu-o seriamente a desistir de suas denúncias. Porém, a admoestação bem-intencionada não atingiu seu propósito, pois Penteu só ficou mais furioso com essa interferência e, ordenando que Dionísio fosse lançado na prisão, fez os mais cruéis preparativos para a execução imediata dele. Mas o deus logo se libertou do confinamento ignóbil, pois, mal seus carcereiros partiram e as portas da prisão abriram-se sozinhas e, rompendo as correntes de ferro, Dionísio escapou para se juntar aos seus seguidores devotos.

Nesse ínterim, a mãe do rei e as irmãs dela, inspiradas pelo ímpeto das bacanais, foram até o Monte Citéron a fim de se juntarem aos adoradores do deus-vinho nas pavorosas orgias que eram solenizadas exclusivamente por mulheres – e nas quais nenhum homem tinha autorização para estar presente. Enfurecido por descobrir que suas ordens haviam sido abertamente desobedecidas por membros da própria família, Penteu decidiu testemunhar por conta própria os tão

[55] Bacanal era uma festa religiosa celebrada em homenagem a Baco (Dionísio), caracterizada por orgias, danças e consumo de vinho (N. T.).

terríveis excessos de que ouvira falar e, para tanto, escondeu-se atrás de uma árvore no Monte Citéron; quando seu esconderijo foi descoberto, porém, ele foi arrastado para fora pelo grupo meio enlouquecido das bacantes e – é horrível dizer – cortado em pedaços pela própria mãe Agave e as duas irmãs dela.

Um incidente que ocorreu a Dionísio em uma das viagens foi um dos temas mais caros aos poetas clássicos. Certo dia, quando alguns piratas tirrenos[56] se aproximaram das praias da Grécia, avistaram Dionísio na forma de um belo jovem, trajado com vestes radiantes. Pensando em garantir uma rica recompensa, prenderam-no, amarraram-no e encaminharam-no a bordo de sua embarcação, decididos a levá-lo consigo até a Ásia e lá vendê-lo como escravo. Mas os grilhões caíram dos membros do deus, e o piloto, o primeiro a perceber o milagre, exortou os companheiros a cuidadosamente devolverem o jovem ao local de onde fora tirado, garantindo-lhes que ele era um deus e que ventos contrários e tempestades com toda certeza decorreriam da conduta ímpia deles. Recusando-se a abandonar o prisioneiro, porém, os sequestradores zarparam para o mar aberto. De repente, para o desespero de todos a bordo, o navio parou e mastros e velas foram cobertos de um amontoado de vinhas e coroas de folhas de hera, correntes de vinho perfumado inundaram a embarcação e melodias celestiais foram ouvidas nas redondezas. A tripulação, aterrorizada e já tardiamente arrependida, amontoou-se ao redor do piloto para protegerem-se, implorando para que ele se dirigisse à costa. Mas a hora da vingança chegara: Dionísio assumiu a forma de um leão, enquanto ao seu lado apareceu um urso, que, com um bramido aterrorizante, avançou sobre o capitão e o despedaçou; os marujos, em estado de profunda agonia, pularam para fora do barco e foram transformados em golfinhos. O timoneiro discreto e pio foi o único que teve permissão para escapar do destino dos demais companheiros; a ele, Dionísio, que já assumira sua forma verdadeira, dirigiu bondosas

[56] Termo de origem grega para designar os povos etruscos, que viviam na península itálica (N. T.).

e afetuosas palavras de encorajamento e revelou seu nome e estirpe. Eles zarparam, e Dionísio pediu ao piloto que o deixasse na Ilha de Naxos, onde encontrou a adorável Ariadne, filha de Minos, rei de Creta. Ela fora abandonada por Teseu naquele local isolado e, quando Dionísio a avistou, estava dormindo um sono profundo em uma rocha, exausta de tanto chorar e sofrer. Transbordando admiração, o deus permaneceu contemplando a bela visão diante de si; quando Ariadne finalmente abriu os olhos, ele revelou-se a ela e, com uma voz suave, procurou aliviar-lhe a dor. Agradecida pela amável simpatia – vinda em um momento em que se considerava abandonada e sem amigos –, ela gradualmente recuperou a serenidade e, cedendo às súplicas dele, consentiu em tornar-se sua esposa.

Dionísio, após estabelecer o culto à sua figura em várias partes do mundo, desceu ao reino das sombras em busca de sua malfadada mãe, que conduziu ao Olimpo, onde, sob o nome de Tione, ela foi admitida na assembleia dos deuses imortais.

Entre os mais notáveis adoradores de Dionísio, estava Midas[57], o rico rei da Frígia e o mesmo que, conforme já relatado, deu um parecer contrário à Apolo. Em certa ocasião, Sileno, preceptor e amigo de Dionísio, desviou-se, embriagado, para os roseirais desse monarca, onde foi encontrado por alguns servos do rei, que o amarraram com rosas e conduziram-no à presença do mestre real. Midas tratou o velho sátiro com a maior estima e, após recebê-lo com hospitalidade por dez dias, levou-o de volta a Dionísio, o qual ficou tão agradecido pelo cuidado gentil dispensado ao velho amigo que prometeu a Midas oferecer qualquer favor que ele escolhesse; diante disso, o monarca avarento, não satisfeito com sua riqueza já ilimitada, desejou que tudo o que tocasse virasse ouro. A solicitação foi atendida de um jeito tão literal que o pobre Midas se arrependeu amargamente de sua estupidez e cobiça, pois, quando as pontadas da fome o atacavam e ele ensaiava satisfazer ao seu apetite, a comida tornava-se ouro antes

57 Midas era filho de Cibele e Górdio, o rei que fez aquele célebre e intrincado nó.

que pudesse engoli-la; enquanto erguia a taça de vinho na direção dos lábios ressecados, o gole cintilante convertia-se no metal que tanto cobiçara; quando, pálido e fatigado, enfim alongava o corpo dolorido em seu até então luxuoso divã, este também se transformava na substância que agora era a maldição de sua existência. Por fim, o rei, desesperado, implorou ao deus para que retirasse aquele presente fatal, e Dionísio, apiedando-se de sua condição infeliz, ordenou que ele se banhasse no rio Pactolo, um riacho na Lídia, para perder o poder que se tornara a ruína de sua vida. Obedecendo à ordem com alegria, Midas foi imediatamente liberto das consequências de sua demanda avarenta, e, dali em diante, nas areias do rio Pactolo sempre haveria grãos de ouro.

As representações de Dionísio são de dois tipos. De acordo com as primeiras concepções, ele aparece como um homem grave e digno, no auge da vida; seu semblante é sério, pensativo e benevolente; usa uma barba cheia e está coberto da cabeça aos pés com o traje de um monarca oriental. Contudo, escultores de um período posterior o representam como um jovem de beleza singular, embora de aparência um tanto quanto afeminada; a expressão de seu semblante é gentil e sedutora; os membros são maleáveis e graciosamente moldados; e o cabelo, adornado por uma coroa de folhas de videira ou hera, cai sobre os ombros em longos cachos. Em uma das mãos, carrega o tirso e, na outra, um copo com duas alças, sendo esses seus atributos distintivos. Ele é frequentemente representado montando uma pantera ou sentado em uma carruagem puxada por leões, tigres, panteras ou linces.

Como ele é o deus do vinho, que é preparado para promover a sociabilidade, raramente aparece sozinho. Frequentemente está acompanhado por bacantes, sátiros e ninfas das montanhas.

A mais refinada representação moderna de Ariadne é a de Dannecker[58], em Frankfurt am Main. Nessa estátua, ela aparece montando uma pantera; o belo rosto virado para cima inclina-se ligeiramente

[58] Johann Heinrich von Dannecker (1758-1841), escultor alemão (N. T.).

sobre o ombro esquerdo; as feições são simétricas e lapidadas com primor e precisão, e uma coroa de folhas de hera envolve a cabeça de formato agradável. Com a mão direita, segura com graciosidade as dobras da roupa que displicentemente se desprende do corpo arredondado, enquanto a outra mão repousa de maneira leve e carinhosa na cabeça do animal.

Dionísio era considerado o padroeiro do drama e, no festival estatal da Dionísia, celebrado com grande pompa na cidade de Atenas, entretenimentos dramáticos aconteciam em sua homenagem e, para os espetáculos, todos os renomados dramaturgos gregos da antiguidade compunham tragédias e comédias imortais.

Ele também era uma divindade profética e possuía oráculos. O principal ficava no monte Ródope, na Trácia.

O tigre, o lince, a pantera, o golfinho, a serpente e o asno eram sagrados para esse deus. Suas plantas favoritas eram a videira, a hera, o loureiro e o asfódelo. Seus sacrifícios consistiam em bodes, provavelmente porque esses animais destruíam os vinhedos.

BACO OU LÍBER

Os romanos tinham uma divindade chamada Líber, que cuidava da vegetação. Líber era associado ao grego Dionísio e adorado sob o nome de Baco.

O festival de Líber, denominado Liberália, era celebrado no dia 17 de março.

HADES (Plutão)

Hades, Aidoneus ou Aidês era filho de Cronos e Reia, e o irmão mais novo de Zeus e Poseidon. Era o governante da região subterrânea chamada Érebo, habitada pelas sombras ou espíritos dos mortos, bem como pelas divindades destronadas ou exiladas, vencidas por Zeus e seus aliados. Hades, o monarca cruel e sombrio do mundo inferior, foi o sucessor de Érebo, aquela divindade antiga e primeva que deu nome a esses reinos.

Os primeiros gregos viam Hades como seu maior inimigo. Homero conta-nos que ele era "de todos os deuses, o mais detestado", pois era – aos olhos dos gregos – o cruel ladrão que deles roubava os entes mais próximos e queridos e, eventualmente, privava cada um deles da própria porção na existência terrestre. Seu nome era tão temido que jamais era mencionado pelos mortais, os quais, quando o invocavam, batiam com as mãos na terra, e, oferecendo-lhe sacrifícios, desviavam o rosto.

A crença do povo em relação a um estado futuro era, no Período Homérico, triste e desconsolada. Acreditava-se que, quando um mortal deixava de existir, seu espírito ocupava o contorno obscuro da forma humana que abandonara. Essas sombras – ou espectros, como eram chamadas – eram conduzidas por Hades até os domínios dele, onde passavam o tempo, algumas remoendo as vicissitudes da fortuna que experimentaram na terra, outras se arrependendo dos prazeres perdidos que desfrutaram em vida, mas todas em uma condição de semiconsciência, a partir da qual o intelecto só podia ser incitado à plena atividade quando se bebia o sangue dos sacrifícios oferecidos a esses espectros por amigos viventes, responsável por restituir, por um tempo, suas antigas capacidades mentais. Os únicos seres que deviam desfrutar de qualquer felicidade em um estado futuro eram os heróis, cujos atos de ousadia e feitos de bravura em vida acarretavam honra em suas terras natais e, mesmo eles, de acordo com Homero, definhavam após suas trajetórias de atividades terrenas. Ele nos conta que, quando Odisseu visitou o mundo inferior a mando de Circe e manteve comunhão com os espectros dos heróis da Guerra de Troia, Aquiles assegurou-lhe que preferia ser o trabalhador comum mais pobre da terra a reinar supremo no reino das sombras.

Os primeiros poetas gregos fazem apenas alusões escassas ao Érebo. Homero parece envolver esses reinos em imprecisão e mistério de maneira deliberada, a fim de provavelmente reforçar a sensação de temor intrínseca ao mundo inferior. Na *Odisseia*, descreve a entrada do Érebo como situada além da borda mais distante do Oceano, no extremo oeste, onde moravam os cimérios, envoltos em névoas e trevas eternas.

Posteriormente, contudo, em consequência do intercâmbio prolongado com nações estrangeiras, novas ideias foram sendo introduzidas aos poucos, e é possível encontrar algumas teorias egípcias que estavam criando raízes na Grécia em relação a um estado futuro e que eventualmente se tornariam a crença religiosa de toda a nação. É nesse momento que os poetas e os filósofos – e mais especificamente os mestres dos Mistérios de Elêusis – começam a inculcar a doutrina da futura recompensa ou da punição por boas ou más ações. Hades, que até então fora considerado o temido inimigo da humanidade, o qual se deleita em seu ofício sombrio e mantém os espectros aprisionados em seus domínios após retirá-los das alegrias da existência, agora os recebe com hospitalidade e amizade, e Hermes passa a substituí-lo como condutor de sombras para o submundo. Sob esse novo aspecto, Hades usurpa as funções de uma divindade totalmente diferente chamada Pluto (o deus das riquezas) e, dali em diante, passa a ser considerado o doador de riquezas para a humanidade, na forma daqueles metais preciosos que se escondem nas entranhas da terra.

Os poetas posteriores mencionam várias entradas para o Érebo, que eram, em sua maioria, cavernas e fendas. Havia uma na montanha de Tainaro, outra em Tesprócia e uma terceira, a mais célebre de todas, na Itália, próxima do pestilento lago Averno, sobre o qual dizem que nenhum pássaro poderia voar de tão nocivo que era o cheiro que exalava de lá.

Nos domínios de Hades, havia quatro grandes rios – três dos quais deviam ser atravessados por todos os espectros. Esses três eram Aqueronte (aflição), Cócito (lamentação) e Estige (escuridão intensa), o córrego sagrado que fluía nove vezes ao redor desses reinos.

As almas eram transportadas pelo Estige por Caronte, o barqueiro sombrio com barba por fazer, que apenas levava aqueles seres cujos corpos receberam ritos fúnebres na terra e que trouxeram consigo o indispensável pedágio dele: uma pequena moeda ou óbolo, geralmente colocada embaixo da língua da pessoa morta para esse propósito. Se essas condições não fossem cumpridas, as sombras infelizes eram deixadas para trás, vagando para cima e para baixo pelas margens por cem anos, como espíritos inquietos.

Na margem oposta do Estige, ficava o tribunal de Minos, o juiz supremo, diante do qual todas as sombras tinham que comparecer; após ouvir a confissão plena das ações delas enquanto estavam na terra, ele pronunciava a sentença de felicidade ou de miséria, segundo os atos praticados em vida. Esse tribunal era guardado pelo terrível cão de três cabeças Cérbero, que, com três pescoços repletos de cobras, estendia-se no chão em todo o seu comprimento – uma sentinela formidável que permitia que todas as sombras entrassem, mas não deixava nenhuma sair.

Os espíritos felizes, destinados a aproveitar os deleites do Elísio, saíam pela direita e seguiam para o palácio dourado onde Hades e Perséfone mantinham sua corte real, de quem recebiam uma amável saudação antes de partirem para os Campos Elísios, localizados mais adiante[59]. Essa região extasiante era repleta de tudo o que poderia encantar os sentidos ou agradar a imaginação; o ar era balsâmico e perfumado, riachos ondulantes corriam pacificamente pelos prados sorridentes, que brilhavam com os tons variados de milhares de flores, enquanto o canto alegre dos pássaros ressoava pelos bosques. As ocupações e as diversões das sombras felizes eram de igual natureza àquelas com as quais se deleitavam na terra. Ali, o guerreiro encontrava seus cavalos, suas carruagens e suas armas, o músico, sua lira, e o caçador, sua aljava e seu arco.

Em um vale isolado do Elísio, corria um riacho manso e silencioso chamado Lete (esquecimento), cujas águas tinham o efeito de dissipar

59 As sombras dos mortais cujas vidas não foram distinguidas nem por virtude nem por vício eram condenadas a uma existência monótona e sem alegria no campo de Asfódelos, no submundo.

a atenção e produzir o esquecimento total dos eventos anteriores. De acordo com a doutrina pitagórica da transmigração das almas, supunha-se que, após habitarem o Elísio por mil anos, as sombras estavam destinadas a animar outros corpos na terra; assim, antes de deixar o Elísio, elas bebiam das águas do rio Lete para que pudessem ingressar em seu novo caminho sem qualquer lembrança do passado.

As almas culpadas, após se retirarem da presença de Minos, eram conduzidas ao grande salão de julgamento do submundo, que tinha paredes maciças de adamante sólido cercadas pelo rio Flegetonte, cujas ondas lançavam labaredas de fogo e iluminavam, com brilho lúgubre, esses reinos terríveis. No interior, sentava-se o aterrorizante juiz Radamanto, que declarava a cada recém-chegado os precisos tormentos que o aguardavam no Tártaro. Os miseráveis pecadores eram então capturados pelas Fúrias, que os açoitavam com chicotes e os arrastavam até o grande portão que fechava a abertura do Tártaro. Naquelas terríveis profundezas, os condenados eram lançados para sofrerem uma tortura interminável.

O Tártaro tinha uma vasta e sombria extensão e ficava tão abaixo no submundo quanto a terra está distante dos céus. Lá, os Titãs, caídos de seu estado elevado, viviam uma existência arrastada, deprimente e monótona; havia também Oto e Efialtes, aqueles filhos gigantes de Poseidon que, com mãos ímpias, tentaram escalar o Olimpo e destronar seu poderoso governante. Os principais sofredores nessa morada da escuridão foram Tício, Tântalo, Sísifo, Íxion e as Danaides.

Tício, um dos gigantes nascidos da terra, insultou Hera quando ela estava a caminho de Peito; por essa ofensa, Zeus o arremessou no Tártaro, onde ele sofreu uma tortura terrível, infligida por dois abutres que mordiam perpetuamente seu fígado.

Tântalo foi um rei sábio e rico da Lídia a quem os próprios deuses permitiram-se associar; ele foi até mesmo autorizado a sentar-se à mesa com Zeus, que se deleitou durante a conversa e ouviu com interesse a sabedoria de suas observações. Tântalo, contudo, exultante com essas marcas distintivas do favor divino, abusou de sua posição e valeu-se de uma linguagem imprópria com Zeus; além disso, também roubou néctar e ambrosia da mesa dos deuses, com os quais presenteou os amigos. Seu maior crime, porém, foi matar o próprio filho, Pélope, e servi-lo em um dos banquetes dos deuses, a fim de testar a onisciência deles. Por essas ofensas hediondas, ele foi condenado por Zeus a uma punição eterna no Tártaro, onde, torturado por uma sede sempre abrasadora, foi mergulhado até o queixo na água, a qual se afastava dos seus lábios ressecados toda vez que ele se inclinava para bebê-la. Árvores altas, com galhos longos e repletos de frutas deliciosas, pendiam tentadoramente sobre sua cabeça, mas, assim que se levantava para pegá-las, surgia um vento que as levava para fora de seu alcance.

Sísifo foi um grande tirano que, de acordo com alguns relatos, assassinava de modo bárbaro todos os viajantes que entravam em suas terras, lançando sobre eles enormes pedaços de rocha. Como punição por seus crimes, foi condenado a rolar incessantemente um grande bloco de pedra na subida de uma colina íngreme; logo que atingia o cume, o bloco sempre rolava de volta, planície abaixo.

Íxion foi um rei da Tessália a quem Zeus concedera o privilégio de participar dos banquetes festivos dos deuses. Tirando vantagem de sua posição elevada, porém, o nobre ousou aspirar aos favores de Hera, o que enfureceu tanto Zeus que o deus o atingiu com um de seus raios e ordenou que Hermes o jogasse no Tártaro e, em seguida, o prendesse em uma roda que girava para sempre.

As danaides foram as cinquenta filhas de Dânao, rei de Argos, que se casaram com seus cinquenta primos, os filhos de Egito. Por ordem do pai, que fora avisado por um oráculo que os genros dele causariam sua morte, todas elas, exceto Hipermnestra, mataram os maridos em uma noite. A punição dessas mulheres no mundo inferior era encher de água um vaso cheio de buracos – uma tarefa interminável e inútil.

Hades é geralmente representado como um homem de idade madura e aparência severa e majestosa, guardando impressionante semelhança com seu irmão Zeus. A expressão sombria e inexorável do rosto do deus do submundo contrasta demasiado, porém, com aquela benignidade peculiar que tanto caracteriza o semblante do poderoso governante do céu. Hades está sentado em um trono de ébano, com sua rainha, a séria e triste Perséfone, ao lado, e tem uma barba completa e longos cabelos pretos esvoaçantes, que pendem direto para baixo de sua testa; nas mãos, segura uma forquilha de duas pontas ou as chaves do mundo inferior e, aos pés, está Cérbero. Por vezes, é visto em uma carruagem de ouro puxada por quatro cavalos pretos e traz na cabeça um capacete que os Ciclopes lhe deram e que tornava invisível quem o usasse. Ele emprestou esse capacete com frequência a mortais e a imortais.

Hades, universalmente cultuado ao redor da Grécia, tinha templos erguidos em sua homenagem em Élis (Olímpia) e em Atenas.

Seus sacrifícios aconteciam durante a noite e consistiam em ovelhas negras; permitia-se que o sangue, em vez de ser aspergido nos altares ou colocado em vasos, como em outros sacrifícios, escorresse para uma vala cavada para esse fim. Os sacerdotes oficiais usavam mantos pretos e eram coroados de ciprestes.

O narciso, o adiantum e o cipreste eram sagrados para essa divindade.

PLUTÃO

Antes da introdução da religião e da literatura dos gregos em Roma, os romanos não acreditavam em um reino de felicidade ou miséria futura, correspondente ao submundo grego; portanto, não tinham nenhum deus do mundo inferior idêntico a Hades. Eles acreditavam que, no centro da terra, havia uma cavidade vasta, sombria e impenetravelmente escura chamada *Orcus*, que formava um lugar de descanso eterno para os mortos. Porém, com a introdução da mitologia grega, o *Orcus* romano tornou-se o Hades grego, e todas as noções gregas com relação a um estado futuro eram então obtidas com os romanos, que adoravam Hades sob o nome de Plutão, entre outras denominações, como *Dis* (de *dives*, rico) e *Orcus*, nomeados a partir dos domínios sobre os quais o deus governou. Em Roma, não havia templos erguidos para essa divindade.

PLUTO

Pluto, filho de Deméter e de um mortal chamado Iasião, era o deus da riqueza, representado como um ser coxo quando aparece e alado quando vai embora. Devia ser cego e insensato, porque concedia presentes sem discriminação e com frequência o fazia aos sujeitos mais indignos.

Acreditava-se que Pluto tinha morada nas entranhas da terra, o que provavelmente foi a razão pela qual, após um tempo, Hades passou a ser confundido com essa divindade.

DIVINDADES MENORES

AS HARPIAS

As Harpias, que, como as Fúrias, eram empregadas pelos deuses como instrumentos para punir os culpados, eram três divindades femininas, filhas de Taumante e Electra, chamadas Aelo, Ocípete e Celeno[60].

Representadas com a cabeça de uma donzela de cabelos louros e o corpo de um abutre, elas eram perpetuamente devoradas pelas dores de uma fome insaciável, que as levava a atormentar suas vítimas roubando-lhes o alimento, que devoravam com grande gula ou contaminavam a ponto de torná-lo incomível.

Seu voo surpreendentemente rápido superava em muito o dos pássaros ou até mesmo a velocidade dos próprios ventos. Se qualquer mortal desaparecia de maneira súbita e inexplicável, acreditava-se que as Harpias o tinham levado. Assim, supunha-se que elas teriam levado para longe as filhas do rei Pandareu, para atuarem como servas das Erínias.

As Harpias pareciam ser personificações das tempestades repentinas, que, com violência implacável, varrem distritos inteiros, levando ou ferindo todos à sua frente.

ERÍNIAS, EUMÊNIDES (Fúrias, Diræ)

As Erínias ou Fúrias eram divindades femininas que personificavam as torturantes dores de uma consciência maligna e o remorso que, inevitavelmente, acompanha as más ações.

Seus nomes eram Alecto, Megera e Tisífone, e sua origem foi explicada de várias maneiras. De acordo com Hesíodo, elas brotaram do sangue de Urano quando ele foi ferido por Cronos; supunha-se, portanto, que fossem a encarnação de todas as terríveis imprecações que a divindade

60 Em outras versões do mito, Celeno é uma das plêiades (N. T.).

derrotada fez cair sobre a cabeça do filho rebelde. De acordo com outros relatos, eram filhas da Noite.

Habitavam o mundo inferior, onde eram usadas por Hades e Perséfone para castigar e atormentar aquelas sombras que, durante a vida na terra, não se reconciliaram com os deuses antes de descer ao submundo.

Mas o campo de ação delas não se limitava ao reino das sombras, pois apareciam sobre a terra como as divindades vingadoras que perseguiam e puniam implacavelmente assassinos, perjuros e aqueles que falhavam nos deveres com os pais, na hospitalidade com estrangeiros e no devido respeito aos mais velhos. Nada escapava da mira penetrante dessas terríveis divindades, das quais era inútil fugir, pois nenhum canto da terra era tão remoto que não estivesse ao seu alcance, nem qualquer mortal ousava oferecer refúgio às vítimas das perseguições delas.

As Fúrias são frequentemente representadas com asas; seus corpos são negros, sangue escorre de seus olhos e cobras entrelaçam-se em seus cabelos. Nas mãos, seguram uma adaga, um açoite, uma tocha ou uma serpente.

Quando perseguiam Orestes, elas constantemente erguiam um espelho na direção do olhar horrorizado do rapaz, no qual ele encarava o rosto da mãe assassinada.

Essas divindades também eram chamadas de Eumênides, nome que significa “deusas bem-intencionadas” ou “deusas apaziguadas”. Esse título lhes foi dado porque eram tão temidas e pavorosas que as pessoas não se atreviam a chamá-las pelo nome apropriado e esperavam, dessa forma, aplacar sua ira.

Algum tempo depois, as Fúrias passaram a ser consideradas agentes salutares que puniam severamente o pecado e, assim, defendiam a causa da moralidade e da ordem social, contribuindo para o bem-estar da humanidade. Elas perdem, então, seu aspecto assustador e são representadas, em especial em Atenas, como donzelas honestas, vestidas – como Ártemis – com túnicas curtas apropriadas para a caça, mas ainda mantendo nas mãos o bastão com a forma de uma cobra, caracterizador do ofício delas.

Seus sacrifícios consistiam em ovelhas negras e uma libação composta de uma mistura de mel e água, chamada Nefália. Um célebre templo foi erguido às Eumênides em Atenas, perto do Areópago.

MOIRAS OU O DESTINO (Parcas)

Os antigos acreditavam que a duração da existência humana e os destinos dos mortais eram regulados por três deusas irmãs chamadas Cloto, Láquesis e Átropos, filhas de Zeus e Têmis.

O poder que elas exerciam sobre o destino do homem era representado significativamente pela imagem de um fio que teciam para a vida de cada ser humano, desde o nascimento até o túmulo. Elas dividiam essa ocupação entre si. Cloto enrolava o linho em volta da roca, deixando tudo pronto para sua irmã Láquesis estender o fio da vida, cortado implacavelmente em pedaços pelas tesouras de Átropos, quando a trajetória de um indivíduo estava prestes a terminar.

Homero fala de apenas uma Moira, filha da Noite, que representa a força moral por meio da qual o universo é governado – e a quem tanto mortais quanto imortais eram forçados a se sujeitar, sendo o próprio Zeus incapaz de reverter seus decretos; mas, depois de um tempo, essa concepção de um destino inexorável e absoluto foi ampliada pelos poetas no sentido descrito acima; desde então, as Moiras são as divindades especiais que regem a vida e a morte dos mortais.

As Moiras são representadas pelos poetas como divindades femininas severas, inexoráveis, idosas, hediondas e mancas, o que evidentemente serve para indicar a marcha lenta e vacilante do destino por elas controlado. Pintores e escultores, por outro lado, retratavam-nas como belas donzelas de semblante sério, mas gentil.

Há uma encantadora representação de Láquesis em toda a graça de sua juventude e beleza. Ela está sentada fiando e, aos seus pés, jazem duas máscaras, uma cômica e outra trágica, como que para transmitir a ideia de que, para uma divindade do destino, as cenas mais brilhantes e mais tristes da existência terrena são igualmente indiferentes, e que ela, com calma e firmeza, exerce sua atividade a despeito do bem e do mal humanos.

Quando representadas aos pés de Hades no mundo inferior, elas estão cobertas com túnicas escuras, mas, quando aparecem no Olimpo, usam vestes brilhantes, enfeitadas com estrelas, e estão sentadas em tronos radiantes, com coroas na cabeça.

Considerava-se função das Moiras indicar às Fúrias a tortura precisa que os ímpios deveriam sofrer por seus crimes. Além disso, eram consideradas divindades proféticas e tinham santuários em muitas partes da Grécia.

As Moiras são mencionadas no episódio em que ajudam as Cárites a conduzir Perséfone para o mundo superior, no encontro periódico com a mãe, Deméter. Também aparecem em companhia de Ilítia, a deusa do nascimento.

NÊMESIS

Nêmesis, filha de Nix, representa o poder que ajusta a balança dos assuntos humanos, concedendo a cada indivíduo o destino que suas ações merecem. Ela recompensa o mérito humilde e não reconhecido, além de punir os crimes, privar os indignos da boa fortuna imerecida, humilhar os orgulhosos e os arrogantes e perscrutar toda a maldade dos malfeitores, mantendo, assim, o equilíbrio adequado das coisas, algo que os gregos reconheciam como uma condição necessária para toda a vida civilizada. Embora Nêmesis originalmente fosse a distribuidora de recompensas e punições, o mundo estava tão cheio de pecado que ela tinha pouco trabalho com sua primeira capacidade, por isso acabou sendo reconhecida enfim como a deusa vingadora, apenas.

Vimos um exemplo impressionante da maneira como essa divindade pune os orgulhosos e arrogantes na história de Níobe. Apolo e Ártemis foram apenas instrumentos para vingar o insulto feito à mãe deles, mas foi Nêmesis quem instigou a ação e liderou a execução do ato.

Homero não faz menção a Nêmesis; é evidente, portanto, que ela foi concebida tempos depois, quando visões mais elevadas de moralidade foram inculcadas na nação grega.

Nêmesis é representada como uma linda mulher de porte régio e aspecto benigno e pensativo; um diadema coroa-lhe a fronte majestosa, e ela segura, em uma das mãos, um leme, uma balança e um côvado – emblemas apropriados pelo modo como ela guia, pesa e mede todos os eventos humanos. Ela também é vista às vezes com uma roda, para simbolizar a rapidez com que executa a justiça. Como a vingadora de todo o mal, aparece com asas, trazendo nas mãos um açoite ou uma espada, e sentada em uma carruagem puxada por grifos.

Nêmesis é frequentemente chamada de Adrasteia e de Ramnúsia – e de Ramnunte, na Ática, sede principal de sua adoração, que continha uma célebre estátua da deusa.

Nêmesis era adorada pelos romanos (que a invocavam no Capitólio) como uma divindade que tinha o poder de evitar as consequências perniciosas da inveja.

NOITE E SEUS FILHOS: MORTE, SONO E SONHOS

NIX (Nox)

Nix, filha de Caos, era a personificação da Noite e, de acordo com as ideias poéticas dos gregos, era considerada a mãe de tudo o que é misterioso e inexplicável, como a morte, o sono, os sonhos etc. Ela uniu-se a Érebo, e seus filhos foram Éter e Hemera (Ar e Luz do Dia), um evidente símile dos poetas para indicar que a escuridão sempre precede a luz.

Nix habitava um palácio nas regiões sombrias do mundo inferior; ela é representada como uma linda mulher sentada em uma carruagem puxada por dois cavalos negros. Está coberta por vestes escuras, usa um longo véu e é acompanhada de estrelas, que seguem seu rastro.

TÂNATOS (Morte) E HIPNOS (Sono)

Tânatos (Morte) e seu irmão gêmeo Hipnos (Sono) eram filhos de Nix.

Tinham morada no reino das sombras e, quando apareciam entre os mortais, Tânatos era temido e odiado como o inimigo da humanidade, cujo coração duro não conhecia piedade alguma, ao passo que o irmão Hipnos é universalmente amado e acolhido como o amigo mais gentil e beneficente.

Embora os antigos considerassem Tânatos uma divindade sombria e lúgubre, eles não o representavam como repugnante nos traços externos. Ao contrário, ele aparece como um belo jovem que segura em uma das mãos uma tocha invertida, emblema da luz da vida apagando-se, enquanto o braço livre repousa delicadamente sobre o ombro do irmão Hipnos.

Hipnos é, algumas vezes, retratado em pé e com os olhos fechados; em outras, está ao lado do irmão Tânatos em uma posição reclinada e geralmente segura um caule de papoula na mão.

Uma descrição bem interessante da morada de Hipnos é fornecida por Ovídio em suas *Metamorfoses*. Ele conta-nos como o deus do Sono habitava uma caverna na montanha próxima ao reino dos cimérios, onde os raios do sol nunca alcançavam. Nenhum barulho perturbava a quietude do lugar, nenhum pássaro cantava, nenhum galho se movia e nenhuma voz humana quebrava o profundo silêncio que reinava por toda parte ali. Das rochas subterrâneas da caverna fluía o rio Lete – e quase se poderia supor que seu curso havia sido interrompido, não fosse o zumbido baixo e monótono das águas, convidativas ao sono. A entrada era parcialmente escondida por uma série de papoulas brancas e vermelhas que a Mãe Noite reunira e plantara ali e de cujo suco se extraía a sonolência, a qual se espalha em gotas líquidas sobre toda a terra, tão logo o deus-sol recolhe-se para descansar. No centro da caverna, ergue-se um leito feito com o ébano mais escuro em uma cama de penugem, sobre a qual se estende uma colcha cor de sable. Aqui, o próprio deus repousa, rodeado de inúmeras formas. São sonhos ociosos, em maior número do que as areias do mar. O principal deles é Morfeu, o deus mutável que pode assumir qualquer contorno ou forma que lhe agrade. Nem mesmo o deus do Sono resiste ao seu próprio poder, pois, embora possa despertar por um tempo, logo sucumbe às influências sonolentas que o cercam.

MORFEU

Morfeu[61], filho de Hipnos, era o deus dos Sonhos.

Ele é sempre representado com asas e aparece ora jovem, ora velho. Em sua mão, carrega um punhado de papoulas e, conforme caminha com passos silenciosos sobre a terra, espalha gentilmente as sementes dessa planta indutora de sono nos olhos dos fatigados mortais.

Homero descreve que a Casa dos Sonhos tem dois portões: um, de onde saem todas as visões enganosas e lisonjeiras, feito de marfim; o outro, pelo qual avançam aqueles sonhos que se realizam, feito de chifre.

AS GÓRGONAS

As Górgonas – Esteno, Euríale e Medusa – eram as três filhas de Fórcis e Ceto, personificações daquelas sensações entorpecentes e petrificantes, por assim dizer, que resultam do medo súbito e extremo.

Eram monstros alados assustadores, com os corpos cheios de escamas; no lugar do cabelo, cobras sibilantes e contorcidas cresciam em cachos de suas cabeças; suas mãos eram de bronze; seus dentes

[61] Considerando-se a representação alegórica de Morfeu como deus do sonho, é possível compreender a etimologia da palavra "morfina", sedativo do tipo opioide extraído da papoula que deve seu nome ao deus em questão (N. T.).

pareciam as presas de um javali; tinham um aspecto tão aterrador que transformavam em pedra todos aqueles que as encaravam.

Supunha-se que essas terríveis irmãs habitassem a região remota e misteriosa do extremo oeste, para além da corrente sagrada de Oceano.

As Górgonas eram as servas de Hades, que fazia uso delas para aterrorizar e intimidar aquelas almas condenadas a um estado perpétuo de desassossego como punição por seus crimes, enquanto as Fúrias, por sua vez, açoitavam-nas com chicotes e torturavam-nas sem cessar.

A mais célebre das três irmãs era Medusa, a única górgona mortal. Havia sido uma donzela muito bonita de cabelos louros, que, como sacerdotisa de Atena, devotava-se a uma vida de celibato; ao ser cortejada por Poseidon, a quem correspondia o afeto, porém, esqueceu seus votos e uniu-se a ele em matrimônio. Por essa ofensa, foi punida pela deusa da forma mais terrível possível. Cada madeixa ondulada do cabelo que tanto encantou o marido foi transformada em uma cobra venenosa; seus olhos outrora gentis que inspiravam amor agora se tornaram orbes furiosos injetados de sangue, que suscitavam medo e nojo na mente de quem observava; ao mesmo tempo, seu antigo tom rosado e sua pele branca como leite assumiram uma coloração esverdeada e repugnante. Vendo-se transformada em um objeto tão grotesco, Medusa fugiu de casa e nunca mais voltou. Andando sem rumo, abominada, temida e rejeitada por todos, desenvolveu, então, uma personalidade digna de sua aparência. Em desespero, fugiu para a África, onde, à medida que perambulava de um lugar para outro, filhotes de cobras caíram de seus cabelos; e foi assim que, segundo a crença dos antigos, aquela região se tornou o viveiro desses répteis venenosos. Com a maldição de Atena, Medusa transformava em pedra qualquer um para quem olhasse, até que enfim, após uma vida de inominável miséria, a libertação chegou a ela por meio da morte, pelas mãos de Perseu.

É bom observar que, quando se fala em Górgona no singular, é à Medusa que se refere. Ela foi mãe de Pégaso e de Crisaor, pai do gigante alado de três cabeças Gerião, morto por Héracles.

GREIAS

As Greias, que atuavam como servas das irmãs, as Górgonas, também eram três; seus nomes eram Pênfredo, Ênio e Dino.

Na concepção original, eram meras personificações da velhice bondosa e venerável, possuindo todos os atributos benevolentes dessa fase, sem suas enfermidades naturais. Eram velhas e grisalhas desde o nascimento, e assim permaneciam. Em épocas posteriores, no entanto, passaram a ser consideradas mulheres disformes, decrépitas e terrivelmente feias, com apenas um olho, um dente e uma peruca grisalha entre si, que emprestavam uma à outra quando uma delas desejava aparecer diante do mundo.

Quando Perseu ingressou em sua expedição para matar a Medusa, dirigiu-se para a morada das Greias, no extremo oeste, para perguntar o caminho até as Górgonas; ao se recusarem a dar qualquer informação, ele as privou do olho, do dente e da peruca que tinham e não os devolveu até receber as orientações de que precisava.

ESFINGE

A Esfinge era uma divindade egípcia que personificava o conhecimento e a fertilidade da natureza. É representada como um leão estendido, com a cabeça e o busto de uma mulher, e usa um tipo peculiar de capuz, que lhe envolve completamente a cabeça e cai dos dois lados do rosto.

Transplantada para a Grécia, essa sublime e misteriosa divindade egípcia se degenera em uma força insignificante e, não obstante, maligna; embora ainda lide com mistérios, passa a ser, como veremos, de uma personalidade totalmente diferente e, de modo geral, hostil à vida humana.

A Esfinge é representada, segundo a genealogia grega, como a prole de Tifão e Equidna[62]. Certa vez, Hera, descontente com os tebanos, enviou-lhes esse monstro horrendo como uma punição por suas ofensas. Assentando-se em uma elevação rochosa próxima à cidade de Tebas, comandando um desfiladeiro que os tebanos eram obrigados a atravessar em seus negócios habituais, ela propunha um enigma a todos que chegavam e, caso não conseguissem resolvê-lo, cortava-os em pedaços.

Durante o reinado do rei Creonte, tantas pessoas caíram em sacrifício a esse monstro que ele decidiu usar todos os meios ao seu alcance para livrar o país de um flagelo tão terrível. Ao consultar o oráculo de Delfos, foi informado de que a única maneira de destruir a Esfinge era resolver um de seus enigmas; se isso acontecesse, ela imediatamente se jogaria da rocha em que estava sentada.

Creonte, por conseguinte, declarou publicamente que quem fornecesse a verdadeira interpretação de um enigma propagado pelo monstro deveria obter sua coroa de rei e a mão de sua irmã Jocasta. Édipo ofereceu-se como candidato e, dirigindo-se ao local que ela guardava, recebeu da Esfinge o seguinte enigma para resolver: "Que criatura anda de manhã com quatro patas, ao meio-dia com duas e à noite com três?". Édipo respondeu que só poderia ser o homem, que, durante a infância, rasteja de quatro; na flor da idade, anda ereto com duas pernas e, quando a velhice enfraquece suas forças, apela a um cajado para ajudá-lo e tem, portanto, três pernas, por assim dizer.

Assim que a Esfinge ouviu essa resposta, que era a solução correta para o enigma, jogou-se no precipício e pereceu abismo abaixo.

A esfinge grega pode ser reconhecida por ter asas e ser menor em tamanho do que a esfinge egípcia.

---

62 Equidna era um monstro sanguinário, metade donzela, metade serpente.

TIQUE (Fortuna) E ANANQUE (Necessitas)

TIQUE (Fortuna)

Tique personificava aquela combinação peculiar de circunstâncias que chamamos de sorte ou fortuna, sendo considerada a fonte de todos os eventos inesperados na vida humana, bons ou maus. Se uma pessoa tivesse sucesso em tudo o que empreendia sem possuir nenhum mérito especial, supunha-se que Tique sorrira em seu nascimento. Se, por outro lado, o azar imerecido a seguia pela vida – e todos os seus esforços resultavam em fracasso –, isso era atribuído à influência adversa dela.

Essa deusa da Fortuna é representada de várias maneiras. Às vezes, é retratada segurando dois lemes: com um deles, guia a barca dos afortunados e, com o outro, a dos desafortunados entre os mortais. Em tempos posteriores, ela aparece de olhos vendados e fica de pé em uma bola ou roda, indicando a inconstância e as mudanças giratórias da fortuna. Frequentemente carrega o cetro e a cornucópia[63] – ou chifre da abundância – e costuma ser alada. Em seu templo em Tebas, é representada segurando o bebê Pluto nos braços, para simbolizar seu poder sobre as riquezas e a prosperidade.

Tique era adorada em várias partes da Grécia, mas mais especificamente pelos atenienses, que acreditavam na predileção especial dela pela cidade deles.

FORTUNA

Tique era adorada em Roma sob o nome de Fortuna e ocupava uma posição de importância muito maior entre os romanos do que entre os gregos.

---

[63] Um dos chifres da cabra Amalteia, quebrado por Zeus, que supostamente, tinha o poder de encher-se daquilo que seu dono desejasse.

Tempos depois, a Fortuna deixa de ser representada com asas ou em pé sobre uma bola, e carrega apenas a cornucópia. É evidente, portanto, que ela passou a ser considerada somente a deusa da boa sorte, que traz bênçãos ao homem, e não mais – como entre os gregos – a personificação das oscilações da fortuna.

Além da Fortuna, os romanos adoravam Felicitas como doadora da favorável boa sorte.

ANANQUE (Necessitas)

Como Ananque, Tique assume um caráter completamente diferente e torna-se a encarnação das leis imutáveis da natureza, por meio das quais certas causas produzem certas consequências inevitáveis.

Em uma estátua dessa divindade em Atenas, ela é representada com mãos de bronze e cercada de pregos e martelos. As mãos de bronze provavelmente indicam o poder irresistível da inevitabilidade e o martelo e as correntes, os grilhões que ela forjou para o homem.

Ananque era adorada em Roma sob o nome de Necessitas.

KER

Além das Moiras, que presidiam a vida dos mortais, havia outra divindade, chamada Ker, designada para cada ser humano no momento do nascimento. Acreditava-se que a Ker pertencente a um indivíduo se desenvolvia conforme ele crescia, para o bem ou para o mal; quando o destino final de um mortal estava prestes a ser decidido, sua Ker era pesada na balança e, de acordo com a preponderância de seu valor ou desvalor, a vida ou a morte eram concedidas ao ser humano em questão. Torna-se evidente, portanto, que, de acordo com a crença dos primeiros gregos, cada indivíduo tinha em seu poder, até certo ponto, o ato de encurtar ou prolongar a própria existência.

As Kéres, frequentemente mencionadas por Homero, eram as deusas que se deleitavam com a matança do campo de batalha.

ATE

Ate, filha de Zeus e Éris, era uma divindade que se deleitava com o mal.

Por ter instigado Hera a privar Héracles do seu direito de primogenitura, o pai dela a agarrou pelos cabelos e a arremessou do Olimpo, proibindo-a de retornar, sob as mais graves imprecações. Desde então, ela vagou entre a humanidade, semeando dissensão, fazendo maldades e atraindo os homens para todas as ações hostis ao seu bem-estar e felicidade. Assim, quando ocorria uma reconciliação entre amigos que brigavam, por exemplo, a Ate era atribuída à responsabilidade e à causa original do desacordo.

MOMO

Momo, filho de Nix, era o deus da zombaria e do ridículo, que se deleitava ao criticar, com amargo sarcasmo, as ações de deuses e homens, e que conseguia descobrir, em todas as coisas, algum defeito ou alguma mácula. Assim, quando Prometeu criou o primeiro homem, Momo considerou sua obra incompleta porque não havia abertura no peito através da qual seus pensamentos mais íntimos pudessem ser lidos. Ele também encontrou defeito em uma casa construída por Atena porque a propriedade, por não ter meios de se locomover, nunca poderia ser removida de um local insalubre. Apenas Afrodite desafiou suas críticas, pois, para o grande desgosto de Momo, ele não conseguiu encontrar nenhuma falha na forma perfeita da deusa[64].

Não se sabe de que modo os antigos representavam esse deus. Na arte moderna, ele é retratado como um bobo da corte, com gorro e sinos de um tolo.

---

[64] De acordo com outro relato, Momo descobriu que Afrodite fazia barulho quando andava.

EROS (Cupido, Amor) E PSIQUÊ

De acordo com a *Teogonia* de Hesíodo, Eros, o divino espírito do Amor, surgiu do Caos, enquanto tudo ainda estava em confusão; por seu poder benéfico, reduziu à ordem e à harmonia elementos conflitantes e amorfos que, sob sua influência, começaram a assumir formas distintas. Esse antigo Eros é representado como um jovem adulto muito bonito, coroado de flores e apoiado em um cajado de pastor.

Com o passar do tempo, essa bela concepção foi se esvaindo e, embora menções ocasionais ao Eros do Caos continuem sendo feitas, ele foi substituído pelo filho de Afrodite, o pequeno deus do Amor, popular e travesso, tão familiar a todos nós.

Em um dos mitos concernentes a Eros, é descrito que Afrodite reclamava com Têmis sobre o fato de seu filho, embora tão belo, não estar crescendo em estatura; diante disso, Têmis sugeriu que suas pequenas proporções provavelmente se deviam ao fato de ele estar sempre sozinho e aconselhou à mãe que o deixasse ter um companheiro. Afrodite assim o fez e deu-lhe, como parceiro de brincadeiras, um irmão mais novo, Antero (amor correspondido), e logo teve a satisfação de ver o pequeno Eros começar a crescer e a prosperar. Entretanto, é curioso relatar, o resultado desejado só acontecia enquanto os irmãos permaneciam juntos, pois, no momento em que se separavam, Eros voltava a encolher, até chegar ao tamanho original.

Aos poucos, a concepção de Eros se multiplicou, e ouvimos falar de pequenos deuses do amor (Amores), que aparecem sob as formas mais encantadoras e diversificadas. Esses deuses do amor, que ofereciam aos artistas assuntos inesgotáveis para o exercício da imaginação, são representados empenhando-se em várias atividades, como a caça, a pesca, o remo, a condução de carruagens e até mesmo os trabalhos mecânicos.

Talvez nenhum mito seja mais encantador e interessante do que o de Eros e Psiquê: Psiquê, a mais nova de três princesas, era bela de um modo tão transcendente que a própria Afrodite tinha ciúmes dela, e nenhum mortal ousava aspirar à honra de ter sua mão. Uma vez que suas irmãs, que de maneira alguma eram iguais a ela nos atrativos, estavam casadas e apenas Psiquê permanecia solteira, o pai da menina consultou o oráculo de Delfos e, em obediência à resposta divina, fez com que ela se vestisse como se fosse para a sepultura e conduziu-a para a beira de um enorme precipício. Assim que ficou sozinha, sentiu-se erguida e soprada para longe por Zéfiro, o vento suave do oeste, que a transportou para um prado verdejante no meio do qual se ergueu um palácio majestoso, cercado por bosques e fontes.

Ali morava Eros, o deus do Amor, em cujos braços Zéfiro depositou sua adorável carga. Eros, sem ser visto, cortejou-a com as mais suaves palavras de afeto, mas advertiu-a, caso ela valorizasse o amor dele, a não tentar contemplar sua forma. Por algum tempo, Psiquê obedeceu à injunção do esposo imortal e não fez nenhum esforço para satisfazer à sua natural curiosidade, mas, infelizmente, em meio à sua alegria, foi tomada de uma saudade indomável da companhia das irmãs, e, conforme seu desejo, elas foram conduzidas por Zéfiro à sua habitação feérica. Cheias de ciúme ao verem a felicidade da irmã, elas envenenaram a cabeça de Psiquê contra o marido e, dizendo-lhe que o amante invisível dela era um monstro assustador, deram uma adaga afiada para a menina, persuadindo-a a usá-la e assim livrar-se do poder dele.

Após a partida das irmãs, Psiquê resolveu aproveitar a primeira oportunidade para seguir o conselho malicioso delas. Dessa forma, levantou-se na calada da noite e, segurando uma candeia em uma das mãos e uma adaga na outra, aproximou-se sorrateiramente do divã onde Eros repousava, quando, em vez do monstro assustador que esperava ver, a bela forma do deus do Amor felicitou-lhe a vista. Vencida pela surpresa e pela admiração, Psiquê parou para olhar mais de perto os adoráveis traços do marido quando, da candeia que segurava com a mão trêmula, caiu uma gota de óleo fervente no ombro do deus adormecido, que imediatamente acordou. Vendo Psiquê de pé na frente dele com o instrumento da morte na mão, censurou-a com pesar por seus desígnios traiçoeiros e, abrindo as asas, voou para longe.

Em desespero por ter perdido seu amor, a infeliz Psiquê tentou dar cabo da própria existência jogando-se no rio mais próximo, mas, em vez de se fecharem sobre ela, as águas levaram-na suavemente para a margem oposta, onde Pã (o deus dos pastores) a recebeu e a consolou, dando-lhe a esperança de algum dia ela se reconciliar com o marido.

Nesse ínterim, as irmãs perversas da moça, na expectativa de encontrarem a mesma boa sorte que caíra sobre Psiquê, também se posicionaram à beira de uma rocha, mas ambas despencaram no abismo abaixo.

A própria Psiquê, tomada por uma ânsia inquieta por seu amor perdido, vagou pelo mundo inteiro em busca dele. Por fim, recorreu a Afrodite para ter compaixão da deusa da Beleza, mas esta, ainda com inveja dos encantos de Psiquê, impôs-lhe as tarefas mais difíceis, cuja realização muitas vezes parecia impossível. Nessas tarefas, ela era sempre ajudada por seres invisíveis e benéficos enviados por Eros, que ainda a amava e continuava a zelar por seu bem-estar.

Psiquê teve de passar por uma longa e severa punição antes de tornar-se digna de reconquistar a felicidade, a qual desperdiçara de modo tão tolo. Ao final, Afrodite ordenou que ela descesse ao mundo subterrâneo para obter de Perséfone uma caixa contendo todos os encantos da beleza. A coragem de Psiquê lhe faltou naquele momento, pois ela concluiu que a morte devia necessariamente acontecer para que pudesse entrar no reino das sombras. Prestes a entregar-se ao desespero, ouviu uma voz adverti-la sobre todos os perigos a serem evitados em sua perigosa jornada e instruí-la quanto a certas precauções a serem tomadas. As precauções foram as seguintes: não deixar de fornecer o pedágio do barqueiro Caronte e o bolo para pacificar Cérbero; abster-se também de participar dos banquetes de Hades e Perséfone e, acima de tudo, trazer para Afrodite a caixa dos belos encantos fechada. Por último, a voz assegurou-lhe que o cumprimento dessas condições garantiriam à moça um retorno seguro para os reinos da luz. Mas, infelizmente, Psiquê, que seguira todas as outras injunções com rigor, não conseguiu resistir à tentação da última. Logo que saíra do mundo inferior, incapaz de suportar a curiosidade que a devorava, ela ergueu a tampa da caixa com ávida expectativa. Porém, no lugar dos maravilhosos encantos da beleza que esperava ver, saiu da urna um denso vapor preto, que teve o efeito de colocá-la em um sono mortífero, do qual Eros, que havia muito pairava ao redor dela sem ser visto, finalmente a despertou com a ponta de uma de suas flechas douradas. Ele gentilmente a repreendeu por aquela segunda demonstração de curiosidade e loucura e, em seguida, após persuadir Afrodite a se reconciliar com sua amada, induziu Zeus a admiti-la entre os deuses imortais.

O reencontro de Eros e Psiquê foi celebrado em meio ao regozijo de todas as divindades olímpicas. As Graças derramaram perfume em seu caminho, as Horas espalharam rosas no céu, Apolo acrescentou a música de sua lira e as Musas uniram suas vozes em um alegre coro deleitante.

Esse mito parece ser uma alegoria, indicando que a alma, antes que possa se reunir à sua essência divina original, deve ser purificada pelas dores e pelos sofrimentos punitivos de sua trajetória terrena[65].

Eros é representado como um menino adorável, com membros roliços e uma expressão feliz e travessa. Tem asas douradas e uma aljava pendurada no ombro, onde ficavam flechas mágicas e certeiras; em uma das mãos, carrega um arco dourado e, na outra, uma tocha.

Também é frequentemente retratado montado em um cavalo, um golfinho ou uma águia, ou sentado em uma carruagem puxada por veados ou javalis – emblemas indubitáveis do poder do amor como subjugador de toda a natureza, até mesmo dos animais selvagens.

Em Roma, Eros era adorado sob o nome de Amor ou Cupido.

---

[65] A palavra Psiquê significa "borboleta", o emblema da alma na arte antiga.

HIMENEU

Himeneu ou *Hymenaeus*, filho de Apolo e da musa Urânia, era o deus que presidia o casamento e as solenidades nupciais; era, portanto, invocado em todas as festas de casamento.

Conforme um mito sobre essa divindade, Himeneu era um belo jovem de pais muito pobres que se apaixonou por uma rica donzela, de posição tão superior que ele não se atrevia a cultivar a esperança de um dia unir-se a ela. Mesmo assim, não perdia a oportunidade de vê-la e, em certa ocasião, disfarçou-se de garota e juntou-se a um grupo de donzelas que, na companhia da amada, seguiam de Atenas a Elêusis para participar de um festival de Deméter. No caminho, o grupo foi surpreendido por piratas, que levaram todos para uma ilha deserta, onde os bandidos, depois de muito beberem, caíram em um sono pesado. Himeneu, aproveitando a oportunidade, matou todos eles e depois partiu para Atenas, onde encontrou os pais das donzelas na maior angústia pelo desaparecimento inexplicável delas. Consolou-os com a certeza de que as filhas lhes seriam devolvidas, contanto que prometessem dar-lhe em casamento a donzela que amava. Com a condição cumprida de bom grado, ele imediatamente retornou à ilha e trouxe de volta as donzelas em segurança para Atenas; em seguida, uniu-se ao objeto de seu amor, e sua união provou-se tão feliz que, desde então, o nome de Himeneu tornou-se sinônimo de felicidade conjugal.

ÍRIS (o Arco-Íris)

Íris, filha de Taumante e Electra, personificava o arco-íris e era ajudante especial e mensageira da rainha do céu, cujos comandos executava com tato, inteligência e rapidez singulares.

As nações mais primitivas consideravam o arco-íris uma ponte de comunicação entre o céu e a terra; sem dúvida, essa é a razão pela qual Íris – que representava esse lindo fenômeno da natureza

– fora encarregada pelos gregos do ofício de criar comunicação entre deuses e homens.

Íris é normalmente representada sentada atrás da carruagem de Hera, pronta para cumprir as ordens de sua senhora real. Ela aparece sob a forma de uma esguia donzela de grande beleza, vestida com uma malha airosa de matizes variados, lembrando uma madrepérola; as sandálias são brilhantes como prata polida e ela tem asas douradas; sua radiância e seu odor doce, como o de delicadas flores primaveris, impregnam o ar onde quer que ela apareça.

HEBE (Juventas)

Hebe era a personificação da juventude eterna em seu aspecto mais atrativo e jovial.

Filha de Zeus e Hera, embora de uma posição tão distinta, é, não obstante, representada como copeira dos deuses, uma exemplificação forçosa do antigo costume patriarcal segundo o qual as filhas da casa, até mesmo as da mais alta linhagem, ajudavam pessoalmente no atendimento aos convidados.

Hebe é representada como uma donzela graciosa, modesta, pequena, de contorno lindamente arredondado, com mechas castanhas e olhos cintilantes. Com frequência, é retratada derramando néctar de um vaso erguido ou segurando um prato raso na mão que aparentemente contém ambrosia, alimento responsável por sempre renovar a juventude dos imortais.

Como consequência de um ato de constrangimento que a fez escorregar enquanto servia os deuses, Hebe foi destituída de seu ofício, que dali em diante foi delegado a Ganimedes, filho de Tros.

Posteriormente, Hebe tornou-se a noiva de Héracles, quando, após a apoteose do herói, ele foi recebido entre os imortais.

JUVENTAS

Juventas foi a divindade romana associada a Hebe, cujos atributos, no entanto, eram considerados pelos romanos como aplicáveis especialmente ao vigor imperecível e à glória imortal do Estado.

Em Roma, vários templos foram erguidos em homenagem a essa deusa.

GANIMEDES

Ganimedes, o filho mais jovem de Tros, rei de Troia, certo dia tirava água de um poço no monte Ida quando foi observado por Zeus. Impressionado com a beleza maravilhosa do rapaz, Zeus enviou a própria águia para transportá-lo para o Olimpo, onde foi dotado de imortalidade e designado copeiro dos deuses.

Ganimedes é representado como um jovem de beleza rara, com cachos dourados, traços delicadamente esculpidos, olhos azuis radiantes e lábios carnudos.

AS MUSAS

De todas as divindades olímpicas, nenhuma ocupou uma posição mais distinta do que as Musas, as nove lindas filhas de Zeus e Mnemósine.

Na significação original, elas cuidavam apenas da música, do canto e da dança, mas, com o progresso da civilização, as artes e as ciências reivindicaram divindades especiais para reger cada uma das áreas, e passamos a ver essas criações graciosas, em tempos posteriores, compartilhando entre si várias funções, como poesia, astronomia etc.

As Musas eram igualmente honradas por mortais e imortais. No Olimpo, onde Apolo atuava como líder delas, nenhum banquete ou festividade era considerado completo sem a presença inspiradora de alegria dessas criaturas; na terra, nenhuma reunião social era celebrada sem que libações lhes fossem derramadas, nem qualquer tarefa envolvendo esforço intelectual era realizada sem que suplicassem fervorosamente sua ajuda. Elas dotavam seus eleitos de conhecimento, sabedoria e compreensão; concediam ao orador o dom da eloquência, inspiravam o poeta com os pensamentos mais nobres e o músico com as harmonias mais doces.

Como muitas divindades gregas, no entanto, a concepção refinada das Musas foi um pouco prejudicada pela aspereza com que puniam qualquer esforço da parte dos mortais de rivalizar com elas em seus poderes divinos. Um exemplo disso é visto no caso de Tâmiris, um bardo trácio que se atreveu a convidá-las para um teste de habilidade musical. Após o derrotarem, elas não apenas o afligiram com uma cegueira, mas também o destituíram do poder da canção.

Outro exemplo do modo como os deuses puniam a presunção e a vaidade é visto na história das filhas do rei Pierus. Orgulhosas da perfeição a que haviam elevado sua habilidade na música, as moças ousaram desafiar as próprias Musas na arte que elas regiam de modo especial. A competição ocorreu no monte Hélicon e dizem que, quando as donzelas mortais começaram sua canção, o céu ficou escuro e nebuloso, ao passo que, quando as Musas levantaram as vozes celestiais, toda a natureza pareceu se alegrar e o próprio monte Hélicon se moveu de exultação. As Piérides foram evidentemente derrotadas e transformadas pelas Musas em pássaros cantantes, como uma punição por ousarem estabelecer uma comparação com os imortais.

Sem se deixarem intimidar pelo exemplo acima, as Sereias também entraram em uma competição parecida. As canções das Musas eram leais e verdadeiras, enquanto as das Sereias eram os acordes falsos e enganosos por meio dos quais vários marinheiros infelizes foram atraídos para a morte. As Sereias foram derrotadas pelas Musas e, como sinal de humilhação, destituídas das penas com as quais seus corpos se adornavam.

A sede mais antiga do culto às Musas era Pieria, na Trácia, onde elas supostamente viram a luz do dia pela primeira vez. Pieria é um distrito em um dos declives do monte Olimpo, de onde várias ribeiras que fluem planícies abaixo produzem sons doces e suaves, o que pode ter sugerido esse local como um lar adequado para as divindades que regem a canção.

Elas habitavam os cumes dos montes Hélicon, Parnaso e Pindo e adoravam assombrar as nascentes e as fontes que jorravam entre todas essas alturas rochosas, sagradas para elas e para a inspiração poética. Aganipe e Hipocrene, no monte Hélicon, e a Fonte de Castália, no monte Parnaso, eram sagrados para as Musas. Esta última fluía entre duas altas rochas acima da cidade de Delfos e, em tempos antigos, suas águas eram introduzidas em uma bacia quadrada de pedra, onde eram retidas para o uso de Pítia e dos sacerdotes de Apolo.

As libações a essas divindades consistiam em água, leite e mel, mas nunca em vinho.

Seus nomes e funções são:

Calíope, a mais honrada das Musas, cuidava do canto heroico e da poesia épica; é representada com um lápis na mão e uma tabuleta no joelho.

Clio, a musa da História, carrega nas mãos um rolo de pergaminho e usa uma coroa de louros.

Melpômene, a musa da Tragédia, traz uma máscara trágica.

Talia, a musa da Comédia, carrega na mão direita um cajado de pastor e tem uma máscara cômica ao lado.

Polínia, a musa dos Hinos Sagrados, ostenta uma coroa de louros. Ela é sempre representada em uma pose meditativa e inteiramente envolta em vestes com ricas dobras.

Terpsícore, a musa da Dança e do Rondó, é representada tocando uma lira de sete cordas.

Urânia, a musa da Astronomia, aparece em pé e carrega um globo celestial na mão esquerda.

Euterpe, a musa da Harmonia, é representada segurando um instrumento musical, geralmente uma flauta.

Érato, a musa do Amor e das canções nupciais, usa uma coroa de louros e está tocando os acordes de uma lira.

Quanto à origem das Musas, dizem que elas foram criadas por Zeus em resposta a um pedido por parte das deidades vitoriosas, após a guerra com os Titãs, para que algumas divindades especiais fossem chamadas à existência a fim de comemorar, com música, os feitos gloriosos dos deuses do Olimpo.

PÉGASO

Pégaso era um lindo cavalo alado que surgiu do corpo de Medusa, quando ela foi morta pelo herói Perseu, filho de Zeus e Dânae. Abrindo as asas, o animal voou imediatamente para o topo do monte Olimpo, onde foi recebido com deleite e admiração por todos os imortais. Foi-lhe designado um lugar no palácio de Zeus, que o empregou na tarefa de carregar seus trovões e relâmpagos. Pégaso não permitia que ninguém além dos deuses o montasse, exceto no caso de Belerofonte, carregado por Pégaso céu afora, por ordem de Atena, a fim de que pudesse matar a Quimera com suas flechas.

Poetas tardios representam Pégaso a serviço das Musas; por essa razão, ele é mais celebrado em tempos mais modernos do que na antiguidade. Ele parece representar aquela inspiração poética que tende a desenvolver a natureza superior do homem e fazer a mente elevar-se na direção do céu. A única menção dos antigos a Pégaso em conexão com as Musas é a história em que ele teria produzido a famosa fonte Hipocrene com os cascos.

Dizem que, durante a disputa com as Piérides, as Musas tocaram e cantaram no cume do monte Hélicon com um poder e uma doçura tão extraordinários que céus e terra pararam para ouvir, enquanto a montanha se elevava em êxtase jubiloso em direção à morada dos deuses celestiais. Poseidon, percebendo que sua criação especial estava sofrendo interferências daquela magnitude, enviou Pégaso para verificar aquele ato intrépido da montanha, que ousara mover-se sem a sua permissão. Quando Pégaso alcançou o cume, bateu com os cascos no chão e eis que começaram a jorrar as águas do Hipocrene, renomado posteriormente como a fonte sagrada de onde as Musas sorviam seus mais ricos goles de inspiração.

AS HESPÉRIDES

As Hespérides, filhas de Atlas, habitavam uma ilha no extremo oeste que deu origem ao nome delas.

Foram designadas por Hera para atuar como guardiãs de uma árvore com maçãs douradas, presente dado a ela por Gaia por ocasião de seu casamento com Zeus.

Dizem que as Hespérides, incapazes de resistir à tentação de provar o fruto dourado que estava ao seu encargo, foram destituídas de seu ofício, que dali em diante passou para o terrível dragão Ladão, o qual se tornou a sentinela sempre vigilante desses tesouros preciosos.

Os nomes das Hespérides eram Egéria, Aretusa e Hespéria.

CÁRITES (Gratiæ) OU GRAÇAS

Todos os atributos mais gentis que embelezam e refinam a existência humana foram personificados pelos gregos na forma de três adoráveis irmãs, Eufrosina, Aglaia e Talia, filhas de Zeus e Eurínome (ou, segundo alguns escritores tardios, Dionísio e Afrodite).

Elas são representadas como donzelas lindas e esguias, em plena flor da juventude, com braços e mãos amorosamente entrelaçados; estão despidas ou vestem uma roupa felpuda e transparente de tecido etéreo.

Retratam todas as gentis emoções do coração, que afloram na amizade e na benevolência. Acreditava-se que elas reinavam e constituíam as seguintes qualidades: graça, modéstia, beleza inconsciente, gentileza, bondade, alegria inocente, pureza de corpo e mente e juventude eternas.

Elas não apenas possuíam a mais perfeita beleza, como também conferiam esse dom aos outros. Todos os prazeres da vida eram aprimorados pela presença das Graças – e considerados incompletos sem elas; onde quer que reinassem a alegria ou o prazer, a graça e a diversão, lá elas deveriam estar presentes.

Erigiram-se por toda parte templos e altares em homenagem às Graças, e pessoas de todas as idades e condições de vida suplicavam favores delas. Queimava-se incenso diariamente em seus altares e, em cada banquete, elas eram invocadas e uma libação era oferecida a elas, pois essas irmãs não apenas aprimoravam todo o prazer, como também, pela influência refinada que exerciam, moderavam os efeitos estimulantes do vinho.

Música, eloquência, poesia e arte, embora obras diretas das Musas, recebiam um toque adicional de refinamento e beleza nas mãos das Graças. Por essa razão, elas são sempre consideradas amigas das Musas, com quem viviam no monte Olimpo.

Sua função especial era agir, juntamente com as Estações, como servas de Afrodite, a quem adornavam com coroas de flores; das mãos delas, a deusa emerge como a Rainha da Primavera, perfumada com o odor de rosas, violetas e todas as flores de aromas doces.

As Graças são frequentemente vistas auxiliando outras divindades; assim, trazem música para Apolo, murtas para Afrodite…, além de acompanhar regularmente as Musas, Eros ou Dionísio.

HORAS (Estações)

Estreitamente aliadas às Graças estavam as Horas, ou Estações, que também eram representadas como três belas donzelas, filhas de Zeus e Têmis. Chamavam-se Eunomia, Dice e Irene.

Pode parecer estranho que essas divindades, responsáveis por reger as estações, fossem apenas três, mas isso está de acordo com as noções dos gregos antigos, que só reconheciam a primavera, o verão e o outono como estações; supunha-se que a natureza estivesse envolta em morte ou em sono durante aquela parte triste e improdutiva do ano que chamamos de inverno. Em algumas partes da Grécia, havia apenas duas Horas: Thalo, a deusa do florescimento, e Carpo, a deusa do milho e da estação frutífera.

As Horas são sempre consideradas amigáveis com a humanidade e totalmente desprovidas de astúcia ou de sutileza; são representadas como donzelas alegres e gentis, coroadas de flores e segurando-se pelas mãos, em uma ciranda. Quando são representadas separadamente, como personificações das diferentes estações, a Hora que representa a primavera aparece cheia de flores, a do verão traz um feixe de trigo, enquanto a personificação do outono tem as mãos cheias de cachos de uvas e outras frutas. Também aparecem na companhia das Graças, em meio à comitiva de Afrodite, e são vistas com Apolo e com as Musas.

Elas estão inseparavelmente ligadas a tudo o que é bom e belo na natureza; uma vez que a alternância regular das estações, bem como todas as suas outras atividades, exigia a mais perfeita ordem e constância, as Horas, como filhas de Têmis, passaram a ser consideradas representantes da ordem e da justa administração dos assuntos humanos em comunidades civilizadas. Cada uma dessas graciosas donzelas assumiu uma função distinta: Eunomia regia mais especificamente a vida estatal, Dice zelava pelos interesses dos indivíduos, enquanto Irene, a mais alegre e brilhante das três irmãs, era a companheira alegre de Dionísio.

As Horas também eram as divindades das horas fugazes e, portanto, cuidavam tanto das menores quanto das maiores divisões do tempo. Nessa função, auxiliavam cada manhã a atrelar os cavalos celestiais à gloriosa carruagem do sol e novamente ajudavam a desatrelá-los quando o astro recolhia-se para descansar.

Em sua concepção original, as Horas eram personificações das nuvens e são descritas abrindo e fechando os portões do céu e fazendo frutos e flores brotarem, quando derramavam sobre eles suas correntes refrescantes e vivificantes.

AS NINFAS

As criaturas graciosas chamadas de Ninfas eram deidades que regiam os bosques, as grutas, os córregos, os prados etc.

Acreditava-se que essas divindades eram lindas donzelas de forma feérica, vestidas com roupas mais ou menos sombrias. Eram estimadas com a maior veneração. Embora não tivessem templos dedicados a elas por serem divindades menores, eram adoradas em cavernas e grutas, com libações de leite, mel, óleo, e assim por diante.

Podem ser divididas em três classes distintas: ninfas da água, da montanha e da floresta.

NINFAS DA ÁGUA: OCEÂNIDES, NEREIDAS E NÁIADES

O culto às divindades da água é comum na maioria das nações primitivas. Os córregos, as nascentes e as fontes de um país mantêm consigo a mesma relação que o sangue, correndo pelas inúmeras artérias de um ser humano, mantém com o corpo: ambos representam o elemento vívido em movimento, que desperta para a vida e sem o qual a existência seria impossível. Por isso, encontramos na maioria das nações um profundo sentimento de apego a córregos e mares de sua terra natal, cuja lembrança, quando em climas estrangeiros, é sempre guardada com um carinho peculiar. Assim, entre os primeiros gregos, cada tribo veio a considerar os rios e as nascentes de seu estado individual como forças benéficas, que traziam bênção e prosperidade à região. Também é provável que o encanto que sempre acompanha o som da água corrente exercia poder sobre a imaginação humana. Eles ouviam com prazer o suave sussurro da fonte embalando os seus sentidos com tons baixos e ondulantes, o tenro murmúrio do riacho a correr sobre os seixos ou mesmo a voz poderosa da cachoeira, conforme se precipita em seu curso impetuoso. As criaturas que, segundo imaginavam, regiam todas essas vistas e todos esses sons encantadores da natureza correspondiam, em sua aparência graciosa, às cenas com as quais estavam associadas.

OCEÂNIDES

As Oceânides, ou Ninfas do Oceano, eram filhas de Oceano e Tétis e, como a maioria das divindades marítimas, foram abençoadas com o dom da profecia.

Elas personificam as delicadas exalações vaporosas que, em climas quentes, são emitidas da superfície do mar – mais especificamente ao pôr do sol – e impelidas adiante pela brisa da tarde. São, portanto, representadas como criaturas enevoadas e sombrias, com formas graciosas e ondulantes, usando vestidos de tecidos azul-claros semelhantes a filó.

AS NEREIDAS

As Nereidas, filhas de Nereu e Dóris, eram ninfas do Mar Mediterrâneo.

Na aparência, eram similares às Oceânides, mas tinham uma beleza de natureza menos sombria e mais parecida com a dos mortais. Elas vestiam uma túnica esvoaçante e verde-clara; seus olhos cristalinos lembram, nas profundezas claras, as águas lúcidas do mar que habitam;

seus cabelos flutuam sobre os ombros de forma displicente e assumem o tom esverdeado da própria água, que, ao contrário de deteriorar a beleza delas, potencializa-a. As Nereidas acompanham a carruagem do poderoso governante do mar ou seguem sua comitiva.

Somos informados pelos poetas que os marujos solitários observam as Nereidas com reverência silenciosa e prazer maravilhado, enquanto elas se erguem de seus palácios-grutas nas profundezas e dançam, em grupos alegres, sobre as ondas adormecidas. Algumas, de braços entrelaçados, seguem as melodias com movimentos que parecem flutuar sobre o mar, enquanto outras espalham ao seu redor joias líquidas e emblemáticas da luz fosforescente, observada com tanta frequência à noite pelo viajante nas águas meridionais.

As mais conhecidas das Nereidas foram Tétis, esposa de Peleu, Anfitrite, esposa de Poseidon, e Galateia, amada de Ácis.

AS NÁIADES

As Náiades eram ninfas das fontes de água doce, dos lagos, das ribeiras, dos rios etc.

Como as árvores, as plantas e as flores deviam sua nutrição aos cuidados geniais e protetores delas, tais divindades eram vistas pelos gregos como benfeitoras especiais da humanidade. Como todas as ninfas, tinham o dom da profecia, razão pela qual se acreditava que muitas das nascentes e das fontes por elas regidas inspiravam os mortais que bebiam suas águas com o poder de prever eventos futuros. As Náiades estão íntima e idealmente conectadas com as *Nymphaea*, ou nenúfares, flores cujos nomes delas derivam e cujas largas folhas verdes e copas amarelas flutuam sobre a superfície da água, como se estivessem orgulhosamente conscientes da própria graça e beleza.

Muitas vezes, ouvimos falar que as Náiades formaram alianças com os mortais e foram cortejadas pelas divindades silvestres de florestas e vales.

DRÍADES OU NINFAS DAS ÁRVORES

As ninfas das árvores compartilhavam as características distintivas da respectiva árvore a cuja vida estavam ligadas em matrimônio; em conjunto, eram conhecidas pelo nome de Dríades.

As **Hamadríades**, ou ninfas dos carvalhos, representam, com uma individualidade peculiar, a força serena e autossuficiente que parece pertencer, em essência, ao grande e nobre rei da floresta.

A **Ninfa da Bétula** é uma donzela melancólica com cabelos flutuantes que lembram os galhos da árvore pálida e de aparência frágil que habita.

A **Ninfa da Faia** é forte e robusta, cheia de vida e alegria, e parece prometer amor fiel e repouso imperturbável, enquanto suas bochechas rosadas, seus olhos castanhos e sua forma graciosa expressam saúde, vigor e vitalidade.

A **Ninfa da Tília** é representada como uma donzela pequena e recatada, cujo vestido curto e cinza-prateado chega um pouco abaixo dos joelhos e põe seus membros delicados à mostra. O rosto meigo, parcialmente virado, revela um par de grandes olhos azuis, que parecem olhar para você com meditativa surpresa e tímida desconfiança; seu cabelo pálido e dourado está preso por uma tênue faixa cor-de-rosa.

A ninfa das árvores, casada com a vida da árvore que habitava, deixava de existir quando esta era derrubada ou ferida a ponto de murchar e morrer.

NINFAS DOS VALES E DAS MONTANHAS
Napeias e Oréades

As **Napeias** eram as ninfas gentis e cordiais dos vales e das ravinas que apareciam entre o séquito de Ártemis. São representadas como lindas donzelas com túnicas curtas que, por chegarem apenas à altura do joelho, não impedem seus movimentos rápidos e graciosos no exercício da caça. Suas tranças castanho-claras são presas com um nó na parte de trás da cabeça, de onde alguns cachos soltos escapam na direção dos ombros. As Napeias são tímidas como os cervos – e tão brincalhonas quanto eles.

As **Oréades** ou ninfas das montanhas, principais e constantes companheiras de Ártemis, são donzelas altas e graciosas que se vestem como caçadoras. Fervorosas seguidoras da caça, elas não poupam a corça gentil ou a tímida lebre, tampouco qualquer animal que encontrem pelo rápido caminho. Onde quer que aconteça a caça selvagem das Oréades, as tímidas Napeias são representadas escondendo-se atrás das folhas, enquanto seus favoritos, os cervos, ajoelham-se ao seu lado trêmulos, buscando suplicante proteção contra as caçadoras selvagens; quando elas se aproximam, mesmo os sátiros corajosos se afastam e buscam segurança na fuga.

Há um mito relacionado a uma dessas ninfas da montanha, a infeliz Eco. Ela se apaixonou por um belo jovem chamado Narciso (filho do deus-rio Cefiso), mas ele, no entanto, não conseguiu retribuir o amor dela. Aquilo a entristeceu tanto que ela foi definhando aos poucos, tornando-se uma mera sombra de sua antiga forma, até nada restar dela exceto a voz, que, a partir de então, devolvia com infalível fidelidade todo som proferido nas colinas e nos vales. O próprio Narciso também teve um destino infeliz, pois Afrodite o puniu fazendo-o se apaixonar pela própria imagem, que contemplou em uma fonte vizinha. Depois disso, consumido pelo amor não correspondido, ele definhou e foi transformado na flor que leva o seu nome.

As **Limoníades**[66], ou ninfas dos prados, assemelham-se às Náiades e, geralmente, são representadas dançando de mãos dadas em um círculo.

As **Híades**, um pouco similares às Oceânides na aparência, são divindades nebulosas; pelo fato de acompanharem invariavelmente a chuva, são representadas chorando sem parar.

---

[66] Também conhecidas como Leimáquides (N. T.).

As **Mélides**[67] eram as ninfas que cuidavam das árvores frutíferas.

Antes de concluir esse assunto, deve-se chamar a atenção para o fato de que, em tempos mais modernos, essa bela ideia de animar pormenorizadamente toda a natureza reaparece nas diversas tradições locais existentes em diferentes países. Assim, as Oceânides e as Nereidas são revividas na figura das sereias, nas quais os marinheiros ainda acreditam, enquanto as ninfas das flores e dos prados assumem a forma de pequenos elfos e fadas, que, segundo crenças antigas, realizavam festas da meia-noite em todos os bosques e terrenos baldios. De fato, mesmo nos dias atuais, o campesinato irlandês, em especial no oeste, acredita piamente na existência de fadas – ou de "pessoas boas", como são chamadas.

OS VENTOS

De acordo com relatos mais antigos, Éolo foi o rei das Ilhas Eólias, a quem Zeus deu o comando dos ventos. Éolo os mantinha presos em uma caverna profunda e libertava-os ao seu bel-prazer ou por ordem dos deuses.

Em tempos posteriores, a crença supracitada sofreu uma mudança, e os ventos passaram a ser considerados divindades distintas, cujo aspecto estava de acordo com os respectivos ventos com os quais eram identificados. Foram retratados como jovens com asas, em pleno vigor, no ato de voar pelo ar.

Os principais ventos eram: Bóreas (o vento norte), Euro (o vento leste), Zéfiro (o vento oeste) e Noto (o vento sul), que, segundo diziam, eram filhos de Eos e Astreu.

Não há mitos interessantes relacionados a essas divindades. Zéfiro uniu-se a Clóris (Flora), a deusa das flores. De Bóreas, conta-se que, enquanto sobrevoava o rio Ilisso, ele avistou Orítia – a encantadora filha de Erecteu, rei de Atenas – nas margens e a levou para Trácia,

---

67 Também conhecidas como Epimélides (N. T.).

terra natal dele e onde a fez sua esposa. Bóreas e Orítia foram pais de Zetes e Calais, que se tornariam famosos na expedição dos argonautas.

Havia um altar erigido em Atenas em homenagem a Bóreas, celebrando o fato de ele ter destruído a frota persa enviada para atacar os gregos.

Na Acrópole de Atenas, havia um célebre templo octogonal construído por Péricles e consagrado aos ventos; em suas laterais, ficavam as variadas representações dos ventos. Ainda é possível ver as ruínas desse templo.

PÃ (Fauno)

Pã era o deus da fertilidade e o padroeiro especial dos pastores e caçadores; regia todas as ocupações rurais e era o chefe dos Sátiros e o líder de todas as divindades rurais.

Segundo a crença comum, era filho de Hermes com uma ninfa do bosque e veio ao mundo com chifres brotando da testa, um nariz torto, orelhas pontudas e rabo, patas e barba de bode. No geral, tinha uma aparência tão repulsiva que, assim que o viu, sua mãe fugiu de desespero.

Hermes, contudo, assumiu o pequeno e curioso descendente e envolveu-o em uma pele de lebre, carregando-o nos braços até o Olimpo. A forma grotesca e as alegres artimanhas do estranho pequenino fizeram dele o grande favorito de todos os imortais, especialmente de Dionísio. Os deuses deram-lhe o nome de Pã (todos), porque ele agradava *todos* eles.

Seus refúgios favoritos eram as grutas e seu prazer era vagar com liberdade absoluta por rochas e montanhas, cumprindo suas várias atividades, sempre alegre e, com frequência, muito barulhento. Era grande amante da música, do canto, da dança e de todas as atividades que aprimoram os prazeres da vida; por isso, apesar da aparência repulsiva, nós o vemos cercado de ninfas das florestas e dos vales, que adoravam dançar em volta dele ao som da música animada de sua flauta, a siringe. O mito acerca da origem da flauta de Pã é o seguinte:

Pã apaixonou-se por uma ninfa chamada Siringe, que, espantada pela terrível aparência dele, fugiu das atenções perniciosas de seu indesejável pretendente. Ele a perseguiu até as margens do rio Ladão e a ninfa, ao ver que o sátiro estava cada vez mais próximo e sentindo que seria impossível escapar, recorreu à ajuda dos deuses. Estes, em resposta à oração dela, transformaram-na em junco no exato momento em que Pã estava prestes a agarrá-la. Enquanto o sátiro, morrendo de amor, suspirava e lamentava seu destino infeliz, os ventos balançaram os juncos suavemente e produziram um som murmurante, como o de alguém reclamando. Encantado com os tons suaves, tentou reproduzi-los por conta própria e, após cortar sete juntos de comprimento diferente, juntou-os e conseguiu produzir a flauta, que denominou siringe, em memória de seu amor perdido.

Pã era reconhecido pelos pastores como o seu mais valente protetor, aquele que defendia os rebanhos dos ataques dos lobos. Os pastores desses tempos primitivos não tinham currais, então tinham por hábito reunir os rebanhos nas cavernas das montanhas, para protegê-los das intempéries do clima e defendê-los dos ataques noturnos de animais selvagens; essas cavernas, por conseguinte – muito numerosas nos distritos montanhosos da Arcádia, da Beócia etc. –, eram todas consagradas a Pã.

Uma vez que, em todos os climas tropicais, é comum repousar durante o calor do dia, Pã é representado aproveitando bastante o sono da tarde no abrigo fresco de uma árvore ou de uma caverna, bem como se mostra muito descontente com cada som que lhe atrapalhava o cochilo, razão pela qual os pastores sempre tomavam cuidado para fazer silêncio absoluto durante essas horas e aproveitavam para eles mesmos tirarem um momento para uma sesta tranquila.

Pã era amado da mesma forma pelos caçadores, sendo ele próprio um grande amante dos bosques pelo fato de que lhe proporcionavam, para sua disposição animada e ativa, um espaço completo por onde passear à vontade. Era considerado o padroeiro da caça, e os esportistas rurais, como símbolo do desagrado quando voltavam de um dia mal-sucedido na caça, batiam na imagem de madeira de Pã, que sempre ocupou lugar de destaque nas moradias humanas.

Todos os sons repentinos e inexplicáveis que sobressaltam viajantes em lugares ermos eram atribuídos a Pã, que tinha uma voz medonha e muito desafinado – é daí que surge o termo *pânico*, usado para indicar medo repentino. Os atenienses atribuíram a vitória na Maratona ao medo que o sátiro inculcara entre os persas, com aquela voz terrível.

Pã foi abençoado com o poder da profecia, o qual, segundo dizem, partilhou com Apolo; ele possuía um oráculo renomado e bem antigo na Arcádia, em cujo estado era mais adorado.

Artistas de épocas posteriores atenuaram, de certa forma, a concepção original de Pã (muito pouco atraente, conforme a descrição acima) e o representaram como um mero rapaz maltratado pela exposição a todos os tipos de clima, algo típico de uma vida rural, e que trazia na mão o cajado de pastor e a siringe – seus atributos usuais –, enquanto pequenos chifres sobressaem-lhe da testa. Ele está despido, ou usa apenas um manto leve chamado clâmide.

As ofertas habituais a Pã eram leite e mel em tigelas de pastores. Vacas, cordeiros e carneiros também eram sacrificados a ele.

Após a introdução de Pã no culto a Dionísio, ouvimos falar de uma série de pequenos Pãs (*Panisci*), por vezes confundidos com os Sátiros.

FAUNO

Os romanos tinham uma antiga divindade italiana chamada Fauno, que, como o deus dos pastores, era associado com o grego Pã e representado de modo similar a ele.

O Fauno é frequentemente chamado de Ínuo (ou o fertilizador) e Luperco (ou aquele que afasta os lobos). Assim como Pã, ele também tinha o dom da profecia e era o espírito que regia os bosques e os campos; além disso, compartilhava com seu protótipo grego a faculdade de assustar viajantes em lugares ermos. Sonhos ruins e aparições malignas eram atribuídos a Fauno e acreditava-se que, à noite, ele entrava de modo sorrateiro nas casas justamente para esse fim.

Fauna era a esposa de Fauno e compartilhava as mesmas funções dele.

OS SÁTIROS

Os Sátiros eram uma raça de espíritos das matas que evidentemente personificavam a vida livre, selvagem e desenfreada da floresta. Sua aparência era ao mesmo tempo grotesca e repulsiva; tinham nariz achatado e largo, orelhas pontudas e pequenos chifres brotando da testa, além de pele áspera e peluda e de pequenos rabos de bode. Levavam uma vida de prazer e autoindulgência, partiam para a caça, deleitavam-se com toda espécie de músicas e danças selvagens, eram grandes bebedores de vinho e viciados no sono profundo que acompanha as fortes libações. Eram temidos tanto pelos mortais quanto pelas gentis ninfas das matas, que sempre evitavam seus esportes grosseiros e rudes.

Os Sátiros eram figuras conspícuas no séquito de Dionísio e, como já vimos, Sileno, o chefe deles, foi o tutor do deus do vinho. Os Sátiros mais velhos chamavam-se silenos e são representados, nas esculturas antigas, como mais próximos da forma humana.

Além dos Sátiros comuns, os artistas deleitavam-se em retratar Sátiros pequenos, jovens diabretes, saltitando pelos bosques em uma maravilhosa variedade de atitudes espirituosas. Esses camaradinhas lembram muito seus amigos e companheiros, os *Panisci*.

Em distritos rurais, era costume dos pastores e camponeses que participavam dos festivais de Dionísio vestir peles de bodes e de outros animais; sob esse disfarce, eles se permitiam todo tipo de traquinagens e excessos, característica a que é atribuída a concepção dos Sátiros por alguns especialistas.

Em Roma, as antigas divindades italianas dos bosques, os *FAUNS*, tinham pés de cabra e todas as outras características muito exageradas dos Sátiros e foram a eles associadas.

PRÍAPO

Príapo, filho de Dionísio e Afrodite, era considerado o deus da fertilidade, protetor de rebanhos, ovelhas, bodes, abelhas, frutos da videira e todas as hortaliças.

Suas estátuas, colocadas em jardins e vinhedos, atuavam não apenas como objetos de culto, mas também como espantalhos, sendo a aparência desse deus especialmente repulsiva e desagradável. Essas estátuas eram feitas de madeira ou pedra e, da cintura para baixo, eram apenas colunas grosseiras[68]. Elas o representam com um rosto vermelho muito feio. Além disso, o deus traz na mão uma tesoura de podar, e sua cabeça é coroada de videiras e louros. Costuma carregar frutas nas vestes ou uma cornucópia na mão, sempre mantendo, porém, um aspecto singularmente repugnante. Dizem que Hera, desejando punir Afrodite, enviou-lhe esse filho disforme e desagradável e que, quando ele nasceu, a deusa da Beleza ficou tão horrorizada que ordenou que ele fosse abandonado nas montanhas, onde foi encontrado por alguns pastores, que se apiedaram da criança e salvaram sua vida.

Essa divindade era adorada principalmente em Lâmpsaco, sua terra natal. Jumentos eram sacrificados para ele, que recebia as primícias dos campos e das hortas com uma libação de leite e mel.

O culto de Príapo foi introduzido em Roma ao mesmo tempo que o de Afrodite, e o deus foi associado a uma divindade italiana nativa chamada Mutuno.

---

[68] Príapo era conhecido por ter um falo de proporções colossais que estava sempre ereto, exceto quando o deus ia se relacionar sexualmente. O castigo que Hera lhe impusera demonstra os valores estéticos dos antigos gregos, para os quais uma figura como Príapo era repugnante. Esse deus se tornou popular na arte erótica romana; a ele, foi dedicada uma coletânea de versos satíricos, a Priapeia (N. T.).

ASCLÉPIO (Esculápio)

Asclépio, o deus da arte de curar, era filho de Apolo e da ninfa Corônis. Foi educado pelo nobre centauro Quíron, que o instruiu em todos os conhecimentos, com ênfase no das propriedades das ervas. Asclépio pesquisou os poderes ocultos das plantas e descobriu a cura para as várias doenças que afligem o corpo humano. Aprimorou sua arte com tamanha perfeição que não apenas conseguiu afugentar a morte, como também restaurou os mortos de volta à vida. Acreditava-se popularmente que ele era ajudado em suas curas magníficas pelo sangue da Medusa, dado a ele por Palas Atena.

Convém observar que os santuários dessa divindade – geralmente construídos em lugares sadios, nas colinas fora da cidade ou perto de poços que deviam ter poderes curativos – ofereciam meios de cura tanto para os doentes quanto para os sofredores, combinando, assim, influências religiosas e sanitárias. Era costume que o sofredor dormisse no templo, onde, caso tivesse sido sincero em suas devoções, Asclépio lhe aparecia em sonho e revelava os meios a serem empregados para a cura de sua enfermidade. Nas paredes desses templos, estavam penduradas tabuletas nas quais os diferentes peregrinos escreviam os detalhes específicos de suas doenças, os remédios utilizados e as curas operadas pelo deus – um costume indubitavelmente produtivo e responsável pelos mais benéficos resultados.

Bosques, templos e altares foram dedicados a Asclépio em várias partes da Grécia, mas Epidauro, a sede principal de sua adoração e onde de fato dizem que ela se originou, continha seu templo principal, que servia de hospital ao mesmo tempo.

A estátua de Asclépio no templo de Epidauro era feita de marfim e ouro, e representava o deus como um velho de barba bem cheia que se apoiava em um cajado ao redor do qual uma serpente está subindo. A serpente era o símbolo distintivo dessa divindade, primeiro porque esses répteis eram muito usados pelos antigos na cura de doenças e segundo porque toda a prudência e sabedoria da serpente era considerada indispensável ao sagaz médico.

Seus atributos habituais são um cajado, uma tigela, um punhado de ervas, um abacaxi, um cachorro e uma serpente.

Os filhos de Asclépio herdaram, em maioria, os distintos talentos do pai. Dois deles, Macaão e Podalírio, acompanharam Agamênon na Guerra de Troia, expedição em que ficaram famosos não apenas como heróis militares, mas também como médicos habilidosos.

As irmãs deles, Hígia (saúde) e Panaceia (a que tudo cura), tinham templos dedicados e recebiam honrarias divinas. A função de Hígia era manter a saúde da comunidade, cuja grande bênção devia ser trazida por ela como um presente direto e benéfico da parte dos deuses.

ESCULÁPIO

O culto a Esculápio foi introduzido em Roma a partir de Epidauro, de onde a estátua do deus da cura havia sido levada na época de uma grande peste. Gratos por terem se livrado dessa praga, os romanos ergueram um templo em homenagem a ele, em uma ilha próxima à foz do Tibre.

DIVINDADES ROMANAS

JANO

Desde as primeiras eras, Jano foi reconhecido pelos romanos com a maior afeição e veneração, como uma divindade que ficava atrás apenas do próprio Júpiter – e por meio da qual todas as orações e apelos eram transmitidos para os outros deuses.

Acreditava-se que ele regia os primórdios de todas as coisas, logo era ele que inaugurava os anos, os meses e as estações do ano; com o passar do tempo, passou a ser considerado protetor especial dos inícios de todas as empreitadas humanas. A grande importância que os romanos atribuíam a um começo auspicioso, como se isso contribuísse para o sucesso final de uma empreitada, explica por que Jano era tão valorizado como o deus dos primórdios.

Aparentemente, essa divindade foi o antigo deus-sol das tribos italianas, cuja capacidade era abrir e fechar os portões do céu todas as manhãs e todas as noites. Por conta disso, era considerado o porteiro do céu, além da divindade que cuidava de todos os portões e entradas que existiam na terra.

O fato de ele ser o deus dos portões da cidade, que foram chamados de *Jani* graças a ele, deve-se, no entanto, ao seguinte mito:

Após terem suas mulheres raptadas pelos romanos, os sabinos invadiram o estado romano por vingança e estavam prestes a entrar pelos portões da cidade quando, de repente, jorrou da terra, interrompendo o progresso do inimigo, uma fonte quente de enxofre enviada por Jano, segundo acreditavam, para a preservação especial dos romanos.

Em sua faceta como guardião de portas e portões, ele também era considerado a deidade protetora do lar, razão pela qual pequenos altares eram erguidos a ele acima das portas das casas, nos quais havia uma imagem do deus com duas faces.

Jano não possuía templos na acepção própria da palavra, mas todos os portões das cidades eram dedicados a ele. Perto do Fórum Romano ficava o assim chamado templo de Jano, que, no entanto, era apenas uma passagem arqueada e fechada por portões maciços. Esse templo se abria apenas em tempos de guerra, pois supunha-se que o deus partira com o exército romano, de cujo bem-estar ele cuidava pessoalmente. É digno de nota, como evidência das muitas guerras em que os romanos se envolveram, que as portas desse santuário foram fechadas apenas três vezes durante 700 anos.

Como o deus que anuncia o ano novo, o primeiro mês foi nomeado em sua homenagem e, no dia 1º de janeiro, celebrava-se sua festa mais importante, ocasião em que todas as entradas de edifícios públicos e privados eram decoradas com ramos de louro e guirlandas de flores.

Seus sacrifícios consistiam em bolos, vinho e cevada e eram ofertados a ele no início de cada mês; antes dos sacrifícios a outros deuses, seu nome era sempre invocado e uma libação era servida em oferenda a ele.

Jano é geralmente representado com duas faces: na função especial de porteiro do céu, aparece em pé e segura uma chave com uma das mãos e um bastão ou cetro com a outra.

Acredita-se que Jano foi o rei mais antigo da Itália e que, em vida, governou seus súditos com tanta sabedoria e moderação que, em gratidão aos benefícios por ele conferidos, seu povo o divinizou após a morte e o colocou na posição principal entre suas divindades. Já vimos na história de Cronos que Saturno, associado ao grego Cronos (deus do tempo), era amigo de Jano. Ansioso para provar gratidão ao seu benfeitor, Cronos dotou-o do conhecimento de eventos passados e futuros, o que lhe permitiu adotar as medidas mais sábias para o bem-estar de seus súditos. É por isso que Jano é representado com duas faces que olham para direções opostas: uma para o passado, a outra para o futuro.

FLORA

Flora era a deusa das flores, considerada um poder benéfico, que vigiava e protegia a antese.

Era vista com a mais alta estima pelos romanos, e um festival, denominado Florália, era celebrado em homenagem a ela entre 28 de abril e 1° de maio. Esse festival era uma temporada de alegria universal, em que as flores eram utilizadas profusamente para adornar casas, ruas, e quase tudo, além de também serem usadas no cabelo por jovens meninas.

Flora, que tipificava a estação da Primavera, é geralmente representada como uma donzela adorável, enfeitada com flores.

ROBIGO

Em oposição a Flora, há uma divindade antagônica chamada Robigo, um agente do mal, que se deleitava com a destruição das delicadas ervas por meio do musgo, e cuja ira só podia ser evitada por orações e sacrifícios, quando era invocado sob o título de Averrunco, ou o Avertor.

O festival de Robigo (a Robigália) era celebrado em 25 de abril.

POMONA

Pomona era a deusa dos pomares e das árvores frutíferas. De acordo com Ovídio, ele não se importava com bosques ou córregos, mas amava seus jardins e os galhos que davam frutos prósperos.

Pomona, que tipifica o Outono, é representada como uma linda donzela, cheia de ramos de árvores frutíferas.

VERTUMNO

Vertumno era o deus do jardim e dos produtos do campo. Ele personifica a mudança das estações e o processo de transformação na natureza por meio do qual os brotos das folhas evoluem para botões e, de botões, para frutos.

A mudança das estações é simbolizada em um mito que representa Vertumno metamorfoseando-se em uma miríade de formas diferentes para ganhar o afeto de Pomona, a qual amava tanto sua vocação que abjurou todos os pensamentos de casamento. Ele apareceu pela primeira vez a ela como um lavrador, tipificando a Primavera; depois, como ceifador, para representar o Verão; em seguida, como vindimador, para indicar o Outono; e, finalmente, como uma velha de cabelos grisalhos, símbolo das neves do Inverno; mas apenas quando assumiu sua forma verdadeira, a de um belo jovem, foi bem-sucedido.

Vertumno é geralmente representado com uma coroa de feixes de trigo, segurando uma cornucópia.

PALES

Pales, uma divindade italiana muito antiga, é representada como uma força ora masculina, ora feminina.

Como divindade masculina, é mais especificamente o deus dos pastores e dos rebanhos.

Como uma divindade feminina, Pales rege a criação e a fecundidade dos rebanhos. Seus festivais, as Palílias, eram celebrados em 21 de abril, dia em que a cidade de Roma foi fundada. Durante esse festival, era costume dos pastores queimar um monte de palha, na qual corriam com os rebanhos, acreditando que esse suplício os purificaria do pecado.

O nome Palatino, que originalmente significava uma colônia pastoral, é derivado dessa divindade. Suas oferendas eram bolos e leite.

PICO

Pico, filho de Saturno e pai de Fauno, era uma divindade da mata, abençoada com poderes proféticos.

Um mito antigo relata que Pico era um belo rapaz que se uniu a uma ninfa chamada Canente. A feiticeira Circe, encantada com a beleza dele, tentou conquistar seu amor, mas ele rejeitou essas investidas, e ela, por vingança, transformou-o em um pica-pau, em cuja forma ele ainda manteve seus poderes proféticos.

Pico é representado como um jovem com um pica-pau empoleirado na cabeça; desde então, esse pássaro foi considerado detentor do poder da profecia.

PICUMNO E PILUMNO

Picumno e Pilumno eram duas divindades domésticas dos romanos que cuidavam especialmente dos bebês recém-nascidos.

SILVANO

Silvano era uma divindade das matas, que, assim como Fauno, assemelhava-se muito ao Pã grego. Era a deidade que presidia as plantações e as florestas, protegendo especificamente as fronteiras dos campos.

Silvano é representado como um velho são que carrega um cipreste, pois, segundo a mitologia romana, a transformação do jovem Ciparisso na árvore que leva seu nome foi atribuída a ele.

Seus sacrifícios consistiam em leite, carne, vinho, uvas, espigas de trigo e porcos.

TÉRMINO

Término era o deus que regia todas as fronteiras e divisas territoriais.

Era originalmente representado por um simples bloco de pedra, que, em tempos posteriores, sustentava a cabeça dessa divindade. Numa Pompílio, grande benfeitor do povo, ansioso para inculcar o respeito aos direitos da propriedade, ordenou especialmente a construção desses blocos de pedra como um monumento durável para marcar a linha que separa uma propriedade da outra. Ele também fez com que altares fossem erguidos a Término e instituiu sua festa (a Terminália), celebrada no dia 23 de fevereiro.

Em certa ocasião, quando Tarquínio quis remover os altares de várias divindades a fim de construir um novo templo, dizem que apenas Término e Juventas se opuseram à remoção. Essa recusa obstinada por parte deles foi interpretada como um bom presságio, significando que a cidade de Roma jamais perderia suas fronteiras e permaneceria sempre jovem e vigorosa.

CONSO

Conso era o deus do conselho secreto.

Os romanos acreditavam que, quando uma ideia se desenvolvia espontaneamente na mente de um indivíduo, era Conso quem provocara a sugestão. Isso se aplicava, contudo, mais especificamente aos planos bem-sucedidos.

Um altar foi erguido a essa divindade no Circo Máximo, o qual se mantinha sempre coberto, exceto durante seu festival, a Consuália, celebrada em 18 de agosto.

LIBITINA

Libitina era a deusa que se encarregava dos funerais. Essa divindade foi identificada com Vênus, possivelmente porque os antigos consideravam que o poder do amor se estendia até mesmo aos reinos da morte.

Seu templo em Roma, erguido por Sérvio Túlio, continha todos os requisitos para os funerais – que podiam ser comprados ou alugados lá. Um registro de todas as mortes que ocorriam na cidade de Roma era mantido naquele templo e, a fim de apurar a taxa de mortalidade, no falecimento de cada pessoa, pagava-se uma quantia em dinheiro por ordem de Sérvio Túlio.

LAVERNA

Laverna era a deusa que regia os ladrões e todos os artifícios e fraudes. Havia um altar erguido a ela perto da Porta Lavernal, que recebeu esse nome graças a essa divindade; também possuía um bosque sagrado na Via Salária.

COMO

Como era o gênio que cuidava dos banquetes, das cenas festivas, da folia, de todos os prazeres felizes e de toda a alegria inconsequente.

É representado como um jovem coroado de flores, de rosto quente e corado de vinho e corpo apoiado em um poste, em uma postura bêbada e meio sonolenta, com uma tocha caindo da mão.

AS CAMENAS

As Camenas eram ninfas proféticas vistas com grande veneração pelos italianos antigos. Eram quatro, sendo Carmenta e Egéria as mais conhecidas.

Carmenta era celebrada como a mãe de Evandro, que conduziu uma colônia da Arcádia para a Itália e fundou uma vila às margens do rio Tibre, posteriormente incorporada à cidade de Roma. Dizem que Evandro foi o primeiro a introduzir a arte e a civilização gregas para a Itália, bem como o culto a divindades da Grécia.

Um templo foi erguido a Carmenta no monte Capitolino e um festival, denominado Carmentália, era celebrado em sua homenagem no dia 11 de janeiro.

Dizem que Egéria iniciou Numa Pompílio nas modalidades do culto religioso, as quais ele introduziu entre o seu povo. Ela era reconhecida como a provedora de vida, por isso era invocada por mulheres antes do nascimento dos filhos.

As Camenas são frequentemente associadas às Musas por escritores romanos.

GÊNIOS

Existia entre os romanos uma crença reconfortante e tranquilizadora segundo a qual cada indivíduo era acompanhado ao longo da vida, da hora do nascimento até a morte, por um espírito guardião que seria o seu gênio, aquele que o impelia a realizar boas e nobres ações e agia sobre ele como um anjo da guarda, confortando-o na tristeza e guiando-o ao longo de sua trajetória terrena.

Com o passar do tempo, acreditou-se que existia um segundo gênio, de natureza maligna, o qual, como o instigador de todas as más ações, estava sempre em guerra com o gênio benévolo; do conflito entre essas influências antagônicas dependia o destino de cada indivíduo. Os gênios eram retratados como seres com asas, assemelhando-se muito às nossas representações modernas de anjos da guarda.

Cada estado, vila ou cidade (assim como cada homem) possuía seu gênio especial. Os sacrifícios aos gênios consistiam em vinhos, bolos e incensos e eram oferecidos a eles nos aniversários.

O gênio que guiava as mulheres era chamado de Juno, em homenagem à rainha do céu.

Entre os gregos, considerava-se que os seres chamados de *Dæmons* exerciam funções similares às dos gênios romanos. Acreditava-se que eles eram os espíritos da raça íntegra que existiu na Idade de Ouro, os quais vigiavam a humanidade, levando suas orações aos deuses e os presentes dos deuses a eles.

MANES: LEMURES (LARVAS) E LARES

Os Manes eram os espíritos dos que partiram. Eram de dois tipos: Lemures (ou Larvas) e Lares[69].

Os Lemures eram aqueles Manes que assombravam suas antigas moradas na terra como espíritos malignos, aparecendo à noite sob formas medonhas e contornos terríveis, para o grande susto de amigos e parentes. Eram tão temidos que celebrava-se um festival, denominado Lemurália, a fim de apaziguá-los.

É extremamente provável que as superstições acerca de fantasmas, casas mal-assombradas etc., existentes até hoje, tenham origem nessa fonte pagã muito antiga.

Os Lares Familiares eram uma concepção muito mais agradável. Eram os espíritos dos ancestrais de cada família, que após a morte exerciam um poder protetor sobre o bem-estar e a prosperidade no núcleo familiar ao qual pertenceram em vida. O lugar de honra ao lado da lareira era ocupado pela estátua do Lar da casa, que teria sido o fundador da família. Essa estátua era objeto de profunda veneração e homenageada em todas as ocasiões por todos os membros da família; uma porção de cada refeição era posta diante dela, e acreditava-se que ela participava ativamente de todos os assuntos familiares e eventos domésticos, fossem de natureza triste ou alegre. Antes de iniciar qualquer expedição, o senhor da casa saudava a

[69] No original em latim, manes, lemures, larvae e lares (N. T).

estátua do Lar e, ao retornar, uma solene ação de graças era oferecida à divindade que regia a lareira e o lar, em grato reconhecimento à sua proteção; em seguida, a estátua era coroada com guirlandas de flores, que eram as oferendas favoritas dos Lares em todas as ocasiões de especial alegria familiar.

O primeiro ato de uma noiva ao entrar em sua nova morada era prestar homenagem ao Lar, na crença de que ele exerceria sobre ela uma influência protetora e a livraria do mal.

Além dos Manes, havia também os Lares públicos, que eram guardiões do estado, das estradas, do campo e do mar. Seus templos estavam sempre abertos para qualquer devoto piedoso entrar, e, em seus altares, ofereciam-se sacrifícios públicos para o bem-estar do estado ou da cidade.

PENATES

Os Penates eram deidades selecionadas pela família e, com frequência, por seus membros individuais, como um protetor especial. Várias causas levavam a essa seleção. Se, por exemplo, uma criança nascesse no festival de Vesta, pensava-se que essa divindade, dali em diante, atuaria como sua guardiã especial. Se um jovem possuísse grandes talentos comerciais, adotaria Mercúrio como deidade tutelar; caso, por outro lado, desenvolvesse paixão pela música, Apolo seria escolhido como o deus padroeiro, e assim por diante. Os Penates tornaram-se reconhecidos como as divindades especiais do ambiente doméstico. Pequenas imagens deles adornavam os arredores da lareira e honras semelhantes às prestadas aos Lares eram-lhes concedidas.

Da mesma forma que havia Lares públicos, havia também Penates públicos, adorados pelo povo romano na forma de dois jovens guerreiros, os quais, em tempos posteriores, foram considerados idênticos a Castor e Pólux. São geralmente representados a cavalo, com chapéus cônicos na cabeça e longas lanças nas mãos.

CULTOS PÚBLICOS DOS ANTIGOS GREGOS E ROMANOS

TEMPLOS

Em tempos muito remotos, os gregos não tinham oratórios ou santuários consagrados ao culto público, então realizavam suas devoções sob a abóbada vasta e ilimitada do céu, no grande templo da própria natureza. Acreditando que as divindades estavam entronizadas acima das nuvens, os adoradores devotos naturalmente buscavam os pontos mais altos disponíveis, a fim de se colocarem na comunhão mais próxima possível com os deuses; desse modo, os cumes das altas montanhas eram escolhidos para propósitos devocionais, sendo que, quanto mais exaltada fosse a posição e a importância da divindade invocada, mais elevado seria o local escolhido para adorá-la. Porém, a inconveniência que acompanhava esse modo de culto gradualmente foi sugerindo a ideia de erigir edifícios que oferecessem meios de proteção contra as intempéries do clima.

Essas estruturas eram, em um primeiro momento, as mais simples possíveis, sem decoração; quando, porém, com o progresso da civilização, os gregos tornaram-se um povo rico e poderoso, os templos passaram a ser construídos e adornados com o maior esplendor e magnificência, com talento, trabalho e riqueza sendo esbanjados profusamente na edificação e decoração dos lugares; de fato, foram construídos de forma tão maciça que alguns deles resistiram à devastação do tempo, em alguma medida. A cidade de Atenas, especialmente, contém inúmeras ruínas dessas construções da Antiguidade. Na Acrópole, ainda podemos contemplar, entre outros monumentos da arte antiga, o templo de Atena Polias e o de Teseu, sendo este o mais completo edifício antigo do mundo. Na ilha de Delos, também podem ser vistas as ruínas dos templos de Apolo e Ártemis, ambos em excelente estado de conservação. Essas ruínas são muito valiosas e estão suficientemente completas para permitir-nos estudar, com a ajuda delas, a planta e as características da estrutura original.

Entre os lacedemônios, no entanto, não há vestígios desses templos majestosos, pois esse povo foi especialmente ordenado, por uma lei de Licurgo, a servir os deuses com as menores despesas possíveis. Quando o grande legislador foi questionado sobre o motivo dessa liminar, respondeu que os lacedemônios, sendo uma nação pobre, poderiam se abster completamente da observância de seus deveres religiosos e, com sabedoria, acrescentou que edifícios magníficos e sacrifícios caros não eram tão agradáveis aos deuses quanto a verdadeira piedade e a devoção sincera dos adoradores.

Os templos mais antigos que conhecemos serviam a um duplo propósito: eram não apenas consagrados ao serviço dos deuses, mas também monumentos veneráveis em homenagem aos mortos. Assim, por exemplo, o templo de Palas Atena, no campanário da cidade de Lárissa, serviu como o sepulcro de Acrísio, e a Acrópole de Atenas recebeu as cinzas de Cécrope, fundador da cidade.

Um templo era frequentemente dedicado a dois ou mais deuses, construído sempre da maneira mais aceitável segundo as divindades particulares a quem era consagrado; pois, assim como árvores, pássaros e animais de todas as espécies eram sagrados para certas divindades, quase todo deus tinha uma forma de construção particular para si, considerada mais aceitável do que qualquer outra. Assim, o estilo dórico de arquitetura era sagrado para Zeus, Ares e Héracles; o jônico, para Apolo, Ártemis e Dionísio; e o coríntio, para Héstia.

No pórtico do templo, havia um vaso de pedra ou bronze com água sagrada (cuja consagração era feita colocando sobre ela uma tocha acesa, retirada do altar) com a qual eram aspergidos todos aqueles autorizados a participar dos sacrifícios. No recinto mais recôndito do santuário, ficava o lugar santíssimo, no qual ninguém podia entrar, exceto os sacerdotes.

Os templos no campo geralmente eram cercados por bosques arbóreos. A solidão desses retiros sombreados naturalmente tendia a inspirar o adorador com temor e reverência; além disso, a sombra e o frescor aprazíveis proporcionados pelas árvores altas e frondosas são particularmente gratificantes em países quentes. Sem dúvida, tão generalizado se tornou esse costume de construir templos em bosques que todos os lugares destinados a fins sagrados, mesmo onde não havia árvores, eram chamados de bosques. Que essa prática deve ser de tempos muito remotos é algo provado pela injunção bíblica, que tinha por objetivo a separação dos judeus de todas as práticas idólatras: "Não plantarás nenhum bosque de árvores junto ao altar do Senhor, teu Deus, que fizeres para ti"[70].

ESTÁTUAS

Os gregos cultuavam os deuses sem qualquer representação visual até a época de Cécrope. A mais antiga dessas representações consistia em blocos quadrados de pedra, sobre os quais ficava gravado o nome da divindade que se pretendia representar. As primeiras tentativas de escultura foram rudimentares, com uma cabeça em uma extremidade e um tronco disforme na outra, afunilando-se ligeiramente até os pés, os quais, no entanto, não eram divididos, uma vez que os membros não estavam de forma alguma definidos. Porém, artistas de tempos posteriores dedicaram todo o seu gênio a produções bem-sucedidas dos mais altos ideais de seus deuses; algumas dessas produções estão preservadas até hoje, consideradas exemplos da mais pura arte.

[70] Deuteronômio 16:21 (Fonte: Bíblia Almeida Revista e Corrigida) (N. T.).

Em um pedestal no centro do edifício, ficava a estátua da divindade a quem o templo era dedicado, rodeada de imagens de outros deuses, todos acompanhados de seus séquitos.

ALTARES

O altar de um templo grego, que ficava no centro do edifício e na frente da estátua da divindade que o regia, era geralmente circular e feito de pedra. Era costume gravar nele o nome ou o símbolo distintivo da divindade a quem era dedicado; consideravam-no tão sagrado que, se qualquer malfeitor fugisse até ele, sua vida estaria a salvo dos perseguidores, já que o forçar a sair desse asilo era considerado um dos grandes atos sacrílegos.

Os altares mais antigos eram adornados com chifres, os quais, outrora, eram emblemas de poder e dignidade, visto que a riqueza – e consequentemente a relevância – consistia, entre as nações mais primitivas, em rebanhos e manadas.

Além daqueles erguidos em locais de culto público, os altares eram frequentemente construídos em bosques, estradas ou pontos de comércio das cidades.

Os deuses do mundo inferior não tinham altar algum, e valas ou trincheiras eram cavadas para receber o sangue dos sacrifícios oferecidos a eles.

SACERDOTES

Em tempos antigos, os sacerdotes eram reconhecidos como uma casta social de destaque, distinguindo-se não apenas pelas vestes sacerdotais, mas também pela piedade, sabedoria e vida irrepreensível. Eram os seletos mediadores entre os deuses e os homens, e ofereciam orações e sacrifícios em nome do povo, a quem instruíam também sobre quais votos, presentes e ofertas seriam mais aceitáveis aos deuses.

Cada deidade tinha uma ordem diferente de sacerdotes consagrada ao seu culto e, em cada lugar, designava-se um sumo sacerdote, cujo dever era supervisionar o restante da ordem, bem como executar os ritos mais sagrados e as observâncias religiosas.

Sacerdotes e sacerdotisas tinham permissão para se casar, mas não pela segunda vez; alguns, no entanto, voluntariamente adotavam uma vida de celibato.

SACRIFÍCIOS

Não resta dúvida de que um sentimento de gratidão aos deuses por seu cuidado protetor (e pela abundância com a qual deviam abençoar a humanidade) induziu homens, de todas as nações e em todos os lugares, a sentirem o desejo de sacrificar às suas divindades alguma porção dos presentes que elas tão generosamente lhes davam.

Entre os gregos, os sacrifícios eram de vários tipos. Consistiam em ofertas voluntárias, ofertas propiciatórias etc.

As OFERTAS VOLUNTÁRIAS eram reconhecimentos de gratidão pelos benefícios recebidos, compostas normalmente das primícias do campo ou da melhor parte de rebanhos e manadas, que deveria estar sem máculas ou imperfeições.

As OFERTAS PROPICIATÓRIAS eram apresentadas para aplacar a ira dos deuses.

Além dos sacrifícios já enumerados, outros eram feitos visando obter sucesso em uma empreitada prestes a ser realizada, ou em cumprimento de um voto, ou por ordem de um oráculo.

Cada sacrifício era acompanhado de sal e de uma libação, que geralmente era constituída de vinho, com a taça cheia sempre até a boca, indicando que a oferenda era feita sem restrições. Quando o sacrifício destinava-se aos deuses infernais, a taça com a libação era preenchida com sangue.

Os animais oferecidos às divindades olímpicas eram brancos, enquanto aqueles destinados aos deuses do mundo inferior eram pretos.

Quando um homem oferecia um sacrifício especial para si mesmo ou para sua família, tal sacrifício dependia da natureza de sua ocupação; assim, um pastor levava uma ovelha; um viticultor, uvas; e assim por diante. Porém, no caso dos sacrifícios públicos, sempre se consultava a suposta particularidade do deus ou da deusa. Por exemplo, a Deméter oferecia-se uma porca porque esse animal é capaz de arrancar a semente do milho; a Dionísio, um bode, por ser destrutivo para os vinhedos etc.

O valor das oferendas dependia muito da posição social do indivíduo; para um homem rico, trazer uma oferta sórdida era visto como um desprezo aos deuses, ao passo que, vinda de um homem pobre, a menor oblação era considerada aceitável.

As hecatombes eram compostas de cem animais e oferecidas por comunidades inteiras ou por indivíduos ricos que desejavam (ou obtiveram) algum favor especial dos deuses.

Quando um sacrifício estava prestes a ser oferecido, uma chama era acesa no altar, no qual vinho e incenso eram derramados a fim de aumentar o fogo. Em eras muito antigas, a vítima era colocada sobre o altar e queimada por inteiro, mas, após o tempo de Prometeu, eram sacrificadas apenas partes de ombros, coxas, entranhas, entre outras, e o restante tornava-se prerrogativa dos sacerdotes.

Os sacerdotes oficiantes usavam uma coroa feita com as folhas da árvore sagrada para a divindade que invocavam. Assim, quando o sacrifício era para Apolo, as coroas eram de louros; quando para Héracles, de choupos. Essa prática de usar coroas passou a ser, posteriormente, adotada pelo público geral em banquetes e outras festividades.

Em ocasiões de especial solenidade, os chifres da vítima eram revestidos de ouro e os altares, enfeitados com flores e ervas sagradas.

O modo de conduzir os sacrifícios era o seguinte:

Quando todas as coisas estavam preparadas, um bolo de sal, a faca de sacrifício e as coroas eram colocadas em uma pequena cesta e levadas ao santuário por uma jovem donzela; em seguida, a vítima era conduzida ao templo, frequentemente com acompanhamento musical. Se fosse um animal pequeno, era levado solto até o altar; se fosse grande, era conduzido por uma longa corda de tração, a fim de indicar que não se tratava de um sacrifício feito de má vontade.

Quando todos estavam reunidos, o sacerdote, após andar em estado solene ao redor do altar, aspergia-o com uma mistura de farinha e água sagrada; em seguida, também aspergia os adoradores reunidos e exortava-os a se unirem em oração. Terminado o serviço, o sacerdote primeiro provava a libação e, após instigar a congregação a fazer o mesmo, derramava o restante entre os chifres da vítima; depois, espalhava-se o incenso sobre o altar e derramavam-se água e uma porção da refeição sobre o animal, que enfim era morto. Se por acaso a vítima escapasse do golpe, ou ficasse agitada de alguma forma, viam aquilo como um mau presságio; se, ao contrário, ela morresse sem resistir, consideravam auspicioso.

Os sacrifícios às divindades aéreas eram acrescidos de música, enquanto danças eram realizadas ao redor do altar e hinos sagrados eram entoados. Geralmente compostos em honra aos deuses, esses hinos continham relatos sobre feitos célebres, clemência e benevolência, além dos dons conferidos por eles à humanidade. Em suma, os deuses eram invocados para a permanência de seus favores e, quando o serviço terminava, sucedia-se um banquete.

ORÁCULOS

O desejo de perscrutar o véu obscuro da futurição – e assim evitar, se possível, o perigo ameaçador – moveu a humanidade em todas as eras do mundo. O conhecimento profético era buscado pelos gregos na boca dos oráculos, cujas previsões eram interpretadas às pessoas por sacerdotes especialmente designados para esse fim.

A mais famosa dessas instituições foi o oráculo de Apolo em Delfos, que manteve uma reputação generalizada no mundo inteiro. As pessoas aglomeravam-se vindas de longe e de perto para consultar esse maravilhoso porta-voz dos deuses, sendo que havia um mês do ano especialmente consagrado para essa finalidade.

A sacerdotisa que transmitia os oráculos era chamada de Pítia, por conta da serpente Píton, morta por Apolo. Após banhar-se nas águas da fonte de Castália, ela era conduzida até o templo pelos sacerdotes e sentava-se em uma espécie de banco ou mesa de três pernas, cujo nome era trípode, posicionada na entrada de uma caverna de onde saíam gases sulfúreos. Ali gradualmente ficava possuída de modo notável e caía em estado de êxtase, no qual proferia frases desconexas e extraordinárias, vistas como a enunciação do próprio Apolo; os sacerdotes interpretavam as falas para o povo, mas, na maioria dos casos, de uma maneira tão ambígua que o cumprimento da previsão não poderia ser contestado facilmente. Durante a cerimônia, nuvens de incenso enchiam o templo e ocultavam a sacerdotisa da visão dos não iniciados; ao final, era conduzida desfalecida de volta à cela.

O relato a seguir é um exemplo notável da ambiguidade das previsões oraculares:

Creso, o rico rei da Lídia, antes de ir à guerra contra Ciro, rei da Pérsia, consultou um oráculo para saber se teria sucesso em sua expedição. A resposta que recebeu foi que, se cruzasse certo rio, destruiria um grande império. Interpretando a resposta como favorável aos seus desígnios, Creso cruzou o rio e encontrou o rei persa, por quem foi completamente derrotado; por ter sido o seu próprio império o destruído, considerou-se cumprida a previsão do oráculo.

ADIVINHOS (Áugures)

Além da manifestação da vontade dos deuses por meio de oráculos, os gregos também acreditavam que certos homens, chamados de adivinhos, tinham o dom de prever eventos futuros a partir dos sonhos, da observação do voo dos pássaros, das entranhas de animais sacrificados e até mesmo da direção das chamas e da fumaça que saíam do altar, entre outros.

ÁUGURES

Os adivinhos romanos eram denominados áugures e desempenhavam um papel importante na história de Roma, uma vez que nenhum feito era levado adiante sem antes consultá-los acerca de seu sucesso final.

FESTIVAIS

Os festivais eram instituídos como temporadas de descanso, regozijo e ação de graças, bem como aniversários para comemorar eventos de importância nacional. Os festivais mais antigos eram aqueles que aconteciam após a colheita da safra ou da vindima, celebrados com júbilo e folguedo e com duração de muitos dias, durante os quais as primícias dos campos eram oferecidas aos deuses e acompanhadas de orações e ações de graça.

Os festivais realizados nas cidades em honra a deuses específicos – ou em comemoração à acontecimentos particulares – eram conduzidos com um cerimonial elaborado. Deslumbrantes procissões, jogos, corridas de carruagem, e assim por diante, eram características notáveis dessas ocasiões, nas quais ocorriam com frequência apresentações dramáticas representando episódios particulares da vida dos deuses e heróis.

Reunimos a seguir alguns dos mais interessantes festivais gregos e romanos.

FESTIVAIS GREGOS

MISTÉRIOS DE ELÊUSIS

Um dos mais antigos e importantes festivais respeitados pelos gregos era o dos Mistérios de Elêusis, celebrado em homenagem a Deméter e Perséfone. O nome deriva de Elêusis, uma cidade na Ática, onde os Mistérios foram introduzidos pela própria deusa. Dividiam-se em Grandes e Pequenos Mistérios e, de acordo com o relato geral, eram realizados a cada cinco anos. Os Grandes eram celebrados em homenagem a Deméter, duravam nove dias e ocorriam no outono; já os Pequenos eram dedicados a Perséfone (que nesses festivais era carinhosamente chamada de Cora, ou a donzela) e ocorriam na primavera.

Supõe-se que os segredos que os sacerdotes, os expositores dos Mistérios, ensinavam aos iniciados eram significados morais, elucidados a partir dos mitos de Deméter e Perséfone, mas a crença mais importante inculcada foi a doutrina da imortalidade da alma. Que as lições ensinadas eram do mais alto caráter moral já é algo universalmente aceito. "As almas daqueles que participavam deles estavam cheias das mais doces esperanças acerca deste mundo e do futuro". Além disso, era um ditado popular entre os atenienses: "Nos Mistérios, ninguém é triste".

A iniciação nesses ritos solenes (originalmente um privilégio exclusivo dos atenienses) era acompanhada de cerimônias inspiradoras; o sigilo era imposto de maneira tão rígida que se punia a violação a ele com a morte. Ao final da iniciação, ocorria grande regozijo, organizavam-se corridas de carruagem, combates de luta livre, entre outros, além de também se ofertarem sacrifícios solenes.

A iniciação nos Pequenos Mistérios servia como uma preparação para os Grandes.

TESMOFORIAS

As Tesmoforias eram outro festival em honra a Deméter em seu caráter como a deusa que regia o casamento e as instituições sociais decorrentes da disseminação da agricultura.

O festival era celebrado exclusivamente por mulheres.

DIONÍSIA

Um alegre festival primaveril era realizado em homenagem a Dionísio, no mês de março, e durava vários dias.

Esse festival, chamado de Grande Dionísia, era celebrado com particular esplendor em Atenas, quando estrangeiros se aglomeravam vindos de todas as partes do mundo para participar das cerimônias. A cidade era alegremente decorada, as casas eram enfeitadas com folhas de hera, multidões perambulavam pelas ruas, tudo ganhava ares festivos e o vinho era consumido à vontade.

Nas procissões que aconteciam durante essas festividades, a estátua de Dionísio era transportada, e homens e mulheres, coroados de hera e carregando o tirso, vestiam-se com toda espécie de fantasia grotesca e tocavam tambores, flautas, címbalos... Alguns, representando Sileno, montavam em jumentos, outros, vestindo peles de cervos, apresentavam-se como Pã ou como os Sátiros, e toda a multidão cantava peãs[71] em homenagem ao deus do vinho. Havia espetáculos públicos, jogos e esportes, e toda a cidade se enchia de folia.

O que deixava esses festivais mais interessantes era o costume de apresentar ao público comédias e tragédias novas; as representações que despertassem maior admiração eram premiadas.

As Pequenas Dionísias eram festas de vindima, celebradas em distritos rurais no mês de novembro e caracterizadas pela bebida, pelos banquetes e por jovialidades de todos os tipos.

Em conexão com algumas das festas em honra a Dionísio, havia certas observâncias místicas, nas quais apenas mulheres, chamadas Mênades ou Bacantes, eram iniciadas. Vestidas com peles de cervos, elas reuniam-se à noite nas encostas das montanhas, algumas carregando tochas ardentes, outras, tirsos, e todas com entusiasmo e frenesi religiosos. Gritavam, batiam palmas, dançavam

[71] Peã é o nome do canto ou hino coral originalmente em honra a Apolo. Em festivais e rituais gregos de grande importância, peãs eram entoados como forma de celebração; já na marcha para a guerra, serviam como canção de batalha (N. T.).

loucamente e agitavam-se a tal ponto de excitação e fúria que, em seu louco delírio, despedaçavam o animal trazido como sacrifício a Dionísio.

Sob o nome de Bacanais, esses ritos místicos foram introduzidos em Roma, onde os homens também podiam participar, mas essas festas eram acompanhadas de excessos tão medonhos que as autoridades estatais acabaram interferindo nelas e as proibindo.

PANATENEIAS

As Panataneias eram um famoso festival celebrado em Atenas em homenagem a Atena Polias, a guardiã do Estado. Havia dois festivais com esse nome, as Pequenas Panataneias, que aconteciam anualmente, e as Grandes Panataneias, que duravam vários dias e eram celebradas a cada quatro anos.

Para as Grandes Panataneias, uma vestimenta bordada com ouro, cujo nome era Peplo, era tecida especificamente pelas donzelas atenienses, na qual se representava a vitória de Atena sobre os Gigantes. Essa vestimenta ficava suspensa no mastro de um navio do lado de fora da cidade; durante o festival, que era caracterizado por uma grande procissão, o navio (com o Peplo em seu mastro) era impelido adiante por meio de um maquinário invisível, formando a característica mais conspícua do cortejo. Todo o povo, segurando ramos de oliveira, participava da procissão; entre músicas e gritos de júbilo, esse cortejo imponente seguia caminho até o templo de Atena Polias, onde o Peplo era depositado na estátua da deusa.

Nesse festival, poemas homéricos eram declamados e poetas também apresentavam as próprias obras ao público. Havia concursos musicais, corridas a pé ou a cavalo e combates de luta livre – e danças eram realizadas por rapazes de armadura.

Homens que mereciam o bem de seu país eram presenteados no festival com uma coroa de louros, e o nome da pessoa tão ilustre era anunciado publicamente por um arauto.

Os vencedores das corridas e dos jogos atléticos recebiam, como prêmio, um vaso de azeite que teria sido extraído do fruto da oliveira sagrada de Atena.

DAFNEFORIA

A Dafneforia era celebrada em Tebas em homenagem a Apolo a cada nove anos.

O que caracterizava esse festival era a procissão feita até o templo de Apolo, na qual um jovem sacerdote (o Dafneforo) – de descendência nobre, esplendorosamente trajado e usando uma coroa de ouro – era precedido por um jovem que carregava uma representação emblemática do sol, da lua, das estrelas e dos dias do ano, e seguido por lindas donzelas que levavam ramos de louro e entoavam hinos em homenagem ao deus.

FESTIVAIS ROMANOS

SATURNÁLIA

A Saturnália, festival nacional que acontecia em dezembro, em homenagem a Saturno, era celebrada após a colheita e durava vários dias.

Era uma época de regozijo universal, alegria e interrupção do trabalho. Alunos tiravam férias, amigos mandavam presentes uns para os outros, tribunais fechavam e negócio algum era transacionado.

Grandes multidões de regiões vizinhas aglomeravam-se em Roma para esse festival, trajadas com todo tipo de vestimenta usada em bailes de máscaras; brincadeiras eram feitas e recebidas com o maior bom humor, gritos de júbilo enchiam o ar, todas as classes se entregavam ao prazer e a hilaridade desenfreada reinava com supremacia. As distinções sociais eram suspensas por um tempo – ou até mesmo invertidas; o espírito desse festival era tão bem recebido que os senhores serviam os escravos nos banquetes que providenciavam; os escravos também se vestiam, nessas ocasiões, com as roupas de seus senhores.

Parece não restar dúvidas de que o Carnaval moderno é um resquício da antiga Saturnália.

CEREÁLIA

Esse festival era celebrado em homenagem a Ceres. Era solenizado apenas por mulheres, que, vestidas com roupas brancas, vagavam com tochas nas mãos para representar a busca da deusa pela filha Proserpina.

Durante esse festival, celebravam-se jogos no Circo Máximo, e era obrigatório usar branco.

VESTÁLIA

A Vestália era um festival realizado em homenagem a Vesta, no dia 9 de junho, e celebrado exclusivamente por mulheres, que caminhavam descalças em procissão até o templo da deusa.

As sacerdotisas de Vesta, chamadas de Vestais ou Virgens Vestais, desempenhavam um papel notável nesses eventos. Eram seis. Tinham entre 6 e 10 anos de idade e eram escolhidas entre as famílias mais nobres de Roma. Seu mandato durava trinta anos. Durante os primeiros dez, eram iniciadas nos deveres religiosos; durante os dez seguintes, cumpriam tais deveres; na última década, instruíam as iniciantes. Seu principal dever era vigiar e alimentar a chama permanente no altar de Vesta, cuja extinção era considerada uma calamidade nacional e significava um mau agouro.

Grandes honras e privilégios eram concedidos a elas; os melhores lugares eram-lhes reservados em todos os espetáculos públicos, e até mesmo cônsules e pretores abriam caminho para elas passarem. Se encontrassem um criminoso a caminho da execução, tinham o poder de perdoá-lo, desde que se pudesse provar que o encontro fora acidental.

As Vestais faziam voto de castidade, e a violação a isso tinha como consequência o terrível castigo de serem enterradas vivas.

PARTE DOIS

LENDAS

CADMO

O relato lendário a seguir trata da fundação de Tebas:

Depois de Zeus ter raptado a sua filha Europa, Agenor, rei da Fenícia, incapaz de se conformar com a perda, enviou o filho Cadmo à procura dela, pedindo-lhe que não voltasse sem a irmã.

Por muitos anos, Cadmo continuou a busca por várias regiões, mas sem sucesso. Não se atrevendo a voltar para casa sem a moça, consultou o oráculo de Apolo em Delfos; a resposta foi que ele deveria desistir da missão e assumir um novo dever, isto é, o de fundar uma cidade, em um lugar que lhe seria indicado por uma novilha que nunca carregara um jugo e repousaria no local onde a cidade deveria ser construída.

Assim que Cadmo deixou o templo sagrado, avistou uma novilha sem marcas de servidão no pescoço e caminhando devagar à sua frente. Ele seguiu o animal por uma distância considerável, até que, finalmente, no local onde depois ficaria Tebas, a novilha olhou para o céu e, abaixando-se com calma, deitou-se na grama alta. Grato por esse sinal do favor divino, Cadmo resolveu oferecer o animal em sacrifício e, dessa forma, enviou seu séquito para buscar água para a libação em um manancial das redondezas. A nascente, a Ares consagrada, situava-se em um bosque e era protegida por um dragão feroz, o qual, com a aproximação dos servos de Cadmo, lançou-se sobre eles de repente e os matou.

Depois de aguardar o retorno dos servos por algum tempo, Cadmo, impaciente, decidiu armar-se às pressas com a lança e o arpão e partir em busca deles. Chegando ao local, avistou os restos mutilados de seus infelizes seguidores e, perto deles, o monstro terrível, pingando com o sangue das vítimas. O herói pegou uma pedra enorme e arremessou-a com toda a força no dragão; o animal, contudo, protegido pela dura pele negra e pelas escamas de aço, como se estivesse usando uma armadura, permaneceu ileso. Cadmo então usou a lança, e dessa vez teve mais sucesso. Quando perfurou a parte lateral do dragão, possessa de dor, a fera saltou sobre ele. Pulando para o lado, Cadmo conseguiu fixar a ponta da lança nas mandíbulas do dragão, e com esse golpe fatal pôs fim ao embate.

Enquanto Cadmo observava o inimigo derrotado, Palas Atena apareceu para ele e ordenou-lhe que semeasse os dentes do dragão morto no solo. Ele obedeceu e, dos sulcos, surgiu um bando de homens armados, que imediatamente começaram a lutar uns contra os outros, até estarem todos morto. Exceto cinco deles. Esses últimos guerreiros sobreviventes fizeram as pazes entre si e foi com a ajuda deles que Cadmo construiu a famosa cidade de Tebas. Posteriormente, as famílias tebanas mais nobres reivindicaram a descendência desses poderosos guerreiros nascidos da terra.

Ares ficou furioso quando descobriu que Cadmo derrotara seu dragão e o teria matado não fosse a interferência de Zeus, que o convenceu a mitigar a punição do rapaz trocando-a pela servidão durante o prazo de oito anos. Ao término desse tempo, o deus da guerra reconciliou-se com Cadmo e, como prova do perdão, concedeu-lhe a mão de sua filha Harmonia em casamento. As núpcias de ambos foram quase tão celebradas quanto as de Peleu e Tétis. Todos os deuses os honraram com sua presença e ofereceram ricos presentes e felicitações. O próprio Cadmo presenteou sua adorável noiva com um esplêndido colar modelado por Hefesto, que, no entanto, após a morte de Harmonia, sempre se mostrou fatal para quem o possuía.

Os descendentes de Cadmo e Harmonia foram um filho, Polidoro, e quatro filhas, Autônoe, Ino, Sêmele e Agave.

Por muitos anos, o fundador de Tebas reinou com alegria, mas, ao final, vítima de uma conspiração, ele foi privado do trono por seu neto Penteu. Acompanhado da fiel esposa Harmonia, retirou-se para a Ilíria e, após a morte deles, ambos foram transformados em serpentes por Zeus e transferidos para o Elísio.

PERSEU

Perseu, um dos mais renomados heróis lendários da antiguidade, era filho de Zeus e Dânae – filha de Acrísio, rei de Argos.

Após um oráculo prever a Acrísio que um filho de Dânae seria a causa de sua morte, ele a aprisionou em uma torre de bronze a fim de mantê-la isolada do mundo. Zeus, contudo, desceu pelo telhado da torre na forma de uma chuva de ouro, e a adorável Dânae tornou-se sua noiva.

Ao longo de quatro anos, Acrísio ignorou essa união, mas, certa noite, ao passar pela câmara de bronze, ouviu o choro de uma criança pequena vindo lá de dentro, e assim descobriu o casamento da filha com Zeus. Furioso ao saber que todas as precauções que havia tomado tinham sido inúteis, Acrísio ordenou que a mãe e a criança fossem colocadas em um baú e jogadas no mar.

Mas não era a vontade de Zeus que os dois perecessem. Ele instruiu Poseidon a acalmar as águas turbulentas e fez o baú flutuar em segurança até a ilha de Sérifo. Díctis, irmão de Polidectes, o rei da ilha, estava pescando na beira do mar quando viu o baú encalhado na praia; apiedando-se da condição indefesa dos infelizes ocupantes do objeto, conduziu-os ao palácio do rei, onde foram tratados com a maior gentileza.

Polidectes acabou unindo-se a Dânae e conferiu a Perseu uma educação digna de um herói. Quando viu o enteado tornar-se um jovem nobre e viril, esforçou-se para inculcar em sua mente o desejo de distinguir-se pela realização de algum ato grandioso e heroico; após uma deliberação madura, foi decidido que o assassinato da Górgona, a Medusa, lhe traria o maior renome.

Para a concretização bem-sucedida daquele objetivo, era necessário que ele fosse equipado com um par de sandálias aladas, uma bolsa mágica e o elmo de Hades, que tornava invisível quem o portasse. Todos esses objetos estavam sob a proteção das Ninfas, cuja morada era conhecida apenas pelas Greias. Perseu começou a expedição e, guiado por Hermes e Palas Atena, chegou, após uma longa jornada, à região longínqua nos confins de Oceano onde moravam as Greias, filhas de Fórcis e Ceto. Imediatamente, pediu-lhes a informação necessária e, quando elas se recusaram a concedê-la, privou-as dos únicos olho e dente que possuíam, devolvendo-os apenas quando elas lhe deram instruções completas sobre a rota. Depois disso, Perseu seguiu, então, para a morada das Ninfas, de quem obteve os objetos indispensáveis ao seu propósito.

Equipado com a bolsa e o elmo mágicos – e armado com uma foice, presente de Hermes – amarrou as sandálias aladas nos pés e voou para o lar das Górgonas, encontrando-as profundamente adormecidas. Ora, como Perseu fora alertado por seus guias celestiais que quem olhasse para essas irmãs esquisitas viraria pedra, ficou de rosto virado diante das dorminhocas, capturando a tríplice imagem delas com o escudo de metal brilhante. Depois, guiado por Palas Atena, cortou a cabeça da Medusa e colocou-a na bolsa. Assim que o fez, do tronco sem cabeça brotaram o corcel alado Pégaso e Crisaor, o pai do gigante alado Gerião. Perseu apressou-se para evitar a perseguição das duas irmãs sobreviventes, que, despertas, corriam com avidez, a fim de vingar a morte da irmã.

Seu elmo invisível e suas sandálias aladas deram-lhe vantagem, pois aquele o escondeu da vista das Górgonas, ao passo que estas o transportaram por terra e por mar, muito além do alcance da perseguição. Ao passar pelas planícies ardentes da Líbia, as gotas de sangue da cabeça da Medusa escorreram pela bolsa e, caindo nas areias quentes logo abaixo, produziram uma ninhada de cobras multicoloridas, que se espalharam por todo o país.

Perseu continuou fugindo até chegar ao reino de Atlas, a quem implorou por descanso e abrigo. Porém, como esse rei possuía um pomar valioso, no qual todas as árvores davam frutos dourados, temia que o matador da Medusa pudesse destruir o dragão que o guardava e facilmente roubar-lhe os tesouros. Recusou-se, portanto, a conceder a hospitalidade que o herói exigia; exasperado com a repulsa mesquinha, Perseu tirou da bolsa a cabeça da Medusa e, estendendo-a na direção do rei, transformou-o em uma montanha pedregosa. A barba e o cabelo ergueram-se como florestas; ombros, mãos e membros tornaram-se enormes rochas e a cabeça cresceu como um pico escarpado que alcançava as nuvens.

Perseu retomou, então, suas viagens. Suas sandálias aladas levaram-no por desertos e montanhas até chegar à Etiópia, o reino do rei Cefeu. Ali, encontrou um país inundado com enchentes desastrosas, cidades e vilas destruídas e, por toda parte, sinais de desolação e ruína. Em um penhasco saliente perto da costa, avistou uma linda donzela acorrentada em uma rocha. Era Andrômeda, a filha do rei. A mãe dela, Cassiopeia, gabara-se de que a beleza da moça superava a das Nereidas, e as furiosas ninfas do mar apelaram a Poseidon para vingar aquelas ofensas. O deus-mar atendeu ao pedido, devastando o país com uma terrível inundação, a qual trouxe consigo um grande monstro que devorava tudo pelo caminho.

Em sua angústia, os infelizes etíopes recorreram ao oráculo de Júpiter-Ammon, no deserto da Líbia, e obtiveram a resposta de que apenas o sacrifício da filha do rei ao monstro salvaria o país e o povo.

Cefeu, que era profundamente apegado à filha, a princípio recusou-se a ouvir aquela terrível proposta; porém, assolado pelas orações e solicitações de seus pobres súditos, com o coração partido, o pai abdicou da filha para o bem-estar de seu país. Assim, Andrômeda foi acorrentada em uma rocha à beira-mar para servir de presa ao monstro, enquanto os pais lamentavam inconsoláveis lá da praia a triste sina da menina.

Ao ser informado do propósito de cena tão trágica, Perseu se dispôs a matar o dragão para Cefeu, com a condição de que a adorável vítima se tornasse sua noiva. Exultante com a possibilidade de ver Andrômeda livre, o rei acedeu de bom grado à condição, e Perseu correu para a rocha a fim de soprar palavras de esperança e conforto para a donzela. Valendo-se mais uma vez do elmo de Hades, ele montou no ar e esperou a investida do monstro.

Nesse momento, o mar se abriu e a cabeça de tubarão da gigantesca fera das profundezas ergueu-se por sobre as ondas. Balançando a cauda furiosamente de um lado para o outro, o animal saltou adiante para agarrar sua vítima, mas o herói destemido, vendo a oportunidade, lançou-se para baixo de repente e, tirando a cabeça da Medusa da bolsa, segurou-a diante dos olhos do dragão, cujo corpo hediondo transformou-se gradualmente em uma enorme rocha negra, que permaneceu para sempre uma testemunha silente da libertação milagrosa de Andrômeda. Em seguida, Perseu levou a donzela de volta aos pais, agora felizes, e eles, ansiosos para demonstrar gratidão ao libertador dela, ordenaram preparativos imediatos para o banquete nupcial. Mas o jovem herói não levaria sua adorável noiva sem antes enfrentar resistência; pois, no meio do banquete, Fineu, irmão do rei e a quem Andrômeda fora prometida anteriormente, voltou para reivindicar a noiva. Seguido por um bando de homens armados, ele forçou a própria entrada no salão; um embate desesperador ocorreu entre os rivais e a luta teria terminado fatalmente para Perseu caso ele não tivesse pensado de repente na cabeça da Medusa. Pedindo aos amigos que virassem o rosto, tirou-a da bolsa e segurou-a na frente de Fineu e de sua formidável guarda pessoal, e todos endureceram como pedra.

Perseu despediu-se, então, do rei etíope e, acompanhado de sua linda noiva, retornou a Sérifo, onde ocorreu um feliz reencontro entre Dânae e o filho. Em seguida, enviou um mensageiro para o avô, informando-o de que pretendia retornar a Argos; Acrísio, porém, temendo que a previsão oracular se cumprisse, correu para o amigo Teutâmides, rei de Lárissa, em busca de proteção. Ansioso para induzir o velho monarca a retornar a Argos, Perseu o seguiu até lá, mas eis que uma estranha fatalidade ocorreu. Enquanto participava de alguns jogos fúnebres, celebrados em homenagem ao pai do rei, Perseu, por um infeliz lançamento do disco, atingiu acidentalmente o avô, e essa foi a causa inocente da morte dele.

Após celebrar os ritos fúnebres de Acrísio com a devida solenidade, Perseu voltou para Argos, mas, relutante em ocupar o trono daquele cuja morte havia causado, fez uma troca de reinos com Megapente, rei de Tirinto, e, no decorrer do tempo, fundou as cidades de Micenas e Midea.

A cabeça da Medusa, ele presenteou à sua padroeira divina, Palas Atena, que a colocou no centro do escudo.

Muitos grandes heróis descenderam de Perseu e Andrômeda, dos quais o principal foi Héracles. A mãe dele, Alcmena, era neta de Perseu e Andrômeda.

Honrarias heroicas foram prestadas a Perseu, não somente por toda Argos, mas também em Atenas e na ilha de Sérifo.

ÍON

Íon era o filho de Creúsa (a filha formosa de Erecteu, rei de Atenas) com o deus-sol Febo Apolo, a quem ela se uniu sem o conhecimento do pai.

Temendo a fúria de Erecteu, Creúsa colocou seu bebê recém-nascido em uma cestinha de vime e, pendurando alguns amuletos de ouro ao redor do pescoço dele, invocou-lhe a proteção dos deuses e escondeu-o em uma caverna solitária. Apolo, apiedando-se do filho abandonado, enviou Hermes para que levasse a criança a Delfos. Ali, o deus mensageiro depositou sua carga aos pés do templo. Na manhã seguinte, a sacerdotisa do lugar descobriu o infante e ficou tão encantada com a aparência atraente do menino que o adotou como seu próprio filho. A criancinha foi cuidadosamente criada e educada pela bondosa mãe adotiva e cresceu em meio às cerimônias do templo, onde lhe foram confiados alguns dos deveres menores do santo edifício.

Voltemos agora para Creúsa. Durante a guerra com os eubeus, na qual estes foram derrotados, Xuto, filho de Éolo, destacou-se grandemente ao lado dos atenienses. Como recompensa por seus valorosos serviços, a mão de Creúsa, filha do rei, foi concedida a ele em casamento. A união deles, no entanto, não foi abençoada com filhos e, como isso era motivo de grande pesar para ambos, eles se dirigiram a

Delfos a fim de consultar o oráculo. A resposta foi que Xuto deveria considerar como filho a primeira pessoa que encontrasse ao sair do santuário. Ora, aconteceu que Íon, o jovem guardião do templo, foi o primeiro que Xuto avistou; quando viu o belo rapaz, de bom grado o acolheu como filho, declarando que os deuses o enviaram para ser uma bênção e um conforto na velhice. Creúsa, no entanto, concluindo que o jovem era fruto de um casamento secreto do marido, encheu-se de suspeitas e ciúmes; nesse momento, um velho criado, observando sua dor, implorou a ela que ficasse tranquila, assegurando-lhe que a causa de sua angústia logo seria removida.

Quando, por ocasião da adoção pública do filho, Xuto deu um grande banquete, o velho criado de Creúsa conseguiu misturar um forte veneno ao vinho do desavisado Íon. Mas o jovem – seguindo o costume piedoso dos antigos de oferecer uma libação aos deuses antes de participar de qualquer ceia – derramou uma dose do vinho no chão antes de levá-lo aos lábios. De repente, como que por um milagre, uma pomba voou para o salão do banquete e bebeu o vinho da libação; a pobre criatura ficou inteiramente trêmula e em seguida caiu morta.

As suspeitas de Íon imediatamente recaíram sobre o servo obsequioso de Creúsa, que tinha enchido a taça com uma atenção muito oficiosa. Ele agarrou o velho violentamente e acusou-o de ter intenções assassinas. Sem esperar esse ataque repentino, ele admitiu a culpa, mas apontou para a esposa de Xuto como a mandante do crime. Íon estava prestes a se vingar de Creúsa quando, pela intervenção divina de Apolo, a mãe adotiva, a sacerdotisa de Delfos, apareceu no local e explicou a verdadeira relação que existia entre Creúsa e Íon. A fim de sanar todas as dúvidas, ela mostrou os amuletos que encontrara ao redor do pescoço do infante, bem como a cesta de vime na qual ele fora transportado para Delfos.

Mãe e filho então se reconciliaram, e Creúsa revelou a Íon o segredo de sua origem divina. A sacerdotisa de Delfos previu que ele se tornaria o pai de uma grande nação (sendo os jônios assim denominados graças a ele) e que Xuto e Creúsa teriam um filho chamado Doro, que seria o progenitor do povo dórico; no devido tempo, ambas as previsões se cumpriram.

DÉDALO E ÍCARO

Dédalo, descendente de Erecteu, foi um arquiteto, escultor e mecânico ateniense. Foi o primeiro a introduzir a arte da escultura com um desenvolvimento mais elevado, pois, antes de Dédalo, as estátuas eram meras representações rudimentares, com os membros totalmente indefinidos.

No entanto, se seu engenho era grande, sua vaidade era maior ainda, e ele não tolerava nenhum rival. Ora, o sobrinho e pupilo de Dédalo, Talo, ostentava um grande talento, tendo inventado o serrote e o compasso; com medo de que ele pudesse ofuscar a própria fama, Dédalo secretamente o matou, jogando-o da cidadela de Palas Atena. Quando descobriram o assassinato, Dédalo foi convocado perante a corte do Areópago e condenado à morte, mas conseguiu escapar para a ilha de Creta, onde foi recebido pelo rei Minos de uma maneira que fez jus à grande reputação de inventor.

Dédalo construiu para o rei o labirinto de renome mundial, uma construção imensa cheia de passagens intrincadas cruzando-se entre si, de tal modo que, segundo dizem, o próprio Dédalo quase se perdeu nela certa vez; foi nessa construção que o rei colocou o Minotauro, um monstro com cabeça e ombros de touro e corpo de homem.

Com o passar do tempo, o grande artista cansou-se do longo exílio, em especial porque o rei, sob o pretexto de amizade, manteve-o quase como um prisioneiro. Resolveu, então, fugir, e, para esse propósito, inventou engenhosas asas para si e para seu jovem filho Ícaro, a quem treinou diligentemente sobre como usá-las. Após aguardarem uma oportunidade favorável, pai e filho iniciaram voo e estavam a caminho quando Ícaro, satisfeito com a nova sensação, esqueceu completamente a ordem reiterada pelo pai de não se aproximar muito do sol. A consequência disso foi que a cera – por meio da qual suas asas estavam presas – derreteu, e o menino caiu no mar e se afogou. O corpo do pobre Ícaro foi levado pela maré e enterrado pelo pai em uma ilha, Icária, que ele assim nomeou em homenagem ao filho.

Após esse infortúnio, Dédalo alçou voo para a ilha da Sicília, onde foi recebido com uma amável acolhida pelo rei Cócalo, para quem construiu várias obras públicas importantes. No entanto, assim que Minos recebeu a informação de que seu grande arquiteto encontrara refúgio com Cócalo, navegou para a Sicília com um grande exército e enviou mensageiros para o rei siciliano, exigindo a rendição do hóspede. Cócalo fingiu obedecer e convidou Minos para o palácio, e Minos foi traiçoeiramente assassinado em um banho quente. O corpo do rei foi levado para Agrigento pelos cretenses e ali foi enterrado com grande pompa; sobre seu túmulo, ergueu-se um templo a Afrodite.

Dédalo passou o resto da vida tranquilo, na ilha da Sicília, onde se ocupou da construção de várias obras de arte belas.

OS ARGONAUTAS

Éson, rei de Iolco, foi obrigado a fugir dos próprios domínios, usurpados por seu irmão menor, Pélias; com dificuldade, conseguiu salvar a vida do filho pequeno, Jasão, que na época tinha apenas dez anos. Ele confiou Jasão aos cuidados do centauro Quíron, por quem o menino foi cuidadosamente treinado junto a outros nobres rapazes, os quais, como ele, posteriormente se destacaram pela bravura e pelas façanhas heroicas. Por dez anos, Jasão permaneceu na caverna do centauro, que o instruiu em todas as artes úteis e bélicas. Porém, à medida que se aproximava da idade adulta, encheu-se de um desejo indomável de recuperar a herança paterna. Despediu-se, portanto, do bom amigo e preceptor e partiu para Iolco, a fim de reclamar o reino que seu tio Pélias usurpara tão injustamente.

Durante a viagem, chegou a um rio extenso e espumante, e nas margens daquelas águas avistou uma velha, que lhe implorou ajuda para atravessar. A princípio, Jasão hesitou, sabendo que já seria difícil conter a forte tormenta sozinho; mas, apiedando-se da condição desamparada da senhora, ergueu-a nos braços e conseguiu, com muito esforço, chegar à margem oposta. Assim que seus pés tocaram a terra, ela se transformou em uma linda mulher, que, olhando amavelmente para o jovem desnorteado, informou-lhe que era a deusa Hera e que, dali em diante, iria guiá-lo e protegê-lo ao longo de sua trajetória. Ela desapareceu, e Jasão, cheio de esperança e coragem após essa manifestação divina, seguiu jornada. Acabou percebendo que, ao cruzar o rio, perdera uma das sandálias, mas, como não seria possível recuperá-la, foi obrigado a prosseguir sem ela.

Ao chegar a Iolco, encontrou o tio na praça do comércio, oferecendo um sacrifício público a Poseidon. Quando o rei concluiu a oferenda, seu olhar recaiu sobre o distinto estrangeiro, cuja beleza viril e porte heroico atraíram de imediato a atenção do povo. Observando que um dos pés do rapaz estava descalço, Pélias lembrou-se de uma previsão oracular que prenunciara a queda de seu reinado por um homem usando apenas uma sandália. Ele, no entanto, disfarçou os medos e conversou gentilmente com o jovem, descobrindo o nome dele e o que ele fazia ali. Em seguida, fingindo estar muito satisfeito com o sobrinho, Pélias o recebeu com abundância luxuosa por cinco dias, ao longo dos quais tudo foi festa e regozijo. No sexto dia, Jasão apareceu diante do tio e, com firmeza viril, exigiu dele o trono e o reino que lhe pertenciam por direito. Pélias, dissimulando os verdadeiros sentimentos com um sorriso, consentiu em atender à demanda, desde que, em troca, Jasão realizasse uma expedição para ele, já que sua idade avançada o impedia de fazê-lo por conta própria. Informou o sobrinho de que o espectro de Frixo aparecera para ele em sonho, pedindo que trouxesse de volta da Cólquida seus restos mortais e o Velocino de Ouro. O tio acrescentou que, se Jasão conseguisse obter aquelas relíquias sagradas para ele, o trono, o reino e o cetro seriam seus.

HISTÓRIA DO VELOCINO DE OURO

Atamante, rei da Beócia, casou-se com Néfele, uma ninfa das nuvens, e seus filhos foram Hele e Frixo. A natureza inquieta e errante de Néfele, contudo, logo cansou o marido, um mortal que tinha pouca afeição pela consorte etérea; ele se divorciou dela e casou-se com a linda – porém perversa – Ino (irmã de Sêmele), que odiava os enteados e até mesmo planejou matá-los. Mas a vigilante Néfele conseguiu contornar esses desígnios cruéis e tirou os filhos do palácio. Depois, colocou-os nas costas de um carneiro alado, com um velocino de ouro puro que Hermes lhe havia dado. Nesse animal fantástico, irmão e irmã cavalgaram pelo ar, acima da terra e do mar, mas, no caminho, Hele, tomada por uma vertigem, caiu no mar (nomeado Helesponto graças a ela) e se afogou.

Frixo chegou à Cólquida em segurança, onde foi recebido de modo hospitaleiro pelo rei Eetes, que lhe deu uma das filhas em casamento. Em gratidão a Zeus pela proteção que lhe fora concedida durante a fuga, Frixo sacrificou a ele o carneiro de ouro; já o velocino, presenteou a Eetes, que o pregou no Bosque de Ares e o dedicou ao deus da guerra. Após um oráculo declarar que a vida de Eetes dependia da segurança do velocino, o rei guardou cuidadosamente a entrada do bosque colocando diante dele um imenso dragão, que nunca dormia.

CONSTRUÇÃO E PARTIDA DO ARGO

Retornaremos agora a Jasão, que avidamente empreendeu a perigosa expedição proposta pelo tio, o qual, bastante ciente dos perigos que acompanhariam o feito, esperava livrar-se para sempre do intruso indesejável.

Jasão começou a fazer seus planejamentos sem demora e convidou jovens heróis – com quem firmara amizade enquanto estava sob os cuidados de Quíron – para acompanhá-lo nessa expedição perigosa. Ninguém recusou o convite; todos se sentiram honrados por terem o privilégio de participar de uma empreitada tão nobre e heroica.

Jasão imediatamente recorreu a Argos, um dos construtores de navios mais espertos de seu tempo, que, sob a orientação de Palas Atena, construiu para ele uma galé de cinquenta remos nomeada *Argo*, em homenagem ao seu construtor. No convés superior da embarcação, a deusa embutira uma tábua feita do carvalho falante de Zeus em Dodona, que reteve seus poderes proféticos. O exterior do navio foi ornamentado com gravuras magníficas. Toda a embarcação era tão robusta que desafiava o poder dos ventos e das ondas e, não obstante, tão leve que os heróis, quando necessário, conseguiam carregá-la nos ombros. Quando a embarcação foi concluída, os argonautas (assim chamados por conta do navio) reuniram-se e suas posições foram aleatoriamente distribuídas.

Jasão foi designado capitão-mor da expedição, Tífis atuou como timoneiro, Linceu, como piloto. Na proa da embarcação, ficou o renomado herói Héracles; na popa, Peleu (pai de Aquiles) e Télamon (pai de Ájax, o Grande). No espaço interno, ficaram Castor e Pólux,

Neleu (pai de Nestor), Admeto (marido de Alceste), Meleagro (o matador do javali calidônio), Orfeu (o renomado cantor), Menécio (pai de Pátroclo), Teseu (futuro rei de Atenas) e seu amigo Pirítoo (filho de Íxion), Hilas (filho adotivo de Héracles), Eufemo (filho de Poseidon), Oileu (pai de Ájax, o Menor), Zetes e Calais (os filhos alados de Bóreas), Ídmon, o Vidente (filho de Apolo), Mopso (o profeta tessálio), e assim por diante.

Antes de partirem, Jasão ofereceu um sacrifício solene a Poseidon e a todas as outras divindades marítimas; também invocou a proteção de Zeus e das Parcas. Após Mopso consultar os áugures e concluir que estavam auspiciosos, os heróis embarcaram. Eis que surge uma brisa favorável, todos ocupam os lugares para os quais foram designados, a âncora é alçada e o navio desliza como um pássaro, saindo do porto em direção às águas do grande mar.

CHEGADA A LEMNOS

O *Argo*, com a corajosa tripulação de cinquenta heróis, logo ficou fora de alcance, e a brisa do mar apenas soprou para a costa o eco suave dos doces acordes de Orfeu.

Por um tempo, tudo correu perfeitamente, mas a tripulação logo foi levada pela pressão do clima a refugiar-se em um porto na ilha de Lemnos. Essa ilha era habitada apenas por mulheres, que, no ano anterior, em um acesso de louco ciúme, mataram toda a população masculina, exceto o pai de Hipsípile, sua rainha. Uma vez que a proteção da ilha recaía agora sobre os ombros delas, essas mulheres estavam sempre atentas ao perigo. Quando avistaram o *Argo* de longe, portanto, armaram-se e correram para a praia, determinadas a rechaçar qualquer invasão ao território.

Chegando ao porto, os argonautas, atônitos ao verem uma multidão de mulheres armadas, despacharam um arauto em um dos barcos, levando o cajado da paz e da amizade. Hipsípile, a rainha, propôs que alimentos e presentes fossem enviados aos estrangeiros, a fim de evitar que desembarcassem, mas a velha ama que a acompanhava sugeriu que aquela seria uma boa oportunidade para conseguirem maridos nobres, os quais poderiam agir como defensores e, assim, dar cabo dos medos constantes delas. Hipsípile escutou atentamente a advertência da ama e, após alguns aconselhamentos, decidiu convidar os estrangeiros para a cidade. Vestido com manto púrpura, presente de Palas Atena, Jasão, junto de alguns companheiros, desembarcou na praia, onde foi recebido por uma deputação composta pelas mais belas mulheres lemnianas e, na condição de comandante da expedição, foi convidado ao palácio da rainha.

Quando ele apareceu diante de Hipsípile, ela ficou tão impressionada com a presença divina e heroica de Jasão que o presenteou com o cetro do pai dela e convidou-o a sentar-se no trono ao seu lado. O rapaz logo fez morada no castelo real, enquanto seus companheiros se dispersaram pela cidade, passando o tempo com banquetes e prazeres. Apenas Héracles permaneceu a bordo com alguns camaradas escolhidos.

Dia após dia, o embarque foi adiado, e os argonautas, em sua nova vida de esbanjamento, quase esqueceram o objetivo da jornada, até que Héracles apareceu e enfim os relembrou do dever pelo qual embarcaram.

GIGANTES E DOLÍONES

Os argonautas prosseguiram viagem até que ventos contrários os levaram para uma ilha habitada pelos dolíones, cujo rei Cízico os recebeu com grande gentileza e hospitalidade. Os dolíones eram descendentes de Poseidon, que os protegia dos frequentes ataques dos formidáveis e ferozes vizinhos, os Gigantes nascidos da terra – monstros com seis braços.

Enquanto os companheiros participavam de um banquete oferecido pelo rei Cízico, Héracles, como de costume, ficara para trás a fim de guardar o navio e observou que aqueles gigantes estavam ocupados bloqueando o porto com rochas enormes. De imediato, percebeu o perigo e, atacando-os com flechas, conseguiu diminuir o número de monstros consideravelmente; depois, com a ajuda dos demais heróis, que enfim vieram ao seu auxílio, destruiu o restante de vez.

O *Argo* foi conduzido, então, para fora do porto e zarpou, mas, por conta de uma severa tempestade à noite, mais uma vez a tripulação foi levada de volta às margens dos amáveis dolíones. Contudo, infelizmente, devido à escuridão noturna, os habitantes não conseguiram reconhecer os antigos hóspedes e, confundindo-os com inimigos, passaram a atacá-los. Aqueles que tão recentemente haviam partido como amigos agora estavam envolvidos em um combate mortal; na batalha que se seguiu, o próprio Jasão perfurou o coração do amigo, o rei Cízico; os dolíones, privados de seu líder, fugiram para a cidade e fecharam os portões. Quando chegou a manhã e ambos os lados perceberam que haviam cometido um erro, encheram-se do mais profundo pesar e remorso; por três dias, os heróis ficaram com os dolíones celebrando os ritos fúnebres dos abatidos, com toda demonstração de luto e solenidade.

HÉRACLES É DEIXADO PARA TRÁS

Os argonautas zarparam de novo e, após uma viagem tempestuosa, chegaram à Mísia, onde foram recebidos com hospitalidade pelos habitantes, que lhes ofereceram banquetes abundantes e os encheram com suntuosas regalias.

Enquanto os amigos festejavam, Héracles não quis juntar-se a eles e foi até uma floresta procurar um abeto de que precisava para fazer um remo; seu filho adotivo Hilas sentiu falta dele e saiu para procurá-lo. Quando o jovem chegou a uma nascente na parte mais recôndita da floresta, uma ninfa da fonte impressionou-se tanto com a beleza do rapaz que o atraiu para baixo d'água, e ele nunca mais foi visto. Polifemo[72], um dos heróis e que por acaso também estava na floresta, ouviu os gritos de socorro de Hilas e, ao encontrar Héracles, informou-o do ocorrido. Eles imediatamente partiram em busca do jovem desaparecido, mas não encontraram vestígios dele; enquanto estavam empenhados na busca, o *Argo* zarpou, deixando-os para trás.

O navio percorrera certa distância antes que notassem a ausência de Héracles. Alguns heróis achavam que deveriam voltar para buscá--lo, outros desejavam continuar a jornada e, em meio à disputa, o deus do mar Glauco surgiu das ondas e lhes informou que era a vontade de Zeus que Héracles ficasse para trás, pois tinha outra missão a cumprir. Assim, os argonautas continuaram a viagem sem os companheiros e Héracles retornou a Argos, enquanto Polifemo permaneceu com os mísios, onde fundou uma cidade e se tornou rei de lá.

DISPUTA COM ÂMICO

Na manhã seguinte, o *Argo* chegou ao país dos bebrícios, cujo rei, Âmico, era um famoso pugilista e não permitia que nenhum estrangeiro deixasse suas praias sem antes medir forças com ele. Quando os heróis exigiram permissão para desembarcar, foram informados de que só poderiam fazê-lo se um deles se envolvesse em uma luta contra o rei. Pólux, o melhor pugilista da Grécia, foi escolhido como o campeão deles; ocorreu uma tremenda disputa que se provou fatal para Âmico, o qual até então saíra vitorioso de todos os embates semelhantes.

FINEU E AS HARPIAS

Os viajantes prosseguiram, então, para Bitínia, onde reinava Fineu, o rei-profeta velho e cego, filho de Agenor. Fineu fora punido pelos deuses com velhice prematura e cegueira por ter abusado do dom da profecia. Também era atormentado pelas Harpias, que lhe atacavam

[72] Não confundir com o ciclope de mesmo nome, filho de Poseidon (N. T.).

a comida em voos rasantes, devorando-a ou contaminando-a até torná-la incomível. Esse pobre velho, trêmulo pela fraqueza da idade e pálido de fome, apareceu diante dos argonautas e implorou ajuda contra suas algozes diabólicas. Diante disso, Zetes e Calais, os filhos alados de Bóreas, reconhecendo nele o marido de sua irmã Cleópatra, abraçaram-no afetuosamente e prometeram resgatá-lo de sua dolorosa posição.

Os heróis prepararam um banquete à beira-mar, para o qual convidaram Fineu; mal ele ocupara seu lugar e as Harpias apareceram e devoraram todas as iguarias. Zetes e Calais ergueram-se, espantaram as Harpias e foram persegui-las com as espadas desembainhadas, até que Íris, a mensageira de pés velozes dos deuses, apareceu e pediu que eles desistissem da vingança, prometendo que Fineu já não seria mais importunado.

Liberto enfim de suas algozes, o velho sentou-se e desfrutou de uma farta ceia com os argonautas, seus generosos amigos, que o informaram do objetivo da viagem. Em gratidão por ter sido liberto, Fineu forneceu-lhes muitas informações úteis sobre a jornada, e não somente os advertiu dos inúmeros perigos que os aguardavam, mas também os instruiu sobre como superá-los.

A PASSAGEM DAS SIMPLÉGADES

Após quinze dias de permanência na Bitínia, os argonautas zarparam novamente, mas tinham avançado pouco na rota quando ouviram um estrondo assustador. O barulho foi causado pelo encontro de duas grandes ilhas rochosas, chamadas Simplégades, que flutuavam no mar e constantemente se encontravam e depois se separavam.

Antes de partirem da Bitínia, o velho vidente cego os informara de que seriam obrigados a passar por essas terríveis rochas e os instruiu sobre como fazê-lo em segurança. Conforme se aproximavam da cena de perigo, lembraram-se do conselho e agiram de acordo com ele. Tífis, o timoneiro, permaneceu no leme, enquanto Eufemo segurava uma pomba pronta para ser solta, pois Fineu dissera-lhes que, se uma pomba se aventurasse a voar adiante, eles poderiam seguir em segurança. Assim, Eufemo despachou o pássaro, que passou ligeiro pelas ilhas, não sem perder algumas penas da cauda, de tão rápido que elas se juntaram. Aproveitando o momento em que as rochas se separaram novamente, os argonautas balançaram os remos com toda a força e realizaram a perigosa travessia em segurança.

Após a passagem milagrosa do *Argo*, as Simplégades uniram-se permanentemente e fixaram-se no fundo do mar.

AS AVES DO ESTÍNFALO

O *Argo* seguiu seu curso ao longo da costa meridional de Ponto e chegou à ilha de Arétias, habitada por pássaros que, ao voarem pelo ar, soltavam de suas asas penas afiadas como flechas.

Enquanto o navio deslizava, Oileu foi ferido por um daqueles pássaros; diante disso, os argonautas reuniram-se em conselho e, por orientação de Anfidamas, um herói experiente, todos colocaram os elmos e ergueram os escudos brilhantes, proferindo, ao mesmo tempo, gritos tão temerosos que os pássaros fugiram de medo e os argonautas puderam desembarcar em segurança na ilha.

Ali, encontraram quatro jovens náufragos que provaram ser os filhos de Frixo e foram recebidos por Jasão como primos. Ao descobrirem o objetivo da expedição, voluntariaram-se a acompanhar o *Argo* e mostrar aos heróis o caminho para a Cólquida. Também informaram que o Velocino de Ouro era guardado por um dragão aterrorizante e que o rei Eetes era extremamente cruel e tinha uma força sobre-humana, por ser filho de Apolo.

CHEGADA À CÓLQUIDA

Levando consigo os quatro recém-chegados, a tripulação continuou viagem e logo avistou os picos nevados do Cáucaso, até que, ao anoitecer, ouviram um estridente bater de asas vindo de cima. Era a águia gigante de Prometeu, a caminho para torturar o Titã nobre e permanentemente sofredor, cujos gemidos terríveis pouco depois chegaram aos ouvidos da tripulação. Naquela noite, chegaram ao fim da jornada e ancoraram nas águas tranquilas do rio Fásis[73]. Na margem esquerda desse rio, avistaram Ceuta, a capital da Cólquida e, na direita, um vasto campo e um bosque consagrado a Ares, onde o Velocino de Ouro, pendurado em um magnífico carvalho, brilhava ao sol. Jasão encheu uma taça dourada com vinho e ofereceu uma libação à mãe-terra, aos deuses do país e aos espectros daqueles heróis que morreram na viagem.

Na manhã seguinte, o conselho então formado decidiu que, antes de recorrer a medidas violentas, propostas gentis e conciliatórias seriam feitas para o rei Eetes, a fim de induzi-lo a abrir mão do Velocino de Ouro. Ficou combinado que Jasão, com alguns seletos companheiros, seguiria para o castelo real, deixando o restante da tripulação esperando no *Argo*. Acompanhado, portanto, de Télamon, Augias e os quatro filhos de Frixo, o herói partiu em direção ao palácio.

Ao avistarem o castelo, ficaram impressionados com a vastidão e a solidez do edifício, em cuja entrada fontes cintilantes jorravam em meio a jardins luxuriantes, parecidos com um parque. Aqui, as filhas do rei, Calcíope e Medeia, estavam caminhando pelos jardins do palácio e os encontraram. Com grande alegria, a primeira reconheceu, nos jovens que acompanhavam o herói, os filhos havia muito perdidos e que ela já havia dado como mortos. A jovem e bela Medeia, por outro lado, ficou impressionada com a forma nobre e viril de Jasão.

73 Atual rio Rioni (N. T.).

A notícia do retorno dos filhos de Frixo logo se espalhou pelo palácio e trouxe o próprio Eetes ao local onde eles estavam; em seguida, os estrangeiros foram-lhe apresentados e convidados para um banquete, preparado por ordens do rei em homenagem a eles. Todas as damas mais belas da corte estavam presentes na festa, mas, aos olhos de Jasão, nenhuma se comparava à filha do rei, a jovem e adorável Medeia.

Quando o banquete terminou, Jasão relatou a Eetes suas várias aventuras, bem como o objetivo de sua expedição, com os motivos que o levaram a empreendê-la. O rei ouviu o relato indignado, mas em silêncio, e, em seguida, vociferou uma torrente de invectivas contra os argonautas e os netos, declarando que o Velocino de Ouro era sua propriedade por direito e que em hipótese alguma aceitaria renunciá-lo. Jasão, no entanto, com palavras amenas e persuasivas, conseguiu acalmá-lo de tal modo que ele foi induzido a prometer que, se os heróis conseguissem demonstrar a origem divina do objeto pela realização de alguma tarefa que exigisse poder sobre-humano, o Velocino seria deles.

A tarefa proposta por Eetes a Jasão foi atrelar, ao pesado arado de ferro do herói, os dois bois do rei (feitos por Hefesto), os quais tinham cascos de bronze e cuspiam fogo. Após fazer isso, o rapaz deveria arar o campo pedregoso de Ares com eles e, em seguida, semear nos sulcos os dentes venenosos de um dragão, dos quais homens armados surgiriam. Jasão deveria destruí-los – caso contrário, pereceria nas mãos deles.

Quando Jasão ouviu o que o esperava, ficou com o coração apertado por um momento; não obstante, decidiu confiar na assistência dos deuses e na sua própria coragem e energia e não hesitar diante da tarefa.

JASON ARA O CAMPO DE ARES

Acompanhado de dois amigos, Télamon e Augias, e também de Argos, o filho de Calcíope, Jasão retornou à embarcação com o objetivo de receber conselhos sobre os melhores meios de cumprir aquelas perigosas façanhas.

Argos explicou a Jasão todas as dificuldades da tarefa sobre-humana que estava diante dele e opinou que o único meio de viabilizar o sucesso era recorrer à ajuda da princesa Medeia, que era uma sacerdotisa de Hécate e uma grande feiticeira. Aprovada sua sugestão, o herói voltou ao palácio e, com o auxílio de sua mãe, foi marcado um encontro entre Jasão e Medeia nas primeiras horas da manhã seguinte, no templo de Hécate.

Eles confessaram os sentimentos que tinham um pelo outro, e Medeia, temendo pela segurança do amado, presenteou-o com um unguento mágico que tinha a propriedade de tornar qualquer pessoa ungida com ele invulnerável contra o fogo e o aço pelo período de um dia, bem como invencível contra qualquer adversário, por mais poderoso que fosse. Com esse unguento, ela o instruiu a ungir a lança e o escudo no dia da grande empreitada. Também acrescentou que, no momento em que os homens armados surgissem dos sulcos depois que arasse o campo e semeasse os dentes, Jasão não deveria esmorecer em hipótese alguma e deveria jogar entre eles uma enorme pedra, pois isso faria os homens lutarem entre si pela posse dela e, assim, conseguindo desviar a atenção deles, destruí-los se tornaria uma tarefa fácil. Jasão agradeceu sinceramente a Medeia pelos sábios conselhos e pela ajuda oportuna; ao mesmo tempo, pediu sua mão em casamento e prometeu que não voltaria à Grécia sem levá-la consigo como esposa.

Na manhã seguinte, Eetes, com toda a pompa e circunstância, cercado pela família e pelos membros da corte, dirigiu-se a um local de onde pudesse obter uma visão completa do espetáculo que se aproximava. Sem demora, Jasão surgiu no campo de Ares e parecia tão nobre e majestoso como o próprio deus da guerra. Em uma parte distante do campo, avistou os jugos de bronze e o arado maciço, mas os animais pavorosos ainda não estavam à vista em lugar algum. O herói estava prestes a ir em busca dos bois quando, subitamente, eles saíram de uma caverna subterrânea respirando chamas de fogo e envoltos em densa fumaça.

Os amigos de Jasão tremeram, mas o herói intrépido, confiando nos poderes mágicos com os quais fora imbuído por Medeia, agarrou os bois pelos chifres, um após o outro, e forçou-os a colocar o jugo. Perto do arado, havia um elmo cheio de dentes de dragão que ele semeou conforme arava o campo, ao passo que, com as pontas afiadas da lança, forçava as criaturas monstruosas a puxarem o arado pelo solo pedregoso, que rapidamente foi lavrado.

Enquanto estava ocupado semeando os dentes de dragão nos sulcos profundos do campo, Jasão mantinha-se atento, com receio de que o bando de gigantes em germinação brotasse rápido demais. Assim que os quatro acres de terra foram lavrados, o herói desatrelou os bois e conseguiu assustá-los com tanta eficiência, usando suas armas, que ambos correram aterrorizados de volta para os estábulos subterrâneos. Nesse meio-tempo, homens armados surgiram dos sulcos, e todo o campo estava agora eriçado com lanças. Entretanto, Jasão, lembrando-se das instruções de Medeia, agarrou uma imensa pedra e atirou-a no meio dos guerreiros nascidos da terra, que imediatamente começaram a se atacar. O rapaz correu, então, furiosamente na direção deles e, após uma luta terrível, nenhum dos gigantes permaneceu vivo.

Irado ao ver que seus esquemas assassinos haviam sido derrotados, Eetes não só se recusou, de modo pérfido, a dar a Jasão o Velocino que tão bravamente conquistara, como também, em um ato de raiva, decidiu destruir todos os argonautas e queimar a embarcação deles.

JASÃO OBTÉM O VELOCINO DE OURO

Ao tomar conhecimento dos desígnios traiçoeiros do pai, Medeia imediatamente começou a agir para frustrá-los. Na escuridão da noite, ela subiu a bordo do *Argo* e alertou os heróis sobre o perigo iminente. Depois, aconselhou Jasão a acompanhá-la sem demora para o bosque sagrado, a fim de tomar posse do tesouro havia muito cobiçado. Os dois partiram juntos: Medeia, seguida por Jasão, mostrou o caminho e avançou corajosa pelo bosque. O alto carvalho logo foi encontrado e, de seus galhos mais elevados, pendia o belo Velocino de Ouro. Ao pé da árvore, mantendo a guarda sempre vigilante, jazia o temível e insone dragão, o qual, ao avistá-los, saltou adiante, abrindo as enormes mandíbulas.

Nessa hora, Medeia colocou em prática seus poderes mágicos e, aproximando-se silenciosamente do monstro, lançou sobre ele algumas gotas de uma poção que logo fez efeito e colocou-o em um sono profundo; diante disso, Jasão, aproveitando a oportunidade, subiu na árvore e obteve o Velocino. Tendo finalmente cumprido aquela tarefa perigosa, o herói e Medeia saíram do bosque e apressaram-se para embarcar no *Argo*, que imediatamente zarpou na direção do mar.

O ASSASSINATO DE ABSIRTO

Ao descobrir que havia perdido a filha e o Velocino de Ouro, Eetes despachou uma grande frota, sob os comandos do filho Absirto, em busca dos fugitivos. Após alguns dias de navegação, chegaram a uma ilha na foz do rio Ister, onde encontraram o *Argo* ancorado e cercaram-no com numerosos navios. Despacharam, então, um arauto a bordo do *Argo*, exigindo que a outra tripulação entregasse Medeia e o Velocino.

Medeia consultou Jasão e, com o consentimento dele, executou o seguinte estratagema: ela enviou um mensageiro ao irmão afirmando que fora levada contra sua vontade e prometendo que, se ele fosse encontrá-la na calada da noite, no templo de Ártemis, ela o ajudaria a recuperar a posse do Velocino de Ouro. Confiando na boa-fé da irmã, Absirto caiu na armadilha e compareceu ao encontro marcado; enquanto Medeia mantinha o irmão distraído com a conversa, Jasão correu em direção a ele e o matou. Em seguida, ergueu uma tocha acesa, um sinal já previamente combinado entre eles e a tripulação. Diante disso, os argonautas atacaram os habitantes da Cólquida e colocaram-nos para correr, derrotando-os de vez.

Ao voltarem para o navio, a tábua profética do carvalho de Dodona dirigiu-se aos argonautas do seguinte modo: "O cruel assassinato de Absirto foi testemunhado pelas Erínias, e vocês não escaparão da ira de Zeus até que a deusa Circe os purifique desse crime. Deixem Castor e Pólux orarem aos deuses para que possam encontrar a morada da feiticeira". Em obediência à voz, os irmãos gêmeos invocaram a assistência divina e os heróis partiram em busca da ilha de Circe.

ELES CHEGAM À ILHA DE CIRCE

O bom navio *Argo* seguiu caminho e, após passar em segurança pelas águas espumantes do rio Erídano, finalmente chegou ao porto da ilha de Circe, onde lançou âncora.

Ordenando aos companheiros que permanecessem a bordo, Jasão desembarcou com Medeia e levou-a para o palácio da feiticeira. A deusa dos encantos e das artes mágicas os recebeu gentilmente e os convidou para se sentarem. Em vez de fazê-lo, porém, eles se ajoelharam em súplica e humildemente rogaram por proteção. Informaram-na, então, do terrível crime que haviam cometido e imploraram a ela que os purificasse daquele ato. Circe prometeu que assim o faria. Sem demora, mandou as ajudantes Náiades acenderem o fogo do altar e prepararem tudo o que fosse necessário para a realização dos rituais místicos, após os quais um cachorro foi sacrificado e bolos sagrados foram queimados. Depois de ter purificado devidamente os criminosos, ela os repreendeu com severidade pelo horrível assassinato do qual eram culpados, e Medeia, com a cabeça coberta e chorando amargamente, foi reconduzida ao *Argo* por Jasão.

OUTRAS AVENTURAS DOS ARGONAUTAS

Após deixarem a ilha de Circe, sentiram os sopros de suaves zéfiros em direção à morada das sereias, cujos sons sedutores logo lhes alcançaram os ouvidos. Os argonautas, muito afetados pela melodia, preparavam-se para desembarcar quando Orfeu percebeu o perigo e, com sua lira mágica, deu início a uma de suas deslumbrantes canções. A música deixou os ouvintes tão absortos que eles passaram pela ilha em segurança, não antes, porém, de Butes – um dos membros da tripulação, que foi atraído pela música sedutora das sereias – ter saltado do navio na direção das ondas. Afrodite, no entanto, com pena por ele ser um jovem de pouca idade, levou-o suavemente até a ilha de Libibaon antes que as sereias o alcançassem, e lá ele permaneceu por muitos anos.

Agora, os argonautas aproximavam-se de novos perigos, pois, de um lado, fervilhava e espumava o redemoinho de Caríbdis, enquanto, do outro, erguia-se a poderosa rocha de onde o monstro Cila caía sobre os marinheiros desafortunados. Ali, porém, a deusa Hera veio ao auxílio deles e enviou-lhes a ninfa do mar Tétis, que os guiou em segurança ao longo desses estreitos perigosos.

O *Argo* chegou em seguida à ilha dos feácios, onde foram recebidos com hospitalidade pelo rei Alcínoo e a rainha Arete. Mas o banquete preparado pelo gentil anfitrião foi inesperadamente interrompido pela aparição de um grande exército de cólquidos, enviados por Eetes para exigir a restauração de sua filha.

Medeia atirou-se aos pés da rainha e implorou-lhe que a salvasse da ira de seu pai e Arete, de coração bondoso, prometeu protegê-la. Na manhã seguinte, em uma assembleia do povo na qual os cólquidos foram convidados a comparecer, eles foram informados de que

Medeia era a esposa legítima de Jasão, logo não poderiam consentir em entregá-la. Os cólquidos, vendo que a resolução do rei era inegociável – e temendo encarar a ira de Eetes caso voltassem para a Cólquida sem ela –, pediram permissão para se instalarem no reino de Alcínoo, e o pedido lhes foi concedido.

Após esses eventos, os argonautas novamente zarparam e dirigiram-se para Iolco; porém, em meio a uma noite terrível e assustadora, houve uma forte tempestade e, pela manhã, eles se viram encalhados nas traiçoeiras areias movediças de Sirte, nas margens da Líbia. Ali, tudo era deserto, árido e isolado, sem um único ser vivo, exceto as cobras venenosas que brotaram do sangue da Medusa quando ela foi levada por Perseu àquelas planícies áridas.

Eles já haviam passado vários dias naquele lugar solitário, sob os raios do sol escaldante, e estavam se entregando ao mais profundo desespero quando a rainha da Líbia, uma profetisa de origem divina, apareceu a Jasão e lhe informou que um cavalo-marinho seria enviado pelos deuses para servir-lhes de guia.

Mal ela partira e um gigantesco hipocampo foi visto a distância, indo em direção ao *Argo*. Jasão relatou aos companheiros os detalhes do encontro que tivera com a profetisa da Líbia, e, após alguma deliberação, eles decidiram carregar o *Argo* nos ombros e seguir para onde o cavalo-marinho os levasse. Começaram, então, uma longa e cansativa jornada pelo deserto até que, enfim, após doze dias de trabalho duro e sofrimento terrível, foram agraciados com a vista acolhedora do mar. Gratos por terem sido salvos dos múltiplos perigos pelos quais passaram, eles ofereceram sacrifícios aos deuses e lançaram o navio mais uma vez nas águas profundas do oceano.

CHEGADA A CRETA

Com sincera alegria e regozijo, eles continuaram viagem de regresso e, após alguns dias, chegaram à ilha de Creta, onde pretendiam abastecer o navio com água e provisões frescas. Tiveram o desembarque impedido, no entanto, por um gigante terrível que guardava a ilha contra todos os intrusos. Esse gigante, cujo nome era Talo, era o último da raça brônzea; feito de bronze, era, assim, invulnerável, exceto pelo calcanhar direito, constituído por um tendão de carne e uma veia de sangue. Assim que viu o *Argo* aproximando-se da costa, arremessou grandes rochas na direção do navio. Elas inevitavelmente o teriam afundado se a tripulação não tivesse feito uma rápida retirada. Embora deploravelmente necessitados de água e comida, os argonautas haviam decidido continuar a jornada em vez de encarar um oponente tão poderoso quando Medeia se adiantou e assegurou-lhes que, se confiassem nela, ela destruiria o gigante.

Envolta nas dobras de um rico manto púrpura, a moça pisou no convés e, após invocar a ajuda das Parcas, proferiu um encantamento mágico que lançou Talo em sono profundo. Ele se estatelou todo no chão e, ao fazê-lo, raspou o calcanhar vulnerável na ponta de uma pedra afiada, imediatamente fazendo jorrar da ferida um grande fluxo de sangue. Acordado pela dor, tentou se levantar, mas em vão, e, com um poderoso gemido de dor, o gigante caiu morto, seu corpo enorme rolando duro na direção das profundezas. Agora que podiam desembarcar, os heróis abasteceram o navio e, em seguida, retomaram a viagem de volta para casa.

CHEGADA A IOLCO

Após uma noite terrível de tempestade e escuridão, eles passaram pela ilha de Egina e, finalmente, chegaram em segurança ao porto de Iolco, onde seus compatriotas ouviram, com uma admiração maravilhada, o relato das inúmeras aventuras e das situações de que escaparam por um fio.

O *Argo* foi consagrado a Poseidon e cuidadosamente preservado por muitas gerações até que não lhe restasse nenhum vestígio, caso em que foi colocado nos céus como uma brilhante constelação.

Ao chegar a Iolco, Jasão conduziu a linda noiva ao palácio do tio Pélias levando consigo o Velocino de Ouro, motivo pelo qual a perigosa expedição fora realizada. Mas o velho rei, que jamais esperava que Jasão voltasse vivo, recusou-se, vil, a cumprir sua parte no pacto e não quis abdicar do trono.

Indignada com as injustiças contra o marido, Medeia vingou-se de um modo extremamente chocante. Fez amizade com as filhas do rei e fingiu ter grande interesse em todas as preocupações delas. Ao ganhar-lhes a confiança, informou-as de que, entre as numerosas artes mágicas que tinha, estava o dom de devolver aos idosos todo o vigor e a força de sua juventude; a fim de dar uma prova convincente da veracidade dessa afirmação, esquartejou um velho carneiro, cozinhando-o em um caldeirão, e, após proferir vários encantamentos místicos, um belo cordeiro saiu do recipiente. Medeia assegurou-lhes, então, que, de modo similar, poderiam devolver ao velho pai sua forma e seu vigor antigos e juvenis. As filhas crédulas e afetuosas de Pélias deram ouvidos à feiticeira perversa com muita atenção e, assim, o velho rei pereceu nas mãos das filhas inocentes.

MORTE DE JASÃO

Medeia e Jasão fugiram para Corinto, e por um tempo finalmente tiveram paz e tranquilidade. O nascimento de três filhos completou a felicidade do casal.

No entanto, com o passar do tempo, Medeia começou a perder a beleza que conquistara o amor do marido e Jasão cansou-se dela, passando a sentir-se atraído pelos encantos de Glauce, a bela filha de Creonte, rei de Corinto. Jasão obtivera o consentimento do pai dela para a união de ambos – e o dia do casamento já estava marcado – antes de revelar a Medeia a traição. Usou todos os poderes persuasivos de que dispunha para convencê-la a aceitar sua união com Glauce, assegurando-lhe que o afeto sentido por ela não diminuíra de forma alguma, mas que decidira firmar a aliança com a casa real, pelas vantagens que os filhos teriam a partir disso. Embora enfurecida, com razão, pela conduta enganosa dele, Medeia dissimulou sua ira e, fingindo estar satisfeita com a explicação, enviou à rival, como presente de casamento, um magnífico manto de tecido de ouro. O manto estava impregnado de um veneno mortal que penetrava na carne e nos ossos de quem o usasse, queimando como um fogo consumidor. Satisfeita com a beleza e suntuosidade da roupa, a desavisada Glauce não perdeu tempo e a vestiu, mas, assim que o fez, o veneno começou a fazer efeito. Tentou em vão rasgar o manto, mas nem o maior esforço do mundo poderia removê-lo; após agonizar por longo tempo, finalmente ela deu o último suspiro.

Enlouquecida por perder o amor do marido, Medeia matou em seguida os três filhos. Quando Jasão, sedento de vingança, deixou o quarto da noiva morta e correu para casa em busca de Medeia, deparou-se com o espetáculo medonho de seus filhos assassinados. Ele correu freneticamente, procurando a assassina, mas não conseguiu encontrá-la em lugar algum. Por fim, ouvindo um som acima de sua cabeça, olhou para cima e avistou Medeia planando no ar em uma carruagem de ouro puxada por dragões.

Em um acesso de desespero, Jasão jogou-se na própria espada e pereceu no umbral de sua casa desolada e deserta.

PÉLOPE

Pélope, filho do cruel Tântalo, foi um príncipe piedoso e virtuoso. Depois que seu pai foi banido para o Tártaro, ocorreu uma guerra entre Pélope e o rei de Troia. Pélope foi derrotado e forçado a fugir dos próprios domínios na Frígia. Ele emigrou para a Grécia, onde, na corte de Enômao, rei da Élida, viu Hipodâmia, a filha do rei, cuja beleza conquistou-lhe o coração. Porém, como um oráculo previra que Enômao morreria no dia do casamento da moça, o rei colocava todos os obstáculos possíveis no caminho dos pretendentes, declarando que daria a filha apenas àquele que conseguisse derrotá-lo em uma corrida de carruagem, mas que todos os competidores malsucedidos deveriam ser mortos pelas suas mãos.

As condições da competição eram as seguintes:

A corrida seria disputada de um determinado ponto de Pisa até o altar de Poseidon em Corinto; ao pretendente era permitido começar o percurso enquanto Enômao fazia o sacrifício a Zeus; só depois de concluí-lo é que o rei montava na carruagem, guiada pelo habilidoso Mirtilo e puxada pelas duas éguas famosas, Psila e Harpina, que superavam a velocidade dos próprios ventos. Muitos príncipes jovens e destemidos pereceram assim, pois, embora uma larga vantagem fosse dada a todos os competidores, Enômao, com sua parelha veloz, ainda assim sempre os ultrapassava antes de alcançarem a meta, matando-os, então, com sua lança. Mas o amor de Pélope por Hipodâmia superou qualquer medo; sem se deixar abater pelo destino terrível de seus predecessores, apresentou-se a Enômao como um pretendente que buscava a mão da filha do rei.

Na véspera da corrida, Pélope dirigiu-se à beira do mar e implorou fervorosamente a Poseidon que o ajudasse na sua empreitada perigosa. O deus-mar ouviu a oração e enviou diretamente das profundezas uma carruagem puxada por dois cavalos alados.

Quando Pélope apareceu no caminho, o rei imediatamente reconheceu os cavalos de Poseidon, mas, nem um pouco intimidado, confiou na própria parelha sobrenatural, e a competição foi autorizada a prosseguir.

Enquanto o rei fazia o sacrifício a Zeus, Pélope deu início à corrida e já havia quase alcançado seu destino quando, virando-se, avistou Enômao com a lança na mão, quase o ultrapassando com seus corcéis mágicos. Mas, diante dessa emergência, Poseidon veio em auxílio do filho de Tântalo e fez as rodas da carruagem real perderem o controle e, com isso, o rei foi arremessado violentamente e morto no local, no exato momento em que Pélope chegou ao altar de Poseidon.

Quando o herói estava prestes a voltar a Pisa para reivindicar sua noiva, avistou, ao longe, chamas saindo do castelo real, que, naquele momento, havia sido atingido por um raio. Com os cavalos alados, ele voou para resgatar a adorável noiva e conseguiu tirá-la ilesa do edifício em chamas. Eles se uniram logo em seguida, e Pélope reinou em Pisa por muitos anos com grande esplendor.

HÉRACLES (Hércules)

Héracles, o herói mais renomado da antiguidade, era filho de Zeus e Alcmena e bisneto de Perseu.

Na ocasião do nascimento do menino, Alcmena estava vivendo em Tebas com o marido Anfitrião e, desse modo, o infante Héracles nasceu no palácio do padrasto.

Ciente da animosidade com que Hera perseguia todas aquelas que a rivalizavam no âmbito dos afetos de Zeus e temerosa de que esse ódio recaísse sobre seu filho inocente, Alcmena confiou-o, logo após o nascimento, aos cuidados de uma serva fiel, com instruções para levá-lo a um certo campo e lá deixá-lo, certa de que o descendente divino de Zeus não ficaria sem a proteção dos deuses por muito tempo.

Logo após a criança ter sido abandonada, Hera e Palas Atena passaram por acaso no campo e ouviram um choro de criança. Atena piedosamente pegou o infante nos braços e convenceu a rainha do céu a dar-lhe de mamar, mas, assim que o fez, Hera jogou a criança no chão com raiva por ela ter lhe causado dor e deixou o local. Atena, movida pela compaixão, levou-o para Alcmena e suplicou seus gentis ofícios em favor do pobre enjeitado. Alcmena imediatamente reconheceu o filho e aceitou com alegria a incumbência.

Logo em seguida, Hera descobriu, com grande aborrecimento, quem era o bebê que ela amamentara e encheu-se de raiva e ciúmes. Enviou, então, duas cobras venenosas para os aposentos de Alcmena, que rastejaram até o berço da criança adormecida sem que as amas percebessem. Ele acordou com um grito e, agarrando uma cobra em cada mão, estrangulou ambas. Alcmena e suas ajudantes, acordadas pelo choro da criança, correram para o berço onde, com espanto e terror, viram os dois répteis mortos nas mãos do pequeno Héracles. Por conta do alvoroço, Anfitrião também foi atraído para o cômodo e, quando avistou aquela espantosa prova de força sobrenatural, declarou que a criança deveria ser enviada como um presente especial a Zeus. Consultou, então, o famoso vidente Tirésias, que o informou da origem divina do enteado e prognosticou-lhe um futuro grande e distinto.

Quando Anfitrião soube como seria o nobre destino que aguardava a criança confiada aos seus cuidados, resolveu educá-la de uma maneira que fizesse jus à sua trajetória futura. Quando o menino atingiu idade adequada, o próprio padrasto ensinou Héracles a conduzir uma carruagem; Eurito lhe ensinou o manuseio do arco; Autólico, a destreza na luta livre e no pugilismo; Castor, a arte da luta armada, e Lino, filho de Apolo, o instruiu na música e nas letras.

Héracles era um pupilo apto, mas seu espírito elevado não tolerava severidade desmedida. O velho Lino, que não era o mais gentil dos professores, um dia o corrigiu com pancada. Por causa disso, o menino pegou a própria lira com muita raiva e, com um golpe de seu braço poderoso, matou o tutor no local.

Com receio de que o temperamento incontrolável do rapaz pudesse levá-lo novamente a atos de violência parecidos, Anfitrião o enviou para o campo, onde Héracles ficou aos encargos de um dos pastores mais confiáveis. Ali, à medida que crescia para a vida adulta, sua força e estatura extraordinárias tornaram-se a surpresa e a admiração de todos os espectadores. Sua pontaria era certeira, fosse com o arpão, fosse com a lança ou com o arco, e, aos dezoito anos, ele era considerado o rapaz mais forte e mais belo de toda a Grécia.

A ESCOLHA DE HÉRACLES

Héracles sentiu que chegara a hora em que precisava decidir por si próprio como usar os poderes extraordinários com os quais fora abençoado pelos deuses; para refletir em solidão sobre esse assunto tão importante, dirigiu-se a um local isolado e recluso no coração da floresta.

Ali, duas fêmeas de grande beleza apareceram diante dele. Uma era Vício, e a outra, Virtude. Vício era cheia de estratagemas artificiais e artes fascinantes, e tinha o rosto maquiado e o vestido vistoso e atraente; já Virtude era de porte nobre e semblante modesto, e usava vestes de uma pureza imaculada.

Vício deu um passo à frente e dirigiu-se a ele do seguinte modo: "Se você andar pelos meus caminhos e fizer de mim sua amiga, sua vida será um ciclo de prazer e satisfação. Provará todas as delícias encontradas na terra; as iguarias mais seletas, os vinhos mais deliciosos e os sofás mais luxuriantes estarão sempre à sua disposição; e tudo isso sem esforço algum de sua parte, seja físico, seja mental".

Virtude, por sua vez, falava: "Se você me seguir e for meu amigo, prometo-lhe a recompensa de uma boa consciência e o amor e respeito de seus semelhantes. Não posso prometer que vá fazer seu caminho um mar de rosas ou dar-lhe uma vida de ociosidade e prazer, pois você deve saber que os deuses não concedem nada bom e desejável que não seja conquistado pelo trabalho; você colhe o que semeia".

Héracles ouviu atenta e pacientemente ambas as oradoras; em seguida, após uma deliberação madura, decidiu seguir os caminhos da Virtude e, dali em diante, honrar os deuses e devotar sua vida ao serviço de seu país.

Cheio dessas resoluções nobres, procurou mais uma vez sua casa de campo, onde foi informado de que, no Monte Citéron, em cujo sopé os rebanhos de Anfitrião pastavam, um leão feroz fixara covil e estava causando devastações tão terríveis entre rebanhos e manadas que se tornou o flagelo e o terror de toda a vizinhança. Héracles imediatamente se armou e subiu a montanha, onde logo avistou o leão e, investindo com a espada contra ele, conseguiu matá-lo. Passou a usar a pele do animal sempre nos ombros, e a cabeça servia-lhe de elmo.

Ao regressar dessa que tinha sido sua primeira façanha, encontrou os arautos de Ergino, rei dos mínios, que se dirigiam a Tebas para exigir o tributo anual de cem bois. Indignado pela humilhação da cidade natal, Héracles mutilou os arautos e os enviou de volta com cordas ao redor do pescoço para seu mestre real.

Ergino ficou tão revoltado pelos maus-tratos que sofreram seus mensageiros que reuniu um exército e apareceu diante dos portões de Tebas, exigindo a rendição de Héracles. Creonte, que era o rei da cidade naquela época, temendo as consequências de uma recusa, estava prestes a ceder, quando o herói, com a ajuda de Anfitrião e de um bando de rapazes valentes, avançou contra os mínios.

Héracles apoderou-se de um estreito desfiladeiro através do qual o inimigo era obrigado a passar; assim que os mínios entraram na passagem, os tebanos caíram sobre eles, mataram o rei Ergino e os derrotaram completamente. Nesse embate, Anfitrião, amigo gentil e pai adotivo de Héracles, perdeu a vida. O herói avançou, então, sobre Orcômeno, a capital dos mínios, onde queimou o castelo real e saqueou a cidade.

Após essa vitória notável, toda a Grécia vibrou com a fama do jovem herói, e Creonte, em gratidão pelos grandes serviços de Héracles, concedeu-lhe a filha Mégara em casamento. Os deuses olímpicos provaram que conheciam o valor dele mandando-lhe presentes: Hermes deu-lhe uma espada; Febo Apolo, um conjunto de flechas; Hefesto, uma aljava dourada; e Atena, um casaco de couro.

HÉRACLES E EURISTEU

Agora será necessário dar alguns passos para trás. Pouco antes do nascimento de Héracles, Zeus, em uma assembleia dos deuses, declarou, exultante, que a criança da casa de Perseu que nasceria naquele dia governaria toda a sua raça. Quando Hera ouviu o anúncio prepotente de seu senhor, sabia muito bem que era para o filho da odiada Alcmena que esse destino brilhante fora projetado; para roubar os direitos do filho de sua rival, ela chamou para auxiliá-la a deusa Ilítia, que retardou o nascimento de Héracles e fez com que o primo dele, Euristeu (outro neto de Perseu), o precedesse no mundo. Assim, como a palavra do poderoso Zeus era irrevogável, Héracles tornou-se súdito e servo de Euristeu.

Após a esplêndida vitória de Héracles sobre Ergino, quando a fama do herói se espalhou por toda a Grécia, Euristeu (que se tornara rei de Micenas), com inveja da reputação do jovem herói, reivindicou os direitos e ordenou que este realizasse várias tarefas difíceis para ele, mas o espírito altivo do herói se rebelou contra a humilhação. Ele estava prestes a recusar a submissão, quando Zeus apareceu para ele e ordenou que não se rebelasse contra as Parcas. Héracles dirigiu-se, então, a Delfos para consultar o oráculo e recebeu a resposta de que, após cumprir dez tarefas para o primo Euristeu, sua servidão terminaria.

Logo em seguida, Héracles caiu em um estado de profunda melancolia e, por influência de sua inveterada inimiga, a deusa Hera, esse desânimo se transformou em uma loucura delirante, condição em que matou os próprios filhos. Quando finalmente recuperou a razão, ficou tão horrorizado e aflito com o que havia feito que se trancou no quarto e evitou qualquer convívio com os homens. Mas, na sua solidão e reclusão, a certeza de que o trabalho seria o melhor meio de conseguir esquecer o passado o fez dar início às tarefas que Euristeu lhe designara.

1. O Leão de Nemeia

Sua primeira tarefa foi trazer a Euristeu a pele do tão temido leão de Nemeia, que assolava o território entre Cleonas e Nemeia e cuja pele era à prova de qualquer arma mortal.

Heracles seguiu para a floresta de Nemeia, onde, após descobrir o covil do leão, tentou perfurá-lo com flechas; vendo, porém, que eram inúteis, o herói derrubou-o no chão com a clava e, antes que o animal tivesse tempo de se recuperar do terrível golpe, Héracles o agarrou pelo pescoço e, com grande esforço, conseguiu estrangulá-lo. Fez, então, uma armadura com a pele e um novo elmo com a cabeça do animal. Vestido assim, assustou Euristeu ao aparecer subitamente na frente dele, de tal modo que o rei se escondeu no palácio e, dali em diante, proibiu Héracles de ficar em sua presença, ordenando que o primo passasse a receber as ordens futuras por meio do mensageiro Copreu.

2. A Hidra

Sua segunda tarefa era matar a Hidra, uma serpente monstruosa (prole de Tifão e Equidna) e eriçada com nove cabeças – uma das quais era imortal. Esse monstro infestou a região de Lerna, onde cometeu grandes depredações entre os rebanhos.

Héracles, acompanhado do sobrinho Iolau, partiu em uma carruagem para o pântano de Lerna, em cujas águas viscosas a encontrou. Ele começou a investida atacando-a com as ferozes flechas, a fim de forçá-la a sair de seu covil. A Hidra finalmente emergiu de lá para buscar refúgio em um bosque de uma colina vizinha. Héracles avançou e lutou para esmagar as cabeças dela por meio de golpes bem direcionados com sua tremenda clava, mas, assim que uma cabeça era destruída, imediatamente era substituída por outras duas. Em seguida, o herói agarrou o monstro com seu poderoso aperto, mas um caranguejo gigante veio ajudar a Hidra e começou a morder os pés do agressor. Héracles destruiu esse novo adversário com a clava e, então, chamou o sobrinho para ajudá-lo. Ao seu comando, Iolau incendiou as árvores próximas e, com um galho em chamas, cauterizou os pescoços do monstro enquanto Héracles os cortava, impedindo de vez o crescimento de outras cabeças. Depois, Héracles arrancou a cabeça imortal, enterrando-a à beira da estrada e colocando uma pedra pesada sobre ela. No sangue venenoso do monstro, ele mergulhou as flechas, que mais tarde tornariam incuráveis todas as feridas infligidas por elas.

3. A corça de chifres

O terceiro trabalho de Héracles foi levar, ainda viva, a corça de chifres de Cerínia para Micenas. Esse animal era sagrado para Ártemis e tinha chifres de ouro e cascos de bronze.

Não querendo ferir a corça, Héracles a perseguiu com paciência por muitas regiões ao longo de um ano inteiro até que finalmente a alcançou nas margens do rio Ladão; mesmo ali, porém, foi obrigado a feri-la com uma das flechas, para conseguir prendê-la; depois disso, ergueu-a nos ombros e carregou-a pela Arcádia. No caminho, encontrou Ártemis com Febo Apolo, irmão dela, ocasião em que a deusa o repreendeu, com raiva, por ter ferido sua corça favorita; Héracles, porém, conseguiu aplacar o descontentamento da divindade, e ela acabou permitindo que ele levasse o animal vivo para Micenas.

4. O javali de Erimanto

A quarta tarefa imposta a Héracles por Euristeu era trazer para Micenas o javali de Erimanto, vivo. O animal devastara a região de Erimanto e era o flagelo das regiões vizinhas.

No caminho para lá, ele implorou por comida e abrigo a um centauro chamado Folo, que o recebeu com generosa hospitalidade e ofereceu-lhe uma boa e farta refeição. Quando Héracles expressou surpresa ao perceber que faltava vinho em uma mesa tão bem servida de coisas, o anfitrião explicou que a adega era propriedade comum de todos os centauros e que era contra as regras abrir um tonel, exceto quando todos estivessem presentes para compartilhá-lo. De modo persuasivo, no entanto, Héracles convenceu o gentil anfitrião a abrir uma exceção em seu favor, mas o cheiro forte e delicioso do bom e velho vinho logo se espalhou pelas montanhas e atraiu um grande número de centauros para o local, todos armados com enormes rochas e abetos. Héracles os repeliu com tições flamejantes e, depois de vencer, perseguiu-os com suas flechas até Maleia, onde eles se refugiaram na caverna do bom e velho centauro Quíron. Infelizmente, no entanto, como Héracles estava atirando neles com dardos envenenados, um deles perfurou o joelho de Quíron. Quando Héracles descobriu que havia ferido o amigo de longa data, foi dominado pela tristeza e pelo arrependimento e de imediato extraiu a flecha e ungiu a ferida com um bálsamo cujos benefícios lhe foram ensinados pelo próprio Quíron. Mas nenhum de seus esforços surtiu efeito: a ferida, imbuída do veneno mortal da Hidra, era incurável. A agonia de Quíron foi tão grande que, por intercessão de Héracles, a morte lhe foi enviada pelos deuses, pois, caso contrário, sendo a criatura imortal, estaria ela condenada a um sofrimento sem fim.

Folo, que recebeu Héracles tão bem, também pereceu por conta de uma das flechas, extraída por ele mesmo do corpo de um centauro morto. Enquanto a examinava silenciosamente, perplexo por um objeto tão pequeno e insignificante ser capaz de produzir resultados tão graves, a flecha caiu em seu pé e o feriu de modo fatal. Tomado de tristeza por esse evento desagradável, Héracles o enterrou com as devidas honrarias e, depois, partiu para caçar o javali.

Com gritos e gemidos terríveis, o herói primeiro expulsou o animal das moitas para os profundos montes de neve que cobriam o cume da montanha; em seguida, conseguindo finalmente cansá-lo com uma perseguição incessante, capturou o javali exausto, amarrou-o com uma corda e o levou vivo para Micenas.

5. Limpeza dos estábulos de Augias

Após matar o javali de Erimanto, Euristeu ordenou que Héracles limpasse em um dia os estábulos de Augias.

Augias era um rei da Élida muito rico em rebanhos. De todo o seu gado, três mil ele mantinha perto do palácio real, em um recinto onde o refugo dos animais se acumulava por muitos anos. Quando Héracles se apresentou diante do rei e se ofereceu para limpar os estábulos em um dia, desde que recebesse em troca a décima parte dos rebanhos, Augias, considerando tal façanha impossível, aceitou a oferta na presença do filho Fileu.

Perto do palácio, ficavam dois rios, Peneu e Alfeu, cujas correntes Héracles conduziu na direção dos estábulos por meio de uma vala que cavou para esse fim; conforme as águas corriam pelo barracão, levavam consigo toda a massa de sujeira acumulada.

Porém, quando Augias soube que aquele era um dos trabalhos impostos por Euristeu, recusou-se a dar a recompensa prometida. Héracles levou o caso para o tribunal e chamou o filho do rei como testemunha da justiça de sua reivindicação; diante disso, Augias, sem esperar pelo veredito, baniu, furioso, Fileu e Héracles de seus domínios.

6. As aves do Estínfalo

A sexta tarefa era enxotar as aves do Estínfalo, imensas aves de rapina que, como vimos (na lenda dos argonautas), disparavam das asas penas afiadas como flechas. O lar desses pássaros era na margem do lago Estínfalo, na Arcádia (a partir do qual foram nomeadas), onde causavam grande destruição entre os homens e o gado.

Ao aproximar-se do lago, Héracles observou que elas estavam em grande número; ainda estava na dúvida sobre como começaria o ataque quando sentiu de repente uma mão tocando-lhe o ombro. Olhando em volta, avistou a forma majestosa de Palas Atena, que segurava um gigantesco par de matracas de bronze feito por Hefesto, com o qual ela o presenteou. O herói então subiu o cume de uma colina próxima e começou a chacoalhá-las violentamente. O barulho estridente dos instrumentos era tão insuportável para os pássaros que eles levantaram voo aterrorizados, momento em que Héracles mirou neles com as flechas, destruindo-os em grandes quantidades, e aqueles que escapavam dos dardos voavam para nunca mais voltar.

7. O touro cretense

O sétimo trabalho de Héracles era capturar o touro cretense.

Após Minos, rei de Creta, prometer sacrificar a Poseidon qualquer animal que primeiro saísse do mar, o deus fez um touro magnífico emergir das ondas a fim de testar a sinceridade do governante, o qual, ao fazer o juramento, alegara não possuir nenhum animal, entre os seus rebanhos, digno da aceitação do poderoso deus-mar. Encantado com o animal esplêndido enviado por Poseidon e ávido para possuí-lo, Minos o colocou entre os rebanhos, substituindo-o, no sacrifício, por um de seus próprios touros. Poseidon, a fim de punir aquele ato de cobiça de Minos, fez o animal enlouquecer e cometer uma devastação tão grande na ilha que até a segurança dos habitantes havia ficado comprometida. Quando Héracles, portanto, chegou a Creta com o objetivo de capturar o touro, Minos, longe de se opor ao seu desígnio, de bom grado deu-lhe permissão para fazê-lo.

O herói não apenas conseguiu segurar o animal, como o domou de modo tão eficaz que montou nas costas dele e cruzou o mar até chegar ao Peloponeso. Ele o entregou a Euristeu, que imediatamente libertou o animal. Este se tornou tão feroz e selvagem quanto antes e vagou por toda a Grécia até a Arcádia, e foi morto por Teseu nas planícies de Maratona.

8. As éguas de Diomedes

O oitavo trabalho de Héracles era trazer a Euristeu as éguas de Diomedes, filho de Ares e rei dos bístones, uma tribo guerreira da Trácia. Esse rei possuía uma raça de éguas selvagens de tamanho e força tremendos que tinham como alimento carne humana; todos os estrangeiros que tinham a infelicidade de entrar na região eram feitos prisioneiros e lançados para as éguas, que os devoravam.

Quando chegou, primeiro Héracles capturou o cruel Diomedes e depois o lançou diante das próprias criaturas, que, após devorarem o mestre, tornaram-se perfeitamente mansas e tratáveis. Elas foram levadas à beira-mar por Héracles, mas os bístones, enfurecidos pela perda do rei, correram atrás do herói e o atacaram. Ele deixou, então, os animais aos cuidados do amigo Abdero e lançou-se com tanta fúria contra os agressores que eles deram meia-volta e fugiram.

Porém, ao retornar desse embate, descobriu, com grande tristeza, que as éguas haviam despedaçado e devorado Abdero. Após celebrar os devidos ritos fúnebres para o infeliz amigo, Héracles construiu uma cidade em homenagem ao companheiro, batizando-a com o mesmo nome dele. Em seguida, voltou para Tirinto e entregou as éguas a Euristeu, que as soltou no monte Olimpo, onde elas viraram presas de animais selvagens.

Foi depois da realização dessa tarefa que Héracles se juntou aos argonautas em sua expedição para tomar posse do Velocino de Ouro e foi deixado para trás em Quios, como já narrado. Durante suas perambulações, realizou o nono trabalho: trazer a Euristeu o cinturão de Hipólita, rainha das amazonas.

9. O cinturão de Hipólita

As amazonas, que habitavam as margens do mar Negro perto do rio Termodonte, formavam uma nação de mulheres guerreiras renomadas por sua força, coragem e grande habilidade na equitação. Sua rainha

Hipólita recebera do pai, Ares, um lindo cinturão, que ela sempre usava como um sinal de poder e autoridade real; era esse cinturão que Héracles precisava colocar nas mãos de Euristeu, uma vez que o rei pretendia presentear a filha Admeto com esse objeto.

Prevendo que a tarefa não teria uma dificuldade nada trivial, o herói chamou um seleto bando de companheiros corajosos para ajudá-lo, com os quais embarcou para a cidade amazônica de Temiscira. Ali, encontrou-se com a rainha Hipólita, que ficou tão impressionada com a extraordinária estatura e o nobre porte de Héracles que, ao saber de sua missão, imediatamente consentiu em presenteá-lo com o cinturão cobiçado. Mas Hera, inimiga implacável de Hipólita, assumiu a forma de uma amazona e espalhou pela cidade o rumor de que um estrangeiro estava prestes a levar a rainha embora. As amazonas imediatamente pegaram as armas e montaram em seus cavalos; uma batalha se seguiu, e muitas de suas guerreiras mais corajosas foram mortas ou feridas. Entre as feridas, estava a líder mais habilidosa do grupo, Melanipa, que Héracles entregou a Hipólita, recebendo em troca o cinturão.

Na viagem de volta, o herói parou em Troia, onde uma nova aventura o aguardava.

Durante o período em que Apolo e Poseidon foram condenados por Zeus a uma servidão temporária na terra, construíram para o rei Laomedonte as famosas muralhas de Troia, tão renomadas na história. Contudo, após a conclusão do trabalho, o rei recusou-se traiçoeiramente a dar-lhes a devida recompensa. Os deuses, furiosos, juntaram-se para punir o ofensor. Apolo enviou uma peste que dizimou o povo, e Poseidon, uma inundação que carregou para a cidade um monstro marinho, que engoliu com as enormes mandíbulas tudo ao seu alcance.

Angustiado, Laomedonte consultou um oráculo e foi informado de que apenas o sacrifício da própria filha, Hesíone, poderia aplacar a fúria dos deuses. Cedendo, enfim, aos apelos urgentes de seu povo, consentiu em fazer o sacrifício e, quando Héracles chegou, a donzela já estava acorrentada em uma rocha pronta para ser devorada pelo monstro.

Quando avistou o renomado herói, cujos maravilhosos feitos de força e coragem surpreenderam e admiraram toda a humanidade, Laomedonte implorou fervorosamente a ele que salvasse a filha daquele destino iminente e livrasse o país do monstro, oferecendo-lhe, como recompensa, os cavalos dados de presente por Zeus ao avô de Laomedonte, Tros, em compensação por ter roubado seu filho Ganimedes.

Héracles aceitou a oferta sem hesitar e, quando o monstro apareceu, abrindo as terríveis mandíbulas para receber sua presa, o herói, de espada na mão, o atacou e matou. O pérfido monarca, porém, mais uma vez quebrou sua promessa, e Héracles, jurando vingar-se no futuro, partiu para Micenas e apresentou o cinto a Euristeu.

10. O gado de Gerião

O décimo trabalho de Héracles era capturar o gado magnífico que pertencia ao gigante Gerião, ou Gerione, que morava na ilha de Erítia, na baía de Gades (Cádiz). Esse gigante, filho de Crisaor, tinha três corpos com três cabeças, seis mãos e seis pés. Possuía uma manada de bois esplendorosos conhecidos pelo tamanho, pela beleza e pela rica coloração vermelha. Eles eram guardados por outro gigante, chamado Eurítion, e por um cão de duas cabeças chamado Órtros, prole de Tifão e Equidna.

Ao designar-lhe uma tarefa tão cheia de perigo, Euristeu tinha a esperança de poder se livrar de seu odiado primo para sempre, mas a coragem indomável do herói só aumentou com a possibilidade dessa empreitada difícil e perigosa.

Após uma jornada longa e cansativa, ele finalmente chegou à costa ocidental da África, onde, como um monumento de sua perigosa expedição, ergueu as famosas "Colunas de Hércules", e cada uma delas foi colocada em um lado do estreito de Gibraltar. Ali, deparou-se com um calor intenso e tão insuportável que, com raiva, ergueu seu arco na direção do céu e ameaçou atirar no deus-sol. Hélio, entretanto, longe de se irritar com essa audácia, ficou tão admirado pela ousadia que lhe emprestou o barco dourado com o qual realizava a passagem noturna do oeste para o leste, e foi assim que Héracles atravessou em segurança a ilha de Erítia.

Logo que ele desembarcou, Eurítion, acompanhado do cão selvagem Órtros, atacou-o ferozmente. Héracles, porém, dotado de força sobre-humana, matou o cão e, depois, o dono do animal. Reuniu o gado em seguida e já estava seguindo para a beira do mar quando o próprio Gerião veio ter com ele: no embate desesperado que se sucedeu, o gigante pereceu.

Héracles levou, então, o gado para o mar; agarrando um dos bois pelos chifres, nadou com eles até a margem oposta da Ibéria (Espanha). Em seguida, seguindo com seu magnífico prêmio pela Gália, Itália, Ilíria e Trácia, e após uma série de aventuras perigosas das quais escapou por um fio, finalmente chegou a Micenas, onde entregou o gado a Euristeu, que os sacrificou a Hera.

Em um período de oito anos, Héracles já havia executado as dez tarefas, mas Euristeu recusou-se a incluir o assassinato da Hidra e a limpeza dos estábulos de Augias na contagem, alegando que um fora realizado com a ajuda de Iolau e o outro, sob encomenda. Insistiu, portanto, para que Héracles os substituísse com mais dois trabalhos.

11. As maçãs das Hespérides

A décima primeira tarefa imposta por Euristeu foi levar para ele as maçãs douradas das Hespérides. Os frutos cresciam em uma árvore que havia sido presente de Gaia a Hera, por ocasião do casamento desta com Zeus. A árvore sagrada era protegida por quatro donzelas, filhas da Noite, chamadas Hespérides, que eram auxiliadas por um terrível dragão de cem cabeças. Esse dragão nunca dormia e, de suas cem gargantas, saía um contínuo som sibilante capaz de afugentar todos os intrusos. Mas o que dificultou a empreitada foi que Hespérides não sabia onde era o jardim, e por causa disso fez muitas viagens infrutíferas e passou por várias provações antes de encontrá-lo.

Viajou primeiro pela Tessália e chegou ao rio Equedoro, onde conheceu o gigante Cicno, filho de Ares e Pirene, que o desafiou para um duelo. Nessa disputa, Héracles derrotou e matou completamente o oponente, mas eis que surgiu um adversário mais poderoso, pois o próprio deus da guerra apareceu para vingar o filho. Travou-se, então, uma terrível luta que durou um bom tempo, até que Zeus se interpôs entre os dois e deu fim à contenda lançando um raio para separá-los. Héracles seguiu com a jornada e chegou às margens do rio Erídano, onde moravam as Ninfas, filhas de Zeus e Têmis. Depois de pedir-lhes uma orientação sobre qual rota tomar, o herói foi por elas encaminhado ao velho deus do mar, Nereu, o único que conhecia o caminho para o Jardim das Hespérides. Héracles o encontrou adormecido e, aproveitando a oportunidade, segurou-o com tanta força em seu poderoso abraço que a divindade não conseguiu escapar e, a despeito de suas várias metamorfoses, foi finalmente obrigada a dar as informações necessárias a Héracles. O herói fez, então, a travessia para a Líbia, onde se envolveu em uma luta livre com o rei Anteu, filho de Poseidon e Gaia, e o desfecho foi fatal para o antagonista.

Dali, seguiu para o Egito, onde reinava Busiris, outro filho de Poseidon, que, atendendo à recomendação de um oráculo durante um tempo de grande escassez, sacrificava todos os estrangeiros a Zeus. Quando Héracles chegou, foi capturado e arrastado para o altar, mas rompeu as amarras e matou Busiris e o filho.

Retomando a jornada, o poderoso semideus vagou pela Arábia até chegar ao monte Cáucaso, onde Prometeu gemia em incessante agonia. Foi nesse momento que Héracles (como já relatado) atirou na águia que havia muito torturava o nobre e devoto amigo da humanidade. Muito grato por sua libertação, Prometeu o instruiu a encontrar o caminho para a região remota no extremo oeste, onde Atlas sustentava os céus com os ombros e próximo de onde ficava o Jardim das Hespérides. Ele também advertiu Héracles a não tentar obter o precioso fruto sozinho, mas assumir por um tempo os deveres de Atlas e enviá-lo em busca das maçãs.

Chegando ao seu destino, Héracles seguiu o conselho de Prometeu. Atlas, que aceitou o acordo de bom grado, conseguiu fazer o dragão dormir e, após enganar com astúcia as Hespérides, pegou três das maçãs de ouro e levou-as para Héracles. Contudo, quando Héracles estava prestes a renunciar ao próprio fardo, Atlas, uma vez tendo experimentado as delícias da liberdade, recusou-se a voltar para o seu posto e anunciou sua intenção de ser aquele que entregaria as maçãs para Euristeu, deixando Héracles em seu lugar. O herói fingiu concordar com a proposta, e apenas implorou que Atlas fosse gentil o bastante para segurar os céus por alguns instantes enquanto ele forjaria um coxim para pôr na cabeça. De bom grado, Atlas jogou as maçãs no chão e mais uma vez reassumiu sua carga. Héracles lhe disse adeus e partiu.

Héracles entregou as maçãs de ouro a Euristeu, que as entregou de volta, como um presente ao herói. Héracles colocou o fruto sagrado no altar de Palas Atena, e a deusa as devolveu ao jardim das Hespérides.

12. Cérbero

O décimo segundo e último trabalho que Euristeu impôs a Héracles foi trazer Cérbero do mundo inferior, acreditando que todos os poderes heroicos do semideus seriam ineficazes no Reino das Sombras e que, naquela empreitada mais perigosa, ele finalmente sucumbiria e pereceria.

Cérbero era um cão monstruoso de três cabeças, de cujas mandíbulas horríveis pingava veneno; os pelos de sua cabeça e costas eram formados por cobras venenosas, e seu corpo terminava com a cauda de um dragão.

Após ser iniciado nos Mistérios de Elêusis e obter dos sacerdotes algumas informações necessárias para cumprir sua tarefa, Héracles partiu para Tênaro, na Lacônia, onde havia uma abertura que levava ao mundo subterrâneo. Conduzido por Hermes, iniciou a descida para o terrível abismo, onde miríades de espectros logo começaram a aparecer, fugindo com medo quando ele se aproximava, exceto

Meleagro e Medusa. Prestes a atingir Medusa com a espada, Hermes interferiu e lhe deteve a mão, lembrando-o de que ela era apenas uma sombra e, consequentemente, nenhuma arma funcionaria com ela.

Ao chegar aos portões do Submundo, encontrou Teseu e Pirítoo, que haviam sido fixados em uma rocha encantada por Hades por terem tido a audácia de tentar levar Perséfone. Quando viram Héracles, os dois imploraram ao herói que os libertasse. Ele conseguiu libertar Teseu, mas, quando tentou fazer o mesmo com Pirítoo, a terra tremeu tão violentamente sob seus pés que foi obrigado a desistir da tarefa.

Seguindo adiante, Héracles reconheceu Ascálafo, o qual, como vimos na história de Deméter, revelara o fato de que Perséfone engolira as sementes de uma romã oferecidas a ela pelo marido, ligando-a a Hades para sempre. Ascálafo gemia sob a enorme rocha que Deméter, furiosa, lançara sobre ele. Héracles a removeu e, assim, libertou o sofredor.

Diante dos portões do palácio, estava Hades, o poderoso governante do mundo inferior, que bloqueou a entrada do herói, mas este, mirando no deus do submundo um de seus dardos certeiros, acertou-lhe o ombro, de modo que, pela primeira vez, o deus experimentou a agonia do sofrimento mortal. Héracles exigiu, então, permissão para levar Cérbero ao mundo superior, ao que Hades consentiu, sob a condição de que ele pegasse a criatura desarmado. Protegido pela couraça e pela pele de leão, Héracles foi em busca do monstro e encontrou-o na foz do rio Aqueronte. Sem se abalar com os latidos horrendos que saíam daquelas três cabeças, o herói agarrou a garganta do animal com uma das mãos e as pernas com a outra e, embora o rabo de dragão da criatura mordesse forte o herói, este não afrouxou o aperto. Dessa maneira, conduziu-o ao mundo superior através de uma abertura perto de Trezena, na Argólida.

Quando Euristeu viu Cérbero, ficou estupefato; desesperado para se livrar do odiado rival de uma vez por todas, devolveu o cão de guarda infernal ao herói, o qual o restaurou a Hades. Com a última tarefa, a sujeição de Héracles a Euristeu finalmente terminou.

O ASSASSINATO DE ÍFITO

Livre, enfim, Héracles retornou a Tebas e, sendo-lhe impossível viver feliz com Mégara por ter matado os filhos dela, o semideus, com o consentimento da esposa, deu-a em casamento ao seu sobrinho Iolau. O próprio Héracles buscou a mão de Íole, filha de Eurito (rei da Ecália, que, na infância do herói, havia ensinado o menino a usar o arco e flecha). Ao saber que o rei prometera dar a filha para aquele que conseguisse superar a ele mesmo e aos três filhos no tiro com o arco, Héracles não perdeu tempo e apresentou-se como competidor. Logo provou que havia sido um discípulo digno de Eurito, pois derrotou todos os oponentes. Embora o tratasse com notável respeito e honra, o rei recusou-se a dar-lhe a mão da filha, por temer que ela tivesse um destino semelhante ao que recaíra sobre Mégara. Ífito, o filho mais velho de Eurito, foi o único que apoiou a causa de Héracles e tentou induzir o pai a aprovar o casamento, mas foi tudo em vão. Por fim, magoado e furioso com a rejeição, o herói acabou partindo sem a donzela.

Logo em seguida, os bois do rei foram roubados pelo notório ladrão Autólico. Para Eurito, Héracles era o suspeito de ter cometido o crime, mas Ífito, com lealdade, defendeu o amigo ausente e propôs ir atrás do semideus para procurar o gado desaparecido com a ajuda dele.

O herói acolheu com vivacidade seu jovem e fiel amigo e aceitou cordialmente o plano. Eles partiram de imediato em expedição, mas a busca foi totalmente malsucedida. Ao se aproximarem da cidade de Tirinto, subiram em uma torre na esperança de avistar o rebanho desaparecido pelas redondezas, mas, quando estavam no cume mais alto do edifício, Héracles foi tomado de súbito por um daqueles antigos ataques de loucura e, confundindo Ífito com um inimigo, jogou-o planície abaixo, e o amigo morreu no local.

Héracles partia agora em uma cansativa peregrinação, implorando em vão para que alguém o purificasse do assassinato de Ífito. Foi durante as andanças que ele chegou ao palácio do amigo Admeto, cuja linda e heroica esposa (Alceste) o semideus havia levado de volta ao marido após uma terrível luta com a Morte, como já relatado.

Logo após esse evento, Héracles foi acometido de uma terrível doença e dirigiu-se ao templo de Delfos, esperando obter do oráculo meios de alívio. A sacerdotisa, no entanto, recusou-lhe resposta por ele ter matado Ífito. Furioso, o herói apoderou-se do trípode e levou-o consigo, alegando que construiria um oráculo para si. Apolo, ao testemunhar aquele sacrilégio, desceu para defender seu santuário e ali travou-se uma luta violenta. Zeus acabou interferindo mais uma vez e, lampejando os raios entre os dois filhos favoritos, encerrou o combate. A Pítia concedeu, por fim, uma resposta à oração do herói e ordenou, como expiação do crime, que ele se deixasse vender por Hermes por três anos como escravo, para que o dinheiro da compra fosse dado a Eurito, em compensação pela perda do filho.

HÉRACLES TORNA-SE ESCRAVO DE ÔNFALE

Héracles curvou-se em submissão à vontade divina e foi conduzido por Hermes a Ônfale, rainha da Lídia. Os três talentos pagos por ela foram entregues a Eurito, mas este se recusou a aceitar o dinheiro, que acabou indo para os filhos de Ífito.

Héracles recuperava agora seu antigo vigor. Livrou o território de Ônfale dos ladrões que o infestavam e executou para ela vários outros serviços que demandavam força e coragem. Foi nessa época que participou também da caça ao javali calidônio, cujos detalhes já foram dados.

Quando Ônfale soube que seu escravo era ninguém mais, ninguém menos que o renomado Héracles, imediatamente lhe deu a liberdade e ofereceu-lhe a mão e o reino. No palácio dela, Héracles rendeu-se a todos os luxos enervantes de uma vida no oriental; o grande herói ficou tão cativado pelo fascínio que sua senhora exercia sobre ele que, enquanto ela brincava de vestir a pele de leão e o capacete do semideus, ele usava roupas femininas e sentava-se aos pés da esposa fiando lã e passando o tempo com o relato de suas próprias aventuras passadas.

Contudo, quando o prazo de seu cativeiro finalmente expirou, ele retomou as rédeas das próprias ações: o espírito viril e enérgico do herói restabeleceu-se e, afastando-se do palácio da rainha meônia, decidiu pôr em prática a vingança que havia muito tempo planejava contra o traiçoeiro Laomedonte e o infiel Augias.

HÉRACLES CUMPRE SUA VINGANÇA CONTRA LAOMEDONTE E AUGIAS

Congregando alguns dos velhos e corajosos companheiros de armas, Héracles reuniu uma frota de embarcações e partiu para Troia, onde desembarcou, tomou a cidade de assalto e matou Laomedonte, que finalmente tivera a retribuição que tanto merecia.

Para Télamon, um de seus mais corajosos seguidores, o semideus deu em casamento Hesíone, a filha do rei. Quando Héracles lhe deu permissão para libertar um dos prisioneiros de guerra, a moça escolheu o próprio irmão, Podarces; diante disso, foi informada de que, como ele já era prisioneiro de guerra, ela seria obrigada a resgatá-lo. Ao ouvir aquilo, Hesíone tirou o diadema de ouro e o entregou com alegria ao herói. Por causa desse ocorrido, Podarces passou a ter o nome de Príamo (ou Príamos), que significa "o resgatado".

Héracles marchava agora para também executar a vingança contra a conduta pérfida de Augias. Invadiu a cidade de Élida e matou Augias e os filhos dele, poupando apenas Fileu, seu corajoso advogado e defensor ferrenho, a quem concedeu o trono vago do pai.

HÉRACLES E DEJANIRA

Héracles seguiu, então, para Calidão, onde cortejou a bela Dejanira, filha de Eneu, rei da Etólia; encontrou em Aqueloo, o deus-rio, porém, um rival formidável, e ficou acordado que as reivindicações de ambos deveriam ser decididas por meio de um duelo. Confiando no poder de assumir livremente várias formas, Aqueloo tinha certeza de seu sucesso, mas aquela habilidade nada lhe valeu, pois, ao se transformar em um touro, seu poderoso adversário quebrou-lhe um dos chifres e o obrigou a reconhecer a derrota.

Após passar três anos felizes com Dejanira, um lamentável acidente ocorreu, arruinando por um tempo a felicidade deles. Certa vez, em um banquete dado por Eneu, Héracles moveu a mão repentinamente e teve a infelicidade de golpear a cabeça de um rapaz de origem nobre, que, segundo o costume dos antigos, estava servindo os convidados à mesa. Tão violento foi o golpe que causou a morte dele. O pai do jovem desafortunado, ao testemunhar o ocorrido, percebeu que havia sido um acidente e absolveu o herói da culpa, mas Héracles resolveu agir de acordo com a lei da terra: baniu-se do país e, dando adeus ao sogro, partiu para Traquine a fim de visitar o rei Ceix, seu amigo. Levou consigo a esposa, Dejanira, e o jovem filho deles, Hilo.

Durante a viagem, chegaram ao rio Eveno, através do qual o centauro Nesso tinha o hábito de transportar viajantes por encomenda. Héracles, com o filho pequeno nos braços, atravessou o riacho sem ajuda, confiando a esposa aos cuidados do centauro, que, encantado com a beleza de sua bela carga, tentou raptá-la. O marido, porém, ouviu-lhe os gritos e, sem hesitar, atirou no coração de Nesso com uma de suas flechas envenenadas. O centauro moribundo agora estava sedento por vingança. Chamou Dejanira para junto de si e a instruiu a recolher um pouco do sangue que escorria de sua ferida, assegurando-lhe que, se corresse o risco de perder o afeto do marido e usasse o sangue da maneira indicada, a substância agiria como um encanto e impediria que ela fosse substituída por uma rival. Héracles e Dejanira seguiram, então, a jornada e, após uma série de aventuras, chegaram enfim ao destino.

A MORTE DE HÉRACLES

A última expedição realizada pelo grande herói foi contra Eurito, rei de Ecália, para se vingar dele e de seus filhos por terem se recusado a conceder-lhe a mão de Íole, após ter conquistado a donzela com justiça. Depois de reunir um grande exército, Héracles partiu para Eubeia a fim de sitiar a capital. O sucesso coroou suas armas. O semideus invadiu a cidadela, matou o rei e os três filhos dele, reduziu a cidade a cinzas e levou cativa a jovem e bela Íole.

Retornando da vitoriosa expedição, Héracles parou em Ceneu a fim de oferecer um sacrifício a Zeus e enviou Dejanira a Traquine para pegar uma túnica sacrificial. Sendo informada de que a bela Íole estava na comitiva de Héracles, Dejanira teve receio de que os encantos juvenis dela pudessem ganhar a afeição do marido; recordando-se do conselho do centauro moribundo, resolveu testar a eficácia do feitiço de amor que ele lhe dera. Pegando o frasco que preservara cuidadosamente, impregnou a túnica com uma porção do líquido nele contido e depois a enviou para Héracles.

O herói vitorioso vestiu-se com a roupa e estava prestes a fazer o sacrifício quando as chamas quentes, subindo do altar, aqueceram o veneno do qual a túnica estava imbuída e de imediato cada fibra do corpo de Héracles tinha aquele veneno mortal. O infeliz semideus, em terrível agonia, conseguiu rasgar a túnica, mas ela estava tão grudada na pele que todos os seus esforços para removê-la apenas aumentavam o sofrimento.

Nessa condição deplorável, foi levado para Traquine, onde Dejanira, vendo o terrível sofrimento que na inocência acabou lhe causando, foi tomada de dor e remorso e enforcou-se em desespero. O herói moribundo chamou o filho Hilo para perto e ordenou que ele desposasse Íole; em seguida, ordenando que seus seguidores erguessem uma pira funerária, subiu nela e implorou aos observadores que a incendiassem para que, por misericórdia, dessem cabo de seus tormentos insuportáveis. Ninguém tinha tido coragem de obedecê-lo, porém, até que enfim seu amigo e companheiro Filoctetes, cedendo ao lastimável apelo, acendeu a pira e recebeu em troca o arco e as flechas do semideus.

Logo subiram chamas sobre chamas e, em meio a clarões vívidos de relâmpagos acompanhados de espantosos estrondos de trovões, Palas Atena desceu em uma nuvem e levou o herói favorito em uma carruagem para o Olimpo.

Héracles foi admitido entre os imortais, e Hera, como prova de que com ele havia se reconciliado, deu-lhe a mão de sua linda filha Hebe, a deusa da juventude eterna.

BELEROFONTE

Belerofonte, ou Belerofontes, era filho de Glauco, rei de Corinto e neto de Sísifo. Por conta de um homicídio culposo, Belerofonte fugiu para Tirinto, onde foi gentilmente recebido pelo rei Preto, que o purificou do crime. Anteia, a esposa de Preto, ficou tão encantada pelo jovem atraente que se apaixonou por ele, mas Belerofonte não correspondeu à sua afeição, então, como vingança, ela o difamou para o rei deturpando os fatos de maneira grosseira.

O primeiro impulso de Preto, quando informado sobre a conduta de Belerofonte, foi matá-lo, mas o rapaz, com seus modos gentis e cativantes, tornara-se tão querido pelo anfitrião que o rei sentiu ser impossível tirar a vida do jovem com as próprias mãos. Enviou-o, portanto, a seu sogro, Iobates, rei da Lícia, com uma espécie de carta ou tabuleta contendo signos misteriosos, que indicavam o desejo de que o portador da missiva fosse morto. Mas os deuses protegeram o jovem verdadeiro e leal, inclinando o coração de Iobates – que era um príncipe amável – a favor de seu hóspede. A julgar por sua aparência de nobre nascimento, ele o recebeu, de acordo com o costume hospitaleiro dos gregos, da maneira mais principesca por nove dias; só na manhã do décimo dia é que perguntou o nome dele e o que ele fazia ali.

Belerofonte apresentou-lhe, então, a carta que Preto confiou a ele. Iobates, que muito se afeiçoara ao jovem, ficou horrorizado com o seu conteúdo. Não obstante, concluiu que Preto deveria ter boas razões para agir daquela forma e que provavelmente Belerofonte cometera algum crime que merecia a morte. Porém, como não conseguia decidir se matava o hóspede que passou a estimar, optou por enviá-lo a empreitadas perigosas, nas quais era muito possível que perdesse a vida.

O rei da Lícia primeiramente o enviou para matar a Quimera, um monstro que estava devastando a região naquele momento. A parte dianteira de seu corpo era de um leão, o meio, de uma cabra e a parte traseira, de um dragão; de suas mandíbulas, saíam labaredas de fogo.

Antes de iniciar a difícil tarefa, Belerofonte invocou a proteção dos deuses; em resposta à oração do rapaz, eles enviaram em seu auxílio Pégaso, o cavalo alado e imortal, prole de Poseidon e Medusa. Mas o animal divino não se deixou apanhar e, por fim, esgotado por esforços infrutíferos, Belerofonte caiu em um sono profundo ao lado da fonte sagrada de Pirene. Ali, Palas Atena apareceu em sonho para ele e o presenteou com uma rédea mágica a fim de capturar o corcel divino. Ao despertar, Belerofonte estendeu a mão instintivamente para agarrá-la, e, para seu espanto, jazia ao seu lado a rédea do sonho, enquanto Pégaso bebia água silenciosamente na fonte próxima. Agarrando-o pela crina, Belerofonte jogou a rédea sobre a cabeça da criatura e conseguiu montá-la sem maiores dificuldades; depois, subindo com Pégaso pelo ar, matou a Quimera com flechas.

Em seguida, Iobates o enviou em uma expedição contra os sólimos, uma feroz tribo vizinha com quem tinha inimizade. Belerofonte conseguiu vencê-los e, depois, foi despachado contra as tão temidas amazonas, mas, para grande espanto de Iobates, o herói voltou vitorioso de novo.

Por fim, Iobates posicionou vários dos lícios mais corajosos em emboscada, com o objetivo de destruí-lo, mas nenhum voltou vivo, pois Belerofonte se defendeu de modo corajoso e matou todos eles.

Convencido, enfim, de que o jovem, longe de merecer a morte, era o favorito especial dos deuses, que claramente o haviam protegido durante as perigosas façanhas, o rei cessou suas perseguições.

Iobates permitiu que ele tivesse uma participação no governo e deu-lhe a própria filha em casamento. Belerofonte, porém, após ter conquistado o ápice da prosperidade terrena, embriagou-se de orgulho e vaidade e incorreu no desagrado dos deuses ao tentar cavalgar até o céu com seu cavalo alado, a fim de satisfazer a uma inútil curiosidade. Zeus o puniu por impiedade, enviando um moscardo para picar o cavalo, o qual ficou tão inquieto que arremessou seu cavaleiro, fazendo-o cair em direção à terra. Cheio de remorso por ter ofendido os deuses, Belerofonte tornou-se vítima da mais profunda melancolia e vagou pelo resto da vida nos lugares mais ermos e desolados.

Após a morte, foi honrado em Corinto como herói, e um altar foi erguido a ele no bosque de Poseidon.

TESEU

Egeu, rei de Atenas, depois de ter se casado duas vezes e ainda não ter filhos, desejava tanto um herdeiro ao trono que fez uma peregrinação a Delfos para consultar o oráculo. Porém, diante da resposta ambígua, dirigiu-se a Trezena para consultar o sábio amigo Piteu, que reinava naquela cidade; graças ao conselho, Egeu contraiu um matrimônio secreto com a filha do amigo, Etra.

Após passar algum tempo com a noiva, o rei de Atenas preparou-se para partir de volta aos próprios domínios, mas, antes de fazê-lo, levou Etra para a beira do mar, onde, após depositar a espada e as sandálias embaixo de uma grande pedra, dirigiu-se a ela da seguinte forma: "Caso os deuses abençoem nossa união com um filho, não revele a ele o nome e a classe do pai dele até que ele tenha idade e força suficientes para mover esta pedra. Em seguida, mande-o para o meu palácio em Atenas portando essas provas de sua identidade".

Um filho nasceu de Etra, a quem ela chamou de Teseu. O menino foi cuidadosamente treinado e educado pelo avô Piteu. Quando se tornou um rapaz forte e viril, sua mãe o conduziu até o local onde a pedra fora colocada por Egeu; por ordens dela, o jovem rolou a pedra e tomou posse da espada e das sandálias que tinham ficado lá por dezesseis anos e que, agora, a mãe desejava que ele devolvesse ao pai, Egeu, o rei de Atenas.

A mãe e o avô de Teseu ansiavam que o jovem viajasse por uma rota marítima segura, uma vez que a estrada entre Trezena e Atenas, nessa época, estava infestada de ladrões de enorme força e ferocidade. Contudo, sentindo o espírito de um herói dentro de si, Teseu resolveu emular os feitos de Héracles, cuja fama ressoava por toda a Grécia; nesse sentido, escolheu a viagem mais perigosa, por terra, que lhe daria a oportunidade de distinguir-se por atos de bravura.

A primeira aventura ocorreu em Epidauro, onde encontrou Perifetes, filho de Hefesto, que estava armado com uma clava de ferro com a qual matava todos os viajantes. Por ter recebido do avô uma descrição completa desse selvagem, Teseu imediatamente o reconheceu e, correndo na direção dele com a espada, conseguiu matá-lo após um embate fervoroso. Apropriou-se da clava como um troféu da vitória e seguiu a jornada sem empecilhos até chegar ao Istmo de Corinto.

Lá, as pessoas o advertiram a tomar cuidado com Sínis, o ladrão, que obrigava todos os viajantes a dobrarem com ele um dos galhos de um alto pinheiro. Depois de arrastá-lo para o chão, o cruel Sínis o soltava de repente e, com o galho ricocheteando no ar, a infeliz vítima era arremessada e caía no chão, morta. Ao ver Sínis vindo para o seu lado, Teseu esperou pacientemente até que, agarrando sua poderosa clava, matou o desumano patife com um golpe.

Passando pelo distrito arborizado de Cromium, Teseu, em seguida, matou uma porca selvagem e perigosa que havia muito assolava o país.

Continuou, então, a jornada, aproximando-se das fronteiras de Mégara, onde, em um caminho estreito que dava para o mar, vivia o perverso Cirão, outro terror dos viajantes. Era-lhe de costume compelir todos os estrangeiros que passavam por sua morada a lavarem-lhe os pés, chutando-os da rocha para o mar durante a operação. Teseu atacou corajosamente o gigante, derrotando-o; depois, jogou o corpo dele no penhasco onde muitas de suas vítimas haviam perecido.

Teseu agora viajava para Elêusis, onde encontrou outro adversário na figura do rei Cércion, que forçava todos os recém-chegados a lutarem com ele e matava aqueles a quem vencia; Teseu, porém, derrotou o poderoso lutador e o matou.

Perto de Elêusis, às margens do rio Cefiso, Teseu deparou-se com uma nova aventura. Ali vivia o gigante Damastes, também chamado de Procusto ou "o Esticador"[74], que tinha duas camas de ferro, uma grande e outra pequena, nas quais forçava todos os estrangeiros a deitarem. Na pequena, colocava os homens altos, cujos membros cortava para que coubessem na cama; já para os homens baixos, destinava a cama larga, esticando-os até ficarem do tamanho dela; era assim que fazia as vítimas morrerem, em meio aos mais cruéis tormentos. Teseu libertou o país desse monstro desumano fazendo-o sentir na pele o que ele causava em suas pobres vítimas.

O herói continuou, então, sua jornada e, finalmente, chegou a Atenas, sem se deparar com qualquer outra aventura. Ao chegar ao seu destino, encontrou o pai sendo um joguete indefeso nas mãos da feiticeira Medeia, com quem se casara após a partida dela de Corinto. Sabendo, graças aos poderes sobrenaturais, que Teseu era o filho do rei – e temendo que a influência dela poderia ser atenuada pela presença do herói –, a bruxa envenenou a mente do velho rei contra o estrangeiro, retratando-o como um espião. Ficou acordado que ambos convidariam Teseu para um banquete e, na ocasião, misturariam um forte veneno no vinho do rapaz.

---

[74] Damastes também costuma ser referido como Polipêmon (N. T.).

Teseu decidiu revelar-se ao pai, ansiando abraçá-lo. Antes de provar o vinho, colocou seu plano em ação e desembainhou a espada para que o rei pousasse os olhos sobre ela. Quando Egeu contemplou novamente a conhecida arma que tantas vezes empunhara, soube que era seu filho quem estava diante dele. Abraçou-o calorosamente, apresentou-o como seu herdeiro para os súditos e cortesãos e, em seguida, não podendo mais suportar a presença de Medeia, baniu-a para sempre de seus domínios.

Quando Teseu foi reconhecido como o herdeiro legítimo do trono, o fato foi contestado pelos cinquenta filhos de Palas, o irmão do rei, o qual com certeza esperava que, com a morte do velho monarca, o governo do país recaísse sobre eles. Resolveram, portanto, matar Teseu, mas, ao tomar conhecimento desses planos, o jovem os surpreendeu enquanto estavam de tocaia e destruiu todos eles.

Temendo, entretanto, que os atenienses nutrissem um preconceito contra ele por ter exterminado seus concidadãos, os palântidas, Teseu resolveu prestar algum serviço notável para o Estado, que lhe permitiria ganhar o coração do povo. Dessa forma, decidiu livrar o país do famoso touro de Maratona, que havia se tornado um terror para os agricultores. O rapaz capturou o animal e o levou acorrentado para Atenas, onde, após exibi-lo publicamente à multidão atônita, sacrificou-o a Apolo com toda a solenidade.

A empreitada seguinte de Teseu superava em muito todos os seus outros feitos de heroica ousadia e garantiu-lhe a admiração e a gratidão universal dos compatriotas. Tal feito foi o assassinato do Minotauro, que pôs fim para sempre ao tributo vergonhoso de sete jovens e sete donzelas, exigido dos atenienses a cada nove anos.

A origem desse tributo bárbaro era a seguinte: após Androgeu, o jovem filho de Minos, rei de Creta, ter sido assassinado de modo traiçoeiro pelos atenienses, seu pai, ávido para vingar a morte do filho, declarou guerra contra o rei deles, Egeu, e conquistou Atenas e as aldeias vizinhas. Desde então, o conquistador obrigava os atenienses a lhe enviarem, a cada nove anos, sete rapazes e sete donzelas das mais nobres famílias da terra, que viravam as presas do Minotauro, um monstro metade homem, metade touro, cujo covil era um magnífico labirinto construído por Dédalo.

Quando Teseu informou seu pai de sua determinação heroica, Egeu foi tomado de sofrimento e fez tudo o que estava ao seu alcance para dissuadir o filho da decisão, mas Teseu, confiante do sucesso, garantiu ao pai que mataria o Minotauro e voltaria para casa vitorioso.

Era comum ao navio que carregava vítimas humanas como carga infeliz usar apenas velas pretas na viagem; Teseu prometeu ao pai, porém, que, se voltasse em segurança, içaria velas brancas no lugar das pretas.

Antes de partir de Atenas, por conselho de um oráculo, Teseu escolheu Afrodite como guardiã e protetora e, por isso, ofereceu-lhe um sacrifício. Quando ele chegou à presença do rei Minos, a deusa do Amor inspirou em Ariadne, a linda filha do rei, uma forte afeição ao nobre e jovem herói. Durante um encontro secreto, no qual os dois confessaram os sentimentos que tinham um pelo outro, Ariadne forneceu-lhe uma espada afiada e um novelo de lã e pediu a ele que prendesse a ponta na entrada do labirinto e continuasse a desenrolá-la até chegar ao covil do Minotauro. Bastante esperançoso quanto ao sucesso de sua empreitada, Teseu despediu-se da donzela gentil, após expressar gratidão pela ajuda oportuna dela.

À frente dos companheiros, ele foi conduzido por Minos até a entrada do labirinto. Aderindo às ordens estritas da bela Ariadne, conseguiu encontrar o Minotauro, a quem, após uma luta feroz e violenta, derrotou e matou; em seguida, tateando cuidadosamente o caminho por meio do novelo de lã, guiou os companheiros em segurança para fora do labirinto. Eles fugiram para o navio, levando consigo a adorável donzela, que estava em segurança por causa da afeição por seu libertador.

Chegando à ilha de Naxos, Teseu teve um sonho: Dionísio aparecia para ele e informava-lhe que as Parcas decretaram que Ariadne deveria ser noiva do deus do vinho, ameaçando o herói com todo tipo de infortúnio caso ele se recusasse a abandoná-la. Ora, Teseu, ensinado desde a juventude a reverenciar os deuses, teve medo de desobedecer às vontades de Dionísio. Por conseguinte, deu um triste adeus à linda donzela que tanto o amava e deixou-a na ilha isolada, onde foi encontrada e cortejada pelo deus do vinho.

Teseu e os companheiros sentiram profundamente a perda da benfeitora e, em meio à dor de abandoná-la, esqueceram que o navio ainda ostentava as velas pretas com as quais havia deixado a costa ática. Conforme se aproximava do porto de Atenas, Egeu, que aguardava ansiosamente o retorno do filho na praia, avistou a embarcação com as velas pretas e, concluindo que o destemido filho perecera, atirou-se ao mar, de desespero.

Com a aprovação unânime dos atenienses, Teseu ascendeu, então, ao trono vago e logo provou ser não apenas um herói valioso, mas também um príncipe sábio e um legislador prudente. Nessa época, Atenas era somente uma cidade pequena cercada por várias aldeias, cada uma delas com a própria forma separada de governo; contudo, com medidas gentis e conciliatórias, Teseu induziu os cabeças dessas diferentes comunidades a renunciarem à sua soberania e confiarem a administração dos negócios públicos a um tribunal que deveria ficar permanentemente em Atenas e exercer jurisdição sobre todos os habitantes da Ática. Como resultado dessas medidas sagazes, os atenienses se tornaram um povo unido e poderoso; além disso, vários peregrinos e estrangeiros reuniram-se em Atenas, que virou um porto marítimo próspero e um centro comercial de grande importância.

Teseu reavivou os Jogos Ístmicos e instituiu numerosos festivais, sendo o principal deles as Panateneias, realizadas em homenagem a Atena Polias.

Conta-se que Teseu, em certa ocasião, chegou à costa amazônica durante uma viagem. Ansiosas para saber o objetivo da visita, as amazonas enviaram Hipólita, uma delas, com presentes para o estrangeiro, mas, assim que a bela mensageira embarcou no navio, Teseu zarpou e a levou para Atenas, onde fez dela sua rainha. Furiosas com aquele ultraje, as amazonas resolveram se vingar. Algum tempo depois, quando parecia que todo o caso fora esquecido, quando a cidade de Atenas estava indefesa, elas aproveitaram a oportunidade e desembarcaram com seu exército na Ática. O ataque foi tão repentino que elas penetraram no coração da cidade antes mesmo de os atenienses organizarem suas forças, mas Teseu prontamente reuniu as tropas e iniciou um massacre tão violento contra as invasoras que, após um embate fervoroso, elas foram expulsas da cidade. A paz foi, então, restaurada e as amazonas evacuaram a região. Durante esse embate, Hipólita esqueceu-se de sua origem e lutou bravamente ao lado do marido contra a própria parentela, morrendo no campo de batalha.

Foi logo após esse infortúnio que Teseu se juntou à mundialmente famosa caçada ao javali calidônio, na qual exerceu um papel importante. Também integrou um dos corajosos bandos que compartilharam os perigos da expedição argonáutica.

A amizade marcante que existia entre Teseu e Pirítoo teve origem em circunstâncias tão peculiares que vale a pena mencioná-las.

Ouvindo certa vez que seus rebanhos, pastando nas planícies de Maratona, haviam sido levados por Pirítoo, Teseu reuniu uma força armada e partiu para punir o saqueador. Porém, quando os dois heróis se encontraram cara a cara, imediatamente simpatizarem um com o outro. Pirítoo, estendendo a mão em sinal de paz, exclamou: "Que satisfação darei a ti, ó Teseu? Sê tu mesmo o juiz". Teseu apertou a mão estendida e respondeu: "Nada peço além de tua amizade". Os heróis se abraçaram e juraram fidelidade eterna.

Quando, logo depois, uniu-se a Hipodâmia, uma princesa da Tessália, Pirítoo convidou Teseu para a festa de casamento, que, entre outros convidados, também contou com a presença de um grande número de centauros, que eram amigos de Pirítoo. Quase no fim do banquete, Eurítion, um jovem centauro, inflamado e corado pelo vinho, agarrou a linda noiva e tentou levá-la à força. Os outros companheiros de espécie, seguindo aquele exemplo, tentaram cada um capturar uma donzela. Pirítoo e seus seguidores, auxiliados por Teseu, que prestou a mais valiosa assistência, atacaram os centauros e, após uma violenta luta corpo a corpo na qual muitos pereceram, forçaram todos a abandonarem suas presas.

Após a morte de Hipólita, Teseu pediu a mão de Fedra – irmã de Ariadne, sua ex-noiva –, e com ela se casou. Por alguns anos, viveram felizes juntos e a união de ambos foi abençoada com o nascimento de dois filhos. Durante esse tempo, Hipólito, o filho de Teseu com a rainha amazona, esteve ausente de casa, pois fora colocado sob os cuidados dos tios do rei a fim de ser educado. Quando voltou para o palácio do pai, já adulto, a jovem madrasta, Fedra, apaixonou-se por ele de maneira arrebatadora, mas Hipólito não retribuiu sua afeição e a tratou com desdém e indiferença. Furiosa e desespera com a frieza dele, Fedra pôs fim à própria existência; quando foi descoberta pelo marido, segurava uma carta em uma das mãos e nela acusava Hipólito de ser o motivo de sua morte e de ter conspirado contra a honra do rei.

Ora, Poseidon certa vez prometera conceder a Teseu qualquer pedido que ele exigisse; o herói convocou o deus-mar, portanto, para destruir Hipólito, a quem amaldiçoou da maneira mais grave possível. A horrenda maldição do pai logo caiu sobre o filho inocente, pois, enquanto conduzia sua carruagem ao longo da beira do mar entre Trezena e Atenas, um monstro enviado por Poseidon surgiu das profundezas e assustou tanto os cavalos que eles ficaram totalmente incontroláveis. À medida que os animais desembestavam pelo caminho, a carruagem despedaçou-se, e o jovem infeliz, que havia ficado com os pés presos nas rédeas, foi arrastado até que estivesse à beira da morte.

Nessa condição, foi encontrado pelo pobre Teseu, que, após averiguar os fatos verdadeiros do caso com um velho servo de Fedra, apressou-se para evitar a catástrofe. Mas o herói havia chegado tarde demais e só conseguiu tranquilizar o filho em seus últimos momentos, reconhecendo o triste erro que havia cometido e declarando acreditar firmemente na honra e na inocência dele.

Após esses eventos, Teseu foi persuadido pelo amigo Pirítoo – que, por volta dessa época, também perdera a jovem esposa, Hipodâmia – a juntar-se a ele em uma viagem pela Grécia, com o objetivo de levar à força as mais lindas donzelas que tivessem a chance de encontrar.

Chegando a Esparta, avistaram, no templo de Ártemis, Helena, filha de Zeus e Leda, que estava ocupada realizando as danças sagradas em homenagem à deusa. Embora a donzela tivesse apenas nove anos, a fama de sua beleza estava destinada a ocupar um papel muito importante na história da Grécia e já se espalhara por toda a parte. Teseu e Pirítoo a raptaram e, após tirarem a sorte para decidir o destino da menina, ela caiu nas mãos de Teseu, que a colocou sob os cuidados de Etra, a mãe do herói.

Em seguida, Pirítoo pediu a Teseu que o ajudasse em seu ambicioso plano de descer ao mundo inferior e levar Perséfone, a rainha do submundo. Embora totalmente ciente dos perigos da empreitada, Teseu não abandonaria o amigo; juntos, eles procuraram o lúgubre reino das Sombras, mas Hades fora avisado da aproximação deles, de maneira que mal tinham pisado naqueles domínios e, por ordens do deus, os dois amigos já foram agarrados, acorrentados e presos a uma rocha encantada na entrada do submundo. Ali, ambos definharam por muitos anos, até Héracles passar em busca por Cérbero, ocasião em que libertou Teseu, mas, obedecendo a uma ordem dos deuses, deixou Pirítoo sofrendo eternamente o castigo de tamanha audácia e ambição.

Enquanto Teseu estava preso no mundo subterrâneo, Castor e Pólux, os irmãos de Helena, invadiram Atenas e exigiram a restituição da jovem irmã. Percebendo que seu país estava ameaçado pelos horrores da guerra, um cidadão ateniense chamado Academo, o qual conhecia o esconderijo de Helena, dirigiu-se ao acampamento dos Dióscuros e informou a eles onde poderiam encontrá-la. Etra imediatamente renunciou ao encargo de cuidar da menina e, depois disso, os irmãos despediram-se de Atenas acompanhados por Helena e retornaram ao país de origem.

Contudo, a ausência prolongada de Teseu deu origem a problemas mais sérios. Pensando que a oportunidade era propícia para uma revolta, uma facção, chefiada por Menesteu, descendente de Erecteu, arrogou para si o poder supremo e assumiu as rédeas do governo.

De volta a Atenas, Teseu imediatamente tomou medidas efetivas para reprimir a insubordinação que se manifestava por todos os lados. Ele expulsou Menesteu do cargo, puniu rigorosamente os líderes da revolta e colocou-se mais uma vez no trono. Seu domínio sobre o povo, porém, havia acabado. Os antigos serviços que prestara tinham sido todos esquecidos e, após perceber que as dissensões e as revoltas eram abundantes, ele voluntariamente abdicou do trono e retirou-se para suas propriedades na ilha de Esquiro. Ali, Licomedes, rei da ilha, fingiu recebê-lo com a maior amizade, mas, como se supõe, em conluio com Menesteu, ele levou o velho rei ao cume de uma rocha alta sob o pretexto de mostrar-lhe as propriedades e o matou traiçoeiramente, empurrando-o para o abismo.

Muitos séculos após a morte do herói, por ordem do oráculo de Delfos e ao término da guerra persa, Címon, pai de Milcíades, levou os restos mortais de Teseu, o grande benfeitor de Atenas, para essa cidade; em honra a ele, foi erguido um templo que existe até hoje e serve como um museu de arte.

ÉDIPO

Laio, rei de Tebas, filho de Lábdaco e descendente direto de Cadmo, casou-se com Jocasta, filha de um nobre tebano. Após um oráculo prever que ele pereceria nas mãos do próprio filho, decidiu matar o infante a quem Jocasta acabara de dar à luz. Com o consentimento da esposa, mais afeiçoada ao marido do que ao filho, ele perfurou os pés do bebê, amarrou-os e entregou a criança a um servo, com instruções de abandoná-lo no monte Citéron para que perecesse. Contudo, em vez de obedecer a essa ordem cruel, o servo confiou o bebê a um pastor que cuidava dos rebanhos de Pólibo, rei de Corinto, e voltou para Laio e Jocasta em seguida, informando-os de que suas ordens haviam sido obedecidas. Os pais ficaram satisfeitos com a informação e aquietaram a mente pensando que daquela forma tinham impedido que o filho cometesse o crime de parricídio.

Nesse ínterim, o pastor do rei Políbo desatara os pés do menino e, por estarem muito inchados, deu-lhe o nome de Édipo, ou "Pé inchado". Levou-o, então, até o rei, seu mestre, o qual se apiedou da pobre criança abandonada e destinou-lhe os bons serviços de sua esposa, Mérope. Édipo foi adotado pelo rei e pela rainha como filho e cresceu acreditando que eles eram seus pais, até que um dia um nobre coríntio o insultou em um banquete, chamando-o de bastardo. Atormentado com aquela acusação, o rapaz apelou a Mérope, mas, recebendo uma resposta ambígua, embora gentil, dirigiu-se a Delfos para consultar o oráculo. A Pítia não concedeu nenhuma réplica à sua pergunta, mas informou-o, para seu horror, que ele estava destinado a matar o pai e casar-se com a própria mãe.

Cheio de consternação, uma vez que amava muito Políbo e Mérope, Édipo decidiu não voltar a Corinto e tomou a estrada que levava à Beócia. No caminho, passou por ele uma carruagem, na qual estava sentado um velho com dois criados que rudemente empurraram o pedestre para fora do caminho. Na briga que se travou a partir daquilo, Édipo usou a pesada bengala do velho para golpeá--lo, e aquele senhor caiu morto no assento da carruagem. Atingido pelo desespero diante do assassinato culposo que cometera, o jovem fugiu e deixou o local sem saber que o velho que matara era seu pai, Laio, rei de Tebas.

Pouco tempo depois dessa ocorrência, a Esfinge (sobre a qual todos os detalhes já foram dados) foi enviada pela deusa Hera como punição aos tebanos. Posicionada em uma colina rochosa fora da cidade, ela propunha aos transeuntes enigmas elaborados pelas Musas, e qualquer um que não conseguisse resolvê-los era despedaçado e devorado pelo monstro. E foi assim que vários habitantes de Tebas pereceram.

Ora, com a morte do velho rei Laio, Creonte, irmão da rainha viúva, tomou as rédeas do governo e subiu ao trono vago; quando o próprio filho dele foi vítima da Esfinge, o novo rei decidiu livrar o país a todo custo daquele terrível flagelo. Emitiu, portanto, uma proclamação, segundo a qual o reino e a mão da irmã Jocasta seriam concedidos àquele que conseguisse resolver um dos enigmas da Esfinge, pois o oráculo havia previsto que só assim o país ficaria livre do monstro.

No exato momento em que faziam essa proclamação nas ruas de Tebas, Édipo, com seu cajado de peregrino na mão, entrou na cidade. Tentado pela perspectiva de uma recompensa tão magnífica, dirigiu-se à rocha e pediu corajosamente à Esfinge que lhe propusesse um de seus enigmas. Ela lhe propôs um enigma que considerou impossível de ser solucionado, mas Édipo imediatamente o resolveu. A Esfinge, cheia de raiva e desespero, precipitou-se no abismo e pereceu, e Édipo recebeu a recompensa prometida: tornou-se rei de Tebas e marido de Jocasta, a viúva do rei Laio, pai dele.

Por muitos anos, Édipo desfrutou da maior felicidade e tranquilidade. Teve quatro descendentes: dois filhos, Etéocles e Polinice, e duas filhas, Antígona e Ismênia. Contudo, os deuses afligiram o país com uma peste, e muitos pereceram. Em meio a tanta angústia, a população implorou a ajuda do rei, considerado pelos súditos um favorito especial dos deuses. Édipo consultou um oráculo e recebeu como resposta que a pestilência continuaria a assolá-los até que a terra fosse purificada do sangue do rei Laio, cujo assassino vivia impune em Tebas.

O rei invocou, então, as mais solenes imprecações sobre a cabeça do assassino e ofereceu uma recompensa por qualquer informação sobre ele. Depois, mandou chamar o velho cego Tirésias e implorou a ele que revelasse o autor do crime por meio de seus poderes proféticos. Tirésias a princípio hesitou, mas, cedendo às fervorosas solicitações do rei, dirigiu-se a ele da seguinte forma: "Tu mesmo és o assassino do velho rei Laio, que era teu pai, e estás casado com a viúva dele, tua própria mãe". A fim de convencer Édipo da veracidade do que dissera, apresentou o velho servo que o abandonara quando bebê no monte Citéron e o pastor que o transportara para o rei Políbo. Horrorizado com a terrível revelação, Édipo, em um ato de desespero, privou-se da capacidade de enxergar, e a pobre Jocasta, incapaz de sobreviver a tamanha desgraça, enforcou-se.

Acompanhado de Antígona, sua filha devota e fiel, Édipo deixou Tebas e tornou-se um exilado miserável e desabrigado, mendigando pão de lugar em lugar. Por fim, após uma longa e dolorosa peregrinação, encontrou refúgio no bosque das Eumênides (em Colono, perto de Atenas), onde seus momentos finais foram apaziguados e vigiados pelo cuidado e pela devoção de sua fiel Antígona.

OS SETE CONTRA TEBAS

Após a abdicação voluntária de Édipo, seus dois filhos, Etéocles e Polinice, tomaram posse da coroa e reinaram sobre a cidade de Tebas. Mas Etéocles, um príncipe ambicioso, logo tomou as rédeas do governo e expulsou o irmão do trono.

Polinice dirigiu-se, então, a Argos, aonde chegou na calada da noite. Fora dos portões do palácio real, encontrou Tideu, filho de Eneu, rei de Cálidon. Após matar um parente em uma caçada acidentalmente, Tideu também virou um fugitivo; na escuridão, confundido por Polinice com um inimigo, houve uma briga, que teria tido um desfecho fatal caso o rei Adrasto não tivesse aparecido, despertado pelo fragor, e separado os combatentes.

À luz das tochas carregadas pelos assistentes, Adrasto observou, surpreso, que havia um leão representado no escudo de Polinice e, no de Tideu, um javali. Aquele ostentava essa insígnia em homenagem ao renomado herói Héracles e este, em memória da famosa caça ao javali calidônio. Esse fato lembrou o rei de uma extraordinária previsão oracular sobre suas duas belas filhas, Argia e Dípile. Segundo o oráculo, o pai as daria em casamento a um leão e um javali. Saudando com alegria o que considerava ser uma solução favorável para a misteriosa profecia, ele convidou os estrangeiros para irem ao palácio; quando ouviu a história deles e se convenceu de que eram de origem nobre, concedeu a Polinice a bela filha Argia e a Tideu, a bela Dípile, prometendo ao mesmo tempo que ajudaria os dois genros a recuperar o patrimônio legítimo deles.

O primeiro cuidado de Adrasto foi ajudar Polinice a recuperar a posse de sua parte legal no governo de Tebas. Dessa forma, convidou os chefes mais poderosos do reino para participar da expedição, e todos eles prontamente obedeceram ao chamado, exceto o cunhado do rei, Anfiarau, o vidente. Uma vez que havia previsto um fim desastroso para a empreitada, sabendo que nenhum dos heróis retornaria vivo, com exceção do próprio Adrasto, o vidente tentou com veemência dissuadir o rei de realizar aquele plano e recusou-se a participar do empreendimento. Adrasto, porém, apoiado por Polinice e Tideu, estava obstinadamente empenhado a cumprir seu propósito; para escapar das importunações do cunhado rei, Anfiarau fugiu para um esconderijo conhecido apenas pela esposa, Erifila.

Ora, na ocasião do casamento de Anfiarau, fora acordado que, se ele porventura tivesse uma opinião divergente da do rei, a esposa do primeiro deveria decidir a questão. Como a presença de Anfiarau era indispensável para o sucesso da empreitada e, outrossim, como Adrasto não entraria nela sem "o olho do exército" – como apelidara seu cunhado –, Polinice estava determinado a garantir os serviços dele e, para tanto, decidiu subornar Erifila a usar sobre o marido a influência que tinha e decidir a questão de acordo com os desejos do rei. Ele lembrou-se do belo colar de Harmonia, esposa de Cadmo, que trouxera consigo ao fugir de Tebas. Então apresentou-se diante da esposa de Anfiarau e ergueu, para o olhar admirado dela, a quinquilharia reluzente, prometendo que, caso revelasse o esconderijo do marido e o induzisse a participar da expedição, o colar seria dela. Erifila, incapaz de resistir à isca tentadora, aceitou a quinquilharia e, assim, Anfiarau foi compelido a se juntar ao exército. Porém, antes de sair de casa, extorquiu uma promessa solene do filho Alcmeão, de acordo com a qual, se ele perecesse no campo de batalha, o filho vingaria a morte dele punindo a mãe, a pérfida Erifila.

Sete líderes foram escolhidos, cada um à frente de um destacamento de tropas separado. Tais líderes foram Adrasto, o rei, seus dois irmãos Hipomedonte e Partenopeu, o sobrinho Capaneu, Polinice, e Tideu e Anfiarau.

Quando o exército se reuniu, eles partiram para Nemeia, que na época era governada pelo rei Licurgo. Ali, os argivos, já sem água, pararam nos arredores de uma floresta para procurar uma fonte, quando viram uma mulher bela e majestosa sentada no tronco de uma árvore, amamentando uma criança. Concluíram, por sua aparência nobre e majestosa, que devia ser uma deusa, mas ela disse que era Hipsípile, rainha dos lemnianos, levada cativa por piratas e vendida como escrava para o rei Licurgo, e que agora era ama do filho recém-nascido dele. Quando os guerreiros lhe disseram que estavam em busca de água, ela deitou a criança na grama e os levou a uma fonte secreta na floresta, que somente ela conhecia. Porém, ao retornarem, descobriram, com pesar, que o pobre bebê havia sido morto por uma serpente durante sua ausência. Eles mataram o réptil e, em seguida, recolhendo os restos mortais da criança, enterraram-na com honras fúnebres e seguiram caminho.

A hoste guerreira aparecia agora diante dos muros de Tebas, e cada líder se posicionou em frente a um dos sete portões da cidade, de prontidão para o ataque. Etéocles, junto a Creonte, fez os devidos preparativos para repelir os invasores e enviou tropas, sob o comando de líderes de confiança, para guardarem cada um dos portões. Depois, segundo o costume dos antigos de consultar adivinhos antes de iniciar qualquer empreendimento, convocaram Tirésias, o velho cego, que, após extrair cuidadosamente os augúrios do voo dos pássaros, declarou que todos os esforços para defender a cidade se provariam inúteis, a menos que o descendente mais jovem da casa de Cadmo se oferecesse em sacrifício voluntário para o bem do Estado.

Quando Creonte ouviu as palavras do vidente, pensou primeiro no filho favorito, Meneceu, o herdeiro mais jovem da casa real, que estava presente no encontro. Creonte, portanto, implorou-lhe fervorosamente que deixasse a cidade e rumasse para Delfos em segurança, mas o destemido jovem resolveu sacrificar a vida heroicamente para o benefício de seu país; após despedir-se do velho pai, subiu as muralhas da cidade e, enfiando uma adaga no coração, morreu à vista das hostes combatentes.

Adrasto, então, deu às tropas a palavra de ordem para que invadissem a cidade, e elas avançaram para o ataque com grande valentia. A batalha foi longa e árdua; após duras perdas de ambos os lados, os argivos foram derrotados e afugentados.

Depois de alguns dias, eles reorganizaram as forças e novamente apareceram em frente aos portões de Tebas, quando Etéocles, aflito ao pensar que haveria muitas mortes terríveis por sua causa, enviou um arauto para o acampamento oposto propondo que o destino da campanha fosse decidido por um duelo entre ele mesmo e seu irmão Polinice. O desafio foi prontamente aceito e, no combate, que aconteceu fora das muralhas da cidade, à vista das forças rivais, Etéocles e Polinice terminaram ambos fatalmente feridos e morreram no campo de batalha.

Os dois lados reivindicavam a vitória e, como resultado disso, as hostilidades recomeçaram. Logo a batalha alastrou-se com mais fúria do que nunca, mas a vitória finalmente foi declarada aos tebanos. Em sua fuga, os argivos perderam todos os líderes, exceto Adrasto, que devia sua segurança à ligeireza do cavalo Árion.

Com a morte dos irmãos, Creonte tornou-se novamente o rei de Tebas e, a fim de mostrar repúdio à conduta de Polinice ao lutar contra o país, proibiu terminantemente que qualquer um enterrasse os restos mortais dele ou de seus aliados. Mas a fiel Antígona, que retornara a Tebas após a morte do pai, não podia suportar que o corpo do irmão permanecesse insepulto. Assim, ela corajosamente desrespeitou as ordens do rei e esforçou-se para enterrar os restos mortais de Polinice.

Quando Creonte descobriu que suas ordens haviam sido desafiadas, condenou com crueldade que a devota donzela fosse enterrada viva em uma cripta subterrânea, mas a retaliação era iminente. Seu filho, Hêmon, que estava prometido a Antígona, após conseguir entrar na cripta, ficou horrorizado ao descobrir que Antígona se enforcara com o véu. Sentindo que a vida sem ela seria insuportável, jogou-se em desespero na própria espada e, após invocar solenemente a maldição dos deuses sobre a cabeça do pai, partiu ao lado do cadáver da noiva.

Mal a notícia do trágico destino do filho chegara aos ouvidos do rei, outro mensageiro apareceu, anunciando que sua esposa Eurídice, ao saber da morte de Hêmon, dera cabo de sua existência também. O rei, então, acabou ficando viúvo e sem filhos na velhice.

Ele também não teve sucesso na execução de seus desejos de vingança, pois Adrasto – que, após fugir de Tebas, refugiara-se em Atenas – induziu Teseu a liderar um exército contra os tebanos, para obrigá-los a devolver os cadáveres dos guerreiros argivos a seus amigos, a fim de que cumprissem os devidos ritos fúnebres em honra aos mortos. Essa empreitada foi realizada com sucesso e os restos mortais dos heróis caídos foram enterrados com as devidas honrarias.

OS EPÍGONOS

Dez anos após esses eventos, os filhos dos heróis mortos, que eram chamados de Epígonos, ou descendentes, resolveram vingar a morte dos pais e, com esse objetivo, iniciaram uma nova expedição contra a cidade de Tebas.

Por conselho do oráculo de Delfos, o comando foi confiado a Alcmeão, filho de Anfiarau, mas, lembrando-se das ordens do pai, o rapaz hesitou em aceitar o cargo antes de executar sua vingança contra a mãe, Erifila. Contudo, Tersandro, filho de Polinice, adotando táticas similares às do próprio pai, subornou Erifila com o belo véu de Harmonia, que Polinice havia lhe deixado, a fim de que a mulher induzisse o filho Alcmeão e o irmão Anfíloco a participarem dessa segunda guerra contra Tebas.

Ora, a mãe de Alcmeão fora agraciada com um raro fascínio que a tornava irresistível a todos aqueles que, por acaso, estivessem sob sua influência. Assim, nem mesmo o próprio filho foi capaz de resistir às lisonjas. Cedendo, portanto, às suas ardilosas dissimulações, ele aceitou o comando das tropas e, à frente de um grande e poderoso exército, avançou sobre Tebas.

Em frente aos portões da cidade, Alcmeão encontrou os tebanos sob o comando de Laodamante, filho de Etéocles. Uma batalha feroz foi travada, e o líder tebano, depois de realizar prodígios de grande valor, pereceu nas mãos de Alcmeão.

Após perderem o chefe e a pura nata de seu exército, os tebanos recuaram para dentro das muralhas da cidade, e o inimigo agora os pressionava com força por todos os lados. Aflitos, apelaram para o velho Tirésias, o vidente cego, que já tinha mais de cem anos. Com lábios trêmulos e voz abatida, ele lhes informou que apenas poderiam salvar suas vidas abandonando a cidade natal com a esposa e a família. Eles então despacharam embaixadores para o acampamento do inimigo; enquanto estes faziam negociações durante a noite, os tebanos evacuaram a cidade com as esposas e as crianças. Na manhã seguinte, os argivos entraram em Tebas e a saquearam, colocando Tersandro, filho de Polinice (que era descendente de Cadmo), no trono que seu pai em vão disputara.

ALCMEÃO E O COLAR

Quando Alcmeão voltou da expedição contra os tebanos, decidiu cumprir a última ordem do pai, Anfiarau, que desejava que ele se vingasse da mãe, Erifila, por ela ter tido a perfídia de aceitar um suborno para trair o marido. Essa decisão foi ainda mais fortemente confirmada quando Alcmeão descobriu que a mãe, sem qualquer escrúpulo, também o exortara a se juntar à expedição em troca do tão cobiçado véu de Harmonia. Ele a matou, portanto, e, levando consigo o colar e o véu malfadados, deixou para sempre o lar dos pais.

Mas os deuses não podiam permitir que um crime tão abominável ficasse impune, então o afligiram com a loucura e enviaram uma das Fúrias para persegui-lo incessantemente. Nessa condição infeliz, ele vagou de um lugar ao outro, até que finalmente chegou a Psófide, na Arcádia. Fegeu, rei da região, não apenas o purificou do crime cometido como também lhe deu a mão da filha Arsínoe, para quem Alcmeão deu de presente o colar e o véu, que já haviam causado tanta infelicidade.

Embora já liberto da aflição mental, a maldição que pairava sobre ele não foi totalmente removida e, por causa disso, o país que adotara foi assolado por uma seca severa. Ao consultar o oráculo de Delfos, foi informado de que qualquer terra que lhe oferecesse abrigo seria amaldiçoada pelos deuses, e a maldição continuaria a persegui-lo até ele chegar a uma terra que não existia na época em que assassinou a mãe. Desprovido de esperança e decidido a não mais lançar a obscuridade de seu destino sombrio sobre aqueles que amava, Alcmeão despediu-se com ternura da esposa e do filhinho e mais uma vez tornou-se exilado e errante.

Chegando ao rio Aqueloo, após uma longa e árdua peregrinação, Alcemão descobriu, com indescritível alegria, uma bela e fértil ilha que muito recentemente emergira das águas. Ali, estabeleceu morada e, nesse recanto de paz, foi enfim liberto dos sofrimentos e purificado de seu crime pelo deus-rio Aqueloo. Contudo, em seu novo lar, onde a prosperidade lhe sorria, Alcmeão logo se esqueceu da esposa amorosa e do filho deixados para trás e cortejou Calírroe, a bela filha do deus-rio, e a moça uniu-se a ele em casamento.

Por muitos anos, Alcmeão e Calírroe viveram felizes juntos, e dois filhos nasceram da união. Infelizmente para a paz do marido, porém, a filha de Aqueloo ouvira falar do colar e do véu célebres de Harmonia e foi tomada por um desejo violento de tornar-se a dona desses tesouros preciosos.

Ora, o colar e o véu estavam sob a guarda de Arsínoe, mas, como Alcmeão teve grande cuidado de esconder da jovem esposa o fato de já ter sido casado anteriormente, e disse a ela, uma vez que não conseguia mais se esquivar das importunações dela sobre aquilo, que os escondera em uma caverna em seu país natal, prometendo ir lá imediatamente buscá-los para ela. Desse modo, despediu-se de Calírroe e dos filhos e seguiu para Psófide, onde se apresentou diante da esposa abandonada e do pai dela, o rei Fegeu. A eles, justificou a ausência pelo fato de ter sofrido um novo ataque de loucura, acrescentando que um oráculo previra que sua enfermidade só seria curada quando ele depositasse o colar e o véu de Harmonia no templo de Apolo em Delfos. Arsínoe, enganada pelas dissimulações ardilosas dele, devolveu-lhe sem hesitação os presentes nupciais, e Alcmeão partiu em jornada de volta para casa, muito satisfeito com o sucesso da expedição.

O colar e o véu fatais estavam condenados a trazer, porém, ruína e desastre para todos aqueles que os possuíssem. Durante a estadia de Alcmeão na corte do rei Fegeu, um dos servos que acompanhava o homem delatou o segredo da união dele com a filha do deus-rio e, quando o rei informou aos filhos essa conduta traiçoeira, eles ficaram determinados a vingar as injustiças sofridas pela irmã Arsínoe. Dessa forma, esconderam-se em uma altura da estrada onde Alcmeão era obrigado a passar e, assim que ele se aproximou do local, emergiram de repente do esconderijo de sua emboscada, caíram sobre ele e o liquidaram.

Arsínoe ainda amava o marido infiel e, quando soube do assassinato, repreendeu severamente os irmãos pelo crime cometido; eles ficaram tão indignados com isso que a colocaram em uma arca e a levaram a Agapenor, filho de Anceu, na Tégea. Ali, acusaram-na do assassinato do qual eles mesmos eram os culpados e ela sofreu uma morte dolorosa.

Ao saber do triste destino de Alcmeão, Calírroe implorou a Zeus para que seus filhos pequenos crescessem imediatamente até a idade adulta e vingassem a morte do pai. O governante do Olimpo ouviu a petição da esposa enlutada e, em resposta à sua oração, as crianças de outrora se transformaram em homens barbados, cheios de força e coragem e sedentos por vingança.

Apressando-se para Tégea, encontraram os filhos de Fegeu, prestes a rumar para Delfos a fim de depositar o colar e o véu no santuário de Apolo; antes que os irmãos tivessem tempo de se defender, os filhos robustos de Calírroe avançaram sobre eles e os mataram. Seguiram, então, para Psófide, onde mataram o rei Fegeu e a esposa; depois disso, retornaram para a mãe com o colar e o véu, os quais, por ordem do pai dela, Aqueloo, foram depositados como oferendas sagradas no templo de Apolo em Delfos.

OS HERÁCLIDAS

Após a apoteose de Héracles, seus filhos foram perseguidos de modo tão cruel por Euristeu que fugiram para obter a proteção do rei Ceix, em Traquine, acompanhados do velho Iolau, sobrinho e amigo de longa data de Héracles, que se tornou guia e protetor deles. Contudo, quando Euristeu exigiu a rendição dos fugitivos, os Heráclidas, sabendo que a pequena força à disposição do rei Ceix seria totalmente inadequada para protegê-los do poderoso rei de Argos, abandonaram o seu território e buscaram refúgio em Atenas, onde foram recebidos com hospitalidade pelo rei Demofonte, filho do grande herói Teseu. Demofonte abraçou calorosamente a causa deles e decidiu protegê-los a todo custo de Euristeu, que despachara uma frota numerosa em busca do grupo.

Quando os atenienses fizeram todos os preparativos necessários para repelir os invasores, um oráculo anunciou que o sacrifício de uma donzela de nobre nascimento seria necessário para garantir-lhes a vitória; Macária, a linda filha de Héracles e Dejanira, ofereceu-se, dignamente, como um sacrifício e, cercada pelas mais nobres matronas e seguidoras de Atenas, voluntariamente se entregou à morte.

Enquanto esses eventos aconteciam em Atenas, Hilo, o filho mais velho de Héracles e Dejanira, avançara com um grande exército para ajudar os irmãos; após enviar um mensageiro ao rei para anunciar sua chegada, Demofonte uniu-se à frota dele com o próprio exército.

No calor da batalha que se travou, Iolau, seguindo um impulso repentino, pegou a carruagem de Hilo emprestada e rogou fervorosamente a Zeus e a Hebe para que lhe devolvessem, apenas por um dia, o vigor e a força da juventude. Sua oração foi ouvida, e uma nuvem espessa desceu do céu e envolveu a carruagem. Quando ela desapareceu, Iolau, na total plenitude de seu vigor viril, revelou-se diante do olhar atônito dos combatentes. Liderou, então, o valente bando de guerreiros e, em pouco tempo, o inimigo partiu em uma fuga impetuosa; Euristeu, tomado como prisioneiro, foi condenado à morte por ordem do rei Demofonte.

Depois de reconhecer, com gratidão, a ajuda oportuna dos atenienses, Hilo, acompanhado do fiel Iolau e dos irmãos, despediu-se do rei Demofonte e prosseguiu para invadir o Peloponeso, que eles consideravam seu patrimônio de direito, pois, de acordo com a vontade de Zeus, ele teria sido propriedade legítima de seu pai, o grande herói Héracles, se Hera não tivesse maliciosamente frustrado os planos do deus e feito o primo do semideus, Euristeu, precedê-lo na chegada ao mundo.

Durante o intervalo de doze meses, os Heráclidas conseguiram permanecer no Peloponeso, mas, quando esse tempo terminou, uma peste alastrou-se por toda a península, obrigando os Heráclidas a evacuar a região e retornar para a Ática, onde se estabeleceram por um tempo.

Depois de três anos, Hilo decidiu fazer outro esforço para obter a herança paterna. Antes de partir para a expedição, no entanto, consultou o oráculo de Delfos e recebeu a resposta de que deveria esperar pelo terceiro fruto antes de essa empreitada ser bem-sucedida. Interpretando essa resposta ambígua como uma metáfora para o terceiro verão, Hilo controlou a impaciência por três anos. Após esse tempo, reuniu um exército poderoso e entrou mais uma vez no Peloponeso.

No Istmo de Corinto, foi contestado por Atreu, filho de Pélope, que, após a morte de Euristeu, herdou o reino. Com a intenção de poupar derramamento de sangue, Hilo sugeriu decidir suas reivindicações por duelo, com a condição de que, se saísse vitorioso, ele e os irmãos obteriam a posse inconteste de seus direitos; mas, se fosse derrotado, os Heráclidas desistiriam por cinquenta anos de tentar impor-lhes qualquer reivindicação.

O desafio foi aceito por Équemo, rei de Tégea, e Hilo perdeu a vida no embate. Os filhos de Héracles, em virtude do acordo, abandonaram o Peloponeso e se retiraram para Maratona.

Hilo foi sucedido pelo filho, Cleodeu, que, ao término do prazo designado, reuniu um amplo exército e invadiu o Peloponeso. Não teve, porém, mais sucesso do que o pai e ali pereceu com todas as tropas.

Vinte anos depois, o filho de Cleodeu, Aristômaco, consultou um oráculo, que lhe prometeu vitória caso passasse pelo desfiladeiro. Os Heráclidas partiram mais uma vez, mas foram novamente derrotados; Aristômaco compartilhou o destino do pai e do avô, e também morreu no campo de batalha.

Depois de trinta anos, os filhos de Aristômaco – Têmeno, Cresfontes e Aristodemo – consultaram de novo o oráculo, e a resposta permaneceu a mesma, mas dessa vez acompanhada da seguinte explicação: o terceiro fruto significava a terceira geração, à qual eles próprios pertenciam, e não o terceiro fruto da terra; e, pelo desfiladeiro, referia-se não ao Istmo de Corinto, mas ao estreito à direita dele.

Têmeno não perdeu tempo em reunir um exército e construir navios de guerra, mas, quando tudo ficou pronto e a frota estava prestes a partir, o mais novo dos irmãos, Aristodemo, foi atingido por um raio. Para aumentar os infortúnios, Hipólito, um descendente de Héracles que se juntara à expedição, matou um adivinho depois de tê-lo confundido com um espião. Em fúria, os deuses enviaram tempestades violentas por meio das quais toda a frota foi destruída, enquanto a fome e a peste dizimavam as fileiras do exército.

O oráculo, ao ser novamente consultado, aconselhou que Hipólito, o infrator, devia ser banido do país por dez anos e que o comando das tropas devia ser delegado a um homem de três olhos. Uma busca foi imediatamente instituída pelos Heráclidas por um homem que correspondesse à descrição e foi encontrada a figura de Óxilo[75], um descendente da raça dos reis etólios. Em obediência ao comando do oráculo, Hipólito foi banido, um exército e uma frota, mais uma vez equipados e Óxilo, eleito capitão-mor.

O sucesso finalmente havia coroado os esforços dos descendentes sofredores do grande herói. Eles obtiveram a posse do Peloponeso, que foi dividido entre eles por sorteio. Argos ficou para Têmeno; Lacedemônia, para Aristodemo; e Messênia, para Cresfontes. Em gratidão pelos serviços de Óxilo, seu líder capacitado, os Heráclidas lhe conferiram o reino de Élis.

O CERCO DE TROIA

Troia ou Ílion era a capital de um reino na Ásia Menor situada perto do Helesponto e fundada por Ilo, filho de Tros. Na época da famosa Guerra de Troia, a cidade estava sob o governo de Príamo, um descendente direto de Ilo. Príamo era casado com Hécuba, filha de Dimas, rei da Trácia; entre os filhos mais célebres dele, estavam o renomado e valente Heitor, a profetisa Cassandra e Páris, a causa da Guerra de Troia.

Antes do nascimento do segundo filho, Páris, Hécuba sonhou que havia dado à luz um tição flamejante, o que, segundo a interpretação de Ésaco, o vidente (filho de um casamento anterior de Príamo), significava que ela teria um filho que causaria a destruição da cidade de Troia. Ansiosa para impedir o cumprimento da profecia, Hécuba fez o bebê recém-nascido ser abandonado no monte Ida para ali perecer,

[75] Contam os mitos que, quando os Heráclidas encontraram Óxilo, ele montava um cavalo de um olho só; sendo assim, somando os próprios olhos aos do animal, sua figura corresponderia à descrição do oráculo, ainda que metaforicamente (N. T.).

mas a criança foi encontrada por alguns pastores de bom coração e, criada por eles, cresceu sem saber que havia nascido nobre.

À medida que o menino se aproximava da idade adulta, tornava-se excepcional não apenas pela maravilhosa beleza de corpo e feições, mas também pela força e coragem exercidas ao defender os rebanhos dos ataques de ladrões e animais selvagens; por conta disso, foi chamado de Alexandre, ou o ajudante dos homens. Foi por volta dessa época que ele resolveu a famosa disputa da maçã de ouro lançada pela deusa da Discórdia na assembleia dos deuses. Como já vimos, ele decidiu a favor de Afrodite e ganhou, assim, duas inimigas implacáveis, pois Hera e Atena nunca perdoaram a desfeita.

Páris uniu-se a uma bela ninfa chamada Enone, com quem viveu feliz na reclusão e na tranquilidade de uma vida pastoril, mas, para a grande tristeza dela, essa existência pacífica não estava destinada a durar muito.

Ouvindo que alguns jogos fúnebres estavam prestes a acontecer em Troia em homenagem a um parente falecido do rei, Páris resolveu visitar a capital para poder participar. Lá, destacou-se tanto em uma competição com os irmãos desconhecidos, Heitor e Deífobo, que os jovens príncipes, orgulhosos e enfurecidos por um mero pastor desconhecido arrancar-lhes o prêmio da vitória, estavam prestes a criar confusão. Nesse momento, Cassandra, que acompanhara os eventos, deu um passo adiante e anunciou que o humilde camponês – o qual os derrotara de modo tão notável – era o próprio irmão deles, Páris. O rapaz foi, então, conduzido à presença dos pais, que alegremente o reconheceram como filho. Em meio às festividades e aos regozijos que homenageavam o descendente recém-encontrado, a previsão sinistra do passado foi esquecida.

Como prova de sua confiança, o rei atribuiu a Páris uma missão um tanto delicada. Como já vimos na Lenda de Héracles, esse grande herói semideus conquistou Troia e, após matar o rei Laomedonte, levou cativa a bela filha dele, Hesíone, a quem concedeu em casamento para o filho Télamon. Ainda que ela tenha se tornado princesa de Salamina e vivido feliz com o marido, o irmão de Hesíone, Príamo, nunca deixou de lamentar-lhe a perda, bem como a indignidade que atingira sua casa; agora, a proposta era que Páris fosse munido de uma frota numerosa e seguisse para a Grécia a fim de exigir a restauração da irmã do rei.

Antes de partir nessa expedição, o rapaz foi advertido por Cassandra a não trazer para casa uma esposa da Grécia, prevendo que, se ele desrespeitasse seus conselhos, acabaria causando a inevitável ruína da cidade de Troia – e a destruição da casa de Príamo.

Sob os comandos de Páris, a frota zarpou e chegou em segurança à Grécia. Ali, o jovem príncipe troiano viu pela primeira vez Helena, filha de Zeus e de Leda e irmã dos Dióscuros. Helena era esposa de Menelau, rei de Esparta, e a mulher mais adorável de seu tempo. Os heróis mais renomados da Grécia buscaram a honra de sua mão, mas o padrasto, Tíndaro, rei de Esparta, temia tornar-se inimigo dos pretendentes preteridos se a desse em casamento para um de seus numerosos admiradores. Assim, estipulou que todos os pretendentes deveriam jurar solenemente ajudar e defender o candidato vencedor, com todos os meios à sua disposição e em qualquer disputa que poderia surgir dali em diante, por conta do casamento. Acabou por dar a mão de Helena a Menelau, um príncipe guerreiro dedicado aos exercícios marciais e aos prazeres da caça, a quem cedeu seu trono e reino.

Quando Páris chegou a Esparta e procurou hospedagem no palácio real, foi gentilmente recebido pelo rei Menelau. No banquete dado em sua homenagem, encantou tanto o anfitrião quanto a anfitriã pelos graciosos modos e variados feitos e caiu especialmente nas graças da bela Helena, a quem presenteou com algumas joias raras e castas, de fabricação asiática.

Enquanto Páris ainda era hóspede da corte do rei de Esparta, este recebeu um convite do amigo Idomeneu, rei de Creta, para acompanhá-lo em uma expedição de caça; Menelau, de temperamento ingênuo e tranquilo, aceitou o convite e deixou para Helena o dever de receber o distinto estrangeiro. Cativado pela beleza insuperável da moça, o príncipe troiano esqueceu qualquer senso de honra e dever e resolveu roubar a bela esposa do anfitrião ausente. Assim, reuniu os seguidores e, com a ajuda deles, invadiu o castelo real, apossando-se dos ricos tesouros nele contidos e conseguindo levar a bela e – não de todo – relutante amante.

Eles imediatamente zarparam, mas foram levados por más condições climáticas à ilha de Crânae, onde lançaram âncora; só depois de alguns anos – durante os quais o lar e o país foram esquecidos –, Páris e Helena seguiram para Troia.

PREPARAÇÕES PARA A GUERRA

Quando soube da violação do âmago do seu lar, Menelau dirigiu-se a Pilos, acompanhado do irmão Agamênon, para consultar o sábio e velho rei Nestor, conhecido por sua grande experiência e diplomacia. Ao saber do ocorrido, Nestor expressou a opinião de que somente por meio dos esforços combinados de todos os estados da Grécia Menelau poderia sonhar com a volta de Helena, desafiando um reino tão poderoso como o de Troia.

Menelau e Agamênon ergueram, então, o grito de guerra, que foi unanimemente respondido de uma ponta à outra da Grécia. Muitos daqueles que se voluntariaram ao serviço eram ex-pretendentes da bela Helena e, portanto, estavam obrigados por juramento a apoiar a causa de Menelau; outros se juntaram por puro amor à aventura, mas todos ficaram profundamente impressionados com a desgraça que recairia sobre o país caso um crime daquele ficasse impune. Assim, reuniu-se um exército poderoso, do qual ficaram de fora poucos nomes dignos de nota.

Somente no caso de dois grandes heróis, Odisseu (Ulisses) e Aquiles, Menelau teve certa dificuldade.

Odisseu, famoso por sua sabedoria e grande astúcia, vivia feliz em Ítaca com a bela e jovem esposa Penélope e o filhinho Telêmaco, então estava relutante em trocar o lar feliz por uma perigosa expedição ao estrangeiro por tempo indeterminado. Quando seus serviços foram solicitados, portanto, fingiu que estava louco, mas o astuto Palamedes, um herói distinto da comitiva de Menelau, detectou e expôs o ardil. Odisseu foi então forçado a se juntar à guerra. Porém, ele nunca perdoou a interferência de Palamedes e, como veremos, acabou se vingando dele da maneira mais cruel.

Aquiles era filho de Peleu e da deusa do mar Tétis, a qual, segundo dizem, mergulhou o filho, quando bebê, no rio Estige, tornando-o, assim, invulnerável, exceto o calcanhar direito, pelo qual ela o segurou. Quando o menino tinha nove anos, previram a Tétis que ele ou desfrutaria de uma longa e inglória vida de facilidade e inatividade, ou, após uma breve trajetória de vitória, morreria como herói. Naturalmente desejando prolongar a vida do filho, a mãe protetora esperava devotamente que o primeiro destino lhe fosse atribuído. Com essa visão, ela o levou para a ilha de Esquiro, no mar Egeu, onde ele foi criado disfarçado de menina, entre as filhas de Licomedes, rei da região.

Agora que a presença de Aquiles era necessária, uma vez que uma previsão oracular declarou que Troia não seria tomada sem ele, Menelau consultou Calcas, o adivinho, que lhe revelou o lugar onde Aquiles estava escondido. Odisseu foi, então, despachado para Esquiro, e ali, por meio de um engenhoso artifício, logo descobriu qual das donzelas era o objeto de sua busca. Disfarçando-se de mercador, Odisseu conseguiu inserir-se no palácio real, lugar em que ofereceu às filhas do rei várias joias à venda. Todas as moças, exceto uma, examinaram as mercadorias com interesse genuíno. Observando essa circunstância, Odisseu concluiu com astúcia que aquela que se mantinha à distância deveria ser o próprio jovem Aquiles. Contudo, para ter certeza de que sua dedução estava correta, Odisseu exibiu um belo conjunto de apetrechos bélicos, enquanto, a um determinado sinal, acordes emocionantes de música marcial foram ouvidos do lado de fora; Aquiles, inflamado com ardor guerreiro, apoderou-se das armas e, assim, revelou sua identidade. Juntando-se à causa dos gregos – e, a pedido do pai, acompanhado por Pátroclo, seu familiar –, contribuiu para a expedição com uma grande força de tropas da Tessália (ou mirmidões, como eram chamados), além de cinquenta navios.

Por dez longos anos, Agamênon e os outros líderes dedicaram toda a energia e todos os meios de que dispunham à preparação da campanha militar contra Troia. Porém, durante essas preparações bélicas, uma tentativa de solucionar a dificuldade de modo pacífico não foi negligenciada. Uma embaixada composta por Menelau, Odisseu e outros foi enviada ao rei Príamo para exigir a rendição de Helena. Embora a embaixada tivesse sido recebida com a maior pompa e cerimônia, a demanda foi rejeitada; diante disso, os embaixadores voltaram para a Grécia e foi dada a ordem para que a frota se reunisse em Áulis, na Beócia.

Nunca antes nos anais da Grécia um exército tão grande fora reunido. Cem mil guerreiros reuniram-se em Áulis, em cuja enseada flutuavam mais de mil navios, prontos para transportá-los à costa troiana. O comando desse poderoso exército foi confiado a Agamênon, rei de Argos, o mais poderoso de todos os príncipes gregos.

Antes que a frota zarpasse, ofereceram-se sacrifícios solenes aos deuses à beira-mar, quando subitamente uma serpente foi vista subindo em um plátano, no qual havia um ninho de pardal com nove filhotes. O réptil primeiro devorou os filhotes e depois a mãe; em seguida, foi transformado por Zeus em pedra. O adivinho Calcas, ao ser consultado, interpretou o milagre como indicativo de que a guerra contra Troia duraria nove anos – e somente no décimo a cidade seria tomada.

PARTIDA DA FROTA GREGA

A frota então zarpou, mas, confundindo a costa de Mísia com a de Troia, os gregos desembarcaram as tropas e começaram a assolar a região. Télefo, rei dos mísios e filho do grande herói Héracles, opôs-se a eles com um grande exército e conseguiu obrigá-los a voltar para os navios, mas acabou ferido no combate pela lança de Aquiles. Pátroclo, lutou bravamente ao lado de seu familiar e também foi ferido na batalha, mas, por ter sido um pupilo de Quíron, Aquiles enfaixou a ferida com cuidado e conseguiu curá-la. Esse incidente foi o início da célebre amizade entre os dois heróis, e mesmo na morte eles permaneceram unidos.

Os gregos retornaram, então, a Áulis. Nesse ínterim, quando a ferida de Télefo mostrou-se incurável, ele consultou um oráculo, e a resposta foi que apenas aquele que causara a ferida teria o poder de curá-la. Télefo, por conseguinte, seguiu para o acampamento grego, onde foi curado por Aquiles e, a pedido de Odisseu, consentiu em servir de guia na viagem para Troia.

Quando a expedição estava prestes a começar pela segunda vez, Agamênon teve a infelicidade de matar uma corça consagrada a Ártemis. Furiosa, a deusa enviou contínuas calmarias, impedindo a frota de zarpar. Calcas, ao ser consultado, anunciou que o sacrifício de Ifigênia, filha de Agamênon, seria a única coisa que aplacaria a deusa enfurecida. Em capítulos anteriores, já relatamos como Agamênon acabou abrindo mão de seus sentimentos paternos para sacrificar a filha e como Ifigênia foi salva pela própria Ártemis.

Quando, enfim, um vento favorável surgiu, a frota zarpou imediatamente. Eles pararam na ilha de Tênedos, onde o famoso arqueiro Filoctetes – que possuía o arco e as flechas de Héracles, dadas a ele pelo herói moribundo – foi picado no pé por uma cobra venenosa. O odor exalado da ferida era tão insuportável que, por sugestão de Odisseu, Filoctetes foi transportado para a ilha de Lesbos, onde, para seu grande desgosto, foi abandonado no destino – e a frota seguiu sua jornada para Troia.

O INÍCIO DAS HOSTILIDADES

Ao receberem com antecedência as informações sobre a invasão do país, os troianos buscaram ajuda dos estados vizinhos, que foram unânimes em responder com bravura ao pedido; assim, fizeram-se amplos preparativos para receber o inimigo. Sendo o próprio rei Príamo de idade muito avançada para o serviço ativo, o comando do exército recaiu sobre o filho mais velho, o bravo e valente Heitor.

Com a aproximação da frota grega, os troianos apareceram na costa para impedir o desembarque, mas as tropas muito hesitaram para decidir quem seria o primeiro a pisar em solo inimigo, uma vez que fora previsto que aquele que o fizesse cairia como um sacrifício às Parcas. Protesilau de Filaque, no entanto, nobremente desconsiderando a previsão agourenta, saltou para a praia e foi morto pelas mãos de Heitor.

Assim, os gregos conseguiram efetuar o desembarque; no confronto que se seguiu, os troianos foram derrotados de modo notável e obrigados a buscar segurança atrás das muralhas da cidade. Com Aquiles na dianteira, os gregos fizeram uma tentativa desesperada de tomar a cidade de assalto, mas foram rechaçados com perdas terríveis. Após a derrota, os invasores, prevendo uma longa e cansativa campanha, puxaram os navios para a terra e formaram um acampamento entrincheirado na costa, erguendo tendas, choupanas etc.

Entre o acampamento grego e a cidade de Troia, havia uma planície banhada pelos rios Escamandro e Simóis; foi nessa planície, tão renomada na história posteriormente, que se travaram as sempre memoráveis batalhas entre gregos e troianos.

A impossibilidade de tomar a cidade de assalto foi então reconhecida pelos líderes das forças gregas. Os troianos, por sua vez, menos numerosos que o inimigo, não ousaram se aventurar em uma batalha em campo aberto; por consequência, a guerra prolongou-se exaustivamente por longos anos, sem qualquer embate decisivo.

Foi por volta dessa época que Odisseu efetuou a longa e premeditada vingança contra Palamedes. Palamedes era um dos mais sábios, enérgicos e íntegros heróis gregos – e foi por causa de seu zelo incansável e de sua maravilhosa eloquência que a maioria dos chefes foi induzida a se juntar à expedição. Mas as mesmas qualidades que o tornaram querido no coração dos compatriotas fizeram-no odioso aos olhos de seu inimigo implacável, Odisseu, que nunca o perdoou por ter detectado o esquema para não se juntar ao exército.

A fim de efetuar a ruína de Palamedes, Odisseu escondeu na tenda dele uma considerável quantia de dinheiro. Em seguida, escreveu uma carta, fingindo que era do rei Príamo agradecendo efusivamente a Palamedes a valiosa informação recebida, fazendo menção, ao mesmo tempo, a uma grande quantia de dinheiro que lhe enviara como recompensa. Essa carta, encontrada no corpo de um prisioneiro frígio, foi lida em voz alta em um conselho dos príncipes gregos. Palamedes foi indiciado na frente dos chefes do exército e acusado de trair o país com o inimigo; diante disso, instituiu-se uma busca e, quando uma grande soma de dinheiro foi encontrada na tenda, ele foi declarado culpado e sentenciado a morrer por apedrejamento. Embora plenamente consciente da vil traição praticada contra ele, Palamedes não disse uma palavra em legítima defesa, sabendo muito bem que, diante de provas tão contundentes, a tentativa de provar sua inocência seria vã.

A DESERÇÃO DE AQUILES

Durante o primeiro ano da campanha, os gregos devastaram a região circundante e saquearam as aldeias vizinhas. Em uma dessas expedições de forrageio, a cidade de Pédaso foi saqueada; Agamênon, como capitão-mor, recebeu como parte do espólio a linda Criseis, filha de

Crises[76], um sacerdote de Apolo; já para Aquiles atribuíram outra cativa, a bela Briseis[77]. No dia seguinte, Crises, ansioso para resgatar a filha, dirigiu-se ao acampamento grego, mas Agamênon recusou-se a aceitar a proposta e, com palavras rudes e insultantes, mandou o velho embora. Cheio de tristeza pela perda da filha, Crises pediu a Apolo que se vingasse daquele que a raptara. Sua oração foi ouvida, e o deus enviou uma peste horrenda que se alastrou por dez dias no acampamento dos gregos. Aquiles, enfim, convocou um conselho e perguntou a Calcas, o adivinho, como deter aquela terrível visitação dos deuses. O vidente respondeu que Apolo, indignado com o insulto feito ao sacerdote, enviara a praga e, ademais, somente com a rendição de Criseis sua raiva poderia ser aplacada.

Ao ouvir isso, Agamenon concordou em renunciar à donzela, mas, já amargurado contra Calcas pela previsão dele a respeito da própria filha Ifigênia, ele agora despejou insultos contra o adivinho, acusando-o de conspirar contra seus interesses. Aquiles abraçou a causa de Calcas, e eis que uma violenta disputa surgiu, e o filho de Tétis teria matado seu comandante não fosse a interferência oportuna de Palas Atena, que apareceu de repente ao lado dele, sem ser vista pelos outros, e o chamou de volta ao senso do dever que tinha para com o comandante. Agamêmnon vingou-se de Aquiles privando-o da linda cativa, a bela Briseis, a qual se afeiçoara tanto ao gentil e nobre captor que chorou amargamente ao ser afastada de sua proteção. Bastante desgostoso com a conduta pouco generosa do comandante, Aquiles retirou-se para a tenda e recusou-se obstinadamente a continuar participando da guerra.

Com o coração ferido e decepcionado, ele dirigiu-se à beira do mar e, ali, invocou a presença da divina mãe. Em resposta à sua oração, Tétis emergiu das ondas e consolou o destemido filho, assegurando-lhe que rogaria ao poderoso Zeus para vingar-lhe as

[76] Também conhecida como Criseida (N. T.).

[77] Também conhecida como Briseida (N. T.).

injustiças e dar a vitória aos troianos, para que os gregos conseguissem perceber a grande derrota que sofreram pela retirada de Aquiles do exército. Quando os troianos foram informados da deserção de Aquiles por um de seus espiões, encorajaram-se pela ausência desse líder valente e intrépido, a quem temiam acima de todos os outros heróis gregos; partiram, portanto, e fizeram um ataque ousado e eminentemente bem-sucedido contra os gregos, os quais, embora defendessem sua posição com coragem e obstinação, foram derrotados por completo e expulsos de volta para as trincheiras; Agamênon e a maioria dos outros líderes gregos ficaram feridos no embate.

Encorajados pelo sucesso marcante e notável, os troianos começaram a sitiar os gregos no próprio acampamento. Nessa conjuntura, Agamênon, vendo o perigo que ameaçava o exército, refreou momentaneamente todas as queixas pessoais e despachou uma embaixada, composta por muitos chefes nobres e distintos, na direção de Aquiles, pedindo-lhe urgentemente que viesse em auxílio dos compatriotas nessa hora de perigo; Agamênon prometeu-lhe que não apenas a bela Briseis lhe seria restituída como também a mão da própria filha lhe seria concedida em casamento, com sete cidades como dote. Mas a obstinada determinação do herói orgulhoso não lhe permitiu se comover e, embora ouvisse de modo cortês os argumentos e as diligências dos mensageiros de Agamênon, sua resolução de não mais participar da guerra permaneceu inabalável.

Em um dos embates que aconteceram em seguida, os troianos, sob o comando de Heitor, penetraram no coração do acampamento grego e já estavam queimando os navios quando Pátroclo, vendo a angústia dos compatriotas, rogou fervorosamente a Aquiles que o enviasse para resgatá-los, à frente dos mirmidões. A melhor natureza do herói prevaleceu, e ele não apenas confiou ao amigo o comando do corajoso bando de guerreiros como também lhe emprestou a própria armadura.

Quando Pátroclo montou a carruagem de guerra do herói, Aquiles ergueu um cálice dourado e derramou uma libação de vinho aos deuses, acompanhada de uma ardente súplica pela vitória e pelo retorno seguro dos amados compatriotas. Como ordem de partida, advertiu Pátroclo a não avançar muito longe no território do inimigo e rogou-lhe que se contentasse apenas em resgatar as galeras.

À frente dos mirmidões, Pátroclo atacou desesperadamente o inimigo, o qual, pensando que o próprio Aquiles invencível estava no comando dos batalhões, desencorajou-se e foi posto em fuga. Pátroclo deu continuidade à vitória e perseguiu os troianos até as muralhas da cidade, esquecendo-se totalmente, no calor da batalha, das recomendações do amigo Aquiles. Essa temeridade custou a vida do jovem herói, pois ele deparou-se então com o poderoso Heitor, e sucumbiu pelas mãos dele. Heitor tirou a armadura do falecido inimigo e teria arrastado o corpo para a cidade caso Menelau e Ájax, o Grande, não tivessem se adiantado; após uma luta longa e feroz, conseguiram resgatá-lo da profanação.

A MORTE DE HEITOR

Havia chegado, então, a triste tarefa de informar Aquiles sobre o destino do amigo. Ele chorou amargamente sobre o cadáver do camarada e jurou solenemente que os ritos fúnebres não seriam solenizados em sua honra até que ele matasse Heitor com as próprias mãos e capturasse doze troianos para serem imolados na pira funerária de Pátroclo. Todas as outras considerações sumiram diante do desejo abrasador de vingar a morte do amigo, e Aquiles, agora totalmente despertado de sua apatia, reconciliou-se com Agamênon e retornou ao exército grego. A pedido da deusa Tétis, Hefesto forjou para ele uma nova armadura, que superou em magnificência a de todos os outros heróis.

Vestido de forma gloriosa, ele logo foi visto andando a passos largos e convocando os gregos às armas. Liderou, então, as tropas contra os inimigos, que foram derrotados e postos em fuga, até que, perto dos portões da cidade, Aquiles e Heitor encontraram-se. Mas aqui, pela primeira vez em toda a sua jornada, o herói troiano perdeu a coragem.

Com a aproximação de seu temível antagonista, Heitor se virou e fugiu para salvar a própria vida. Aquiles o perseguiu em uma corrida terrível, que durou três voltas ao redor da muralha da cidade, à vista dos velhos rei e rainha, os quais subiram nas muralhas para assistirem à batalha. Heitor tentava chegar aos portões da cidade a cada volta, a fim de que os camaradas os abrissem para admiti-lo ou protegê-lo com seus projéteis; mas o adversário, percebendo o plano, obrigou-o a ir na direção da planície aberta e ao mesmo tempo pediu aos amigos que não arremessassem lanças em Heitor e deixassem nas mãos dele a vingança que tanto ansiara. Ao final, cansado com a perseguição, Heitor tomou uma decisão e desafiou o inimigo para um duelo. Um embate fervoroso foi travado, e Heitor sucumbiu diante do poderoso adversário, nas Portas Ceias; com seu último suspiro, o herói troiano predisse ao conquistador que ele mesmo logo morreria naquele local.

O vencedor, enfurecido, amarrou na carruagem o corpo sem vida do inimigo derrotado, arrastando-o três vezes ao redor das muralhas da cidade e, dali, até o acampamento grego. Bastante horrorizados com aquela cena terrível, os pais idosos de Heitor soltaram gritos de angústia, tão dilacerantes que chegaram aos ouvidos de Andrômaca, a fiel esposa dele. Correndo para a muralha, ela viu o cadáver do marido amarrado ao carro do conquistador.

Aquiles solenizou, enfim, os ritos fúnebres em honra ao amigo Pátroclo. O cadáver do herói foi levado à pira funerária pelos mirmidões em panóplia completa. Os cães e cavalos dele foram mortos para acompanhá-lo, caso precisasse deles no reino das sombras; depois, Aquiles, cumprindo o voto selvagem, abateu doze prisioneiros troianos corajosos, que foram lançados na pira funerária, já acesa. Quando tudo foi consumido, os ossos de Pátroclo foram cuidadosamente recolhidos e colocados em uma urna dourada. Na sequência, ocorreram os jogos fúnebres – que consistiam em corridas de carruagem, lutas com o *caestus* (uma espécie de luva de boxe), combates de luta livre, corridas a pé e duelos com escudo e lança –, dos quais os mais ilustres heróis participaram, disputando prêmios.

PENTESILEIA

Após a morte de Heitor, a grande esperança e baluarte dos troianos, eles não se aventuraram a ir além dos muros da cidade. Mas logo suas esperanças foram reavivadas pela aparição de um exército poderoso de amazonas, sob o comando de sua rainha Pentesileia, filha de Ares, cuja grande ambição era medir forças com o renomado Aquiles e vingar a morte do valente Heitor.

As hostilidades agora recomeçavam na planície aberta. Pentesileia liderou a hoste troiana, e os gregos, por sua vez, ficaram sob o comando de Aquiles e Ájax. Enquanto este conseguiu colocar o inimigo em fuga, Aquiles foi desafiado por Pentesileia para um combate individual. Com uma coragem heroica, ela partiu para a luta; contudo, mesmo os homens mais fortes falhavam diante do poder do grande Aquiles e, embora fosse filha de Ares, Pentesileia ainda era apenas uma mulher. Com generoso cavalheirismo, o herói esforçou-se para poupar a linda e corajosa donzela guerreira, e somente quando sua própria vida estava em perigo iminente ele fez um real esforço para vencer a inimiga. Pentesileia compartilhou o destino de todos aqueles que se aventuraram a combater a lança de Aquiles, e caiu pelas mãos do grego.

Fatalmente ferida, ela lembrou-se da profanação do cadáver de Heitor e implorou com fervor pela clemência do herói. Mas o pedido era desnecessário, pois Aquiles, cheio de compaixão pela adversária corajosa e desafortunada, levantou-a gentilmente do chão, e ela deu o último suspiro nos braços dele.

Ao avistarem o cadáver da líder na posse de Aquiles, as amazonas e os troianos prepararam-se para um novo ataque, a fim de tomá-lo das mãos do herói; porém, percebendo a intenção deles, Aquiles deu um passo à frente e pediu em voz alta que parassem. Depois, com algumas palavras bem escolhidas, elogiou o grande valor e intrepidez da rainha derrotada, expressando sua vontade de imediatamente renunciar ao corpo.

A conduta cavalheiresca de Aquiles foi totalmente apreciada tanto pelos gregos quanto pelos troianos. Somente Térsites, um patife vil e covarde, atribuiu motivos indignos aos procedimentos graciosos do herói; descontente com as insinuações, Térsites perfurou selvagemente o cadáver da rainha amazônica com a lança; e Aquiles, com um golpe de seu braço poderoso, derrubou-o no chão, matando-o no local.

A merecida morte de Térsites não provocou comiseração alguma, mas seu parente Diomedes apresentou-se e reivindicou uma compensação pelo assassinato do familiar. Agamênon absteve-se de interferir – mesmo podendo facilmente resolver a dificuldade, na posição de capitão-mor –, e Aquiles ressentiu-se da condenação implícita do capitão à sua conduta e, mais uma vez, abandonou o exército grego e embarcou para Lesbos. Odisseu, no entanto, seguiu-o até a ilha e, com o tato usual que tinha, conseguiu induzir o herói a retornar ao acampamento.

A MORTE DE AQUILES

Um novo aliado dos troianos surgia agora no campo de batalha; era Mêmnon, o etíope, filho de Eos e Titono, que havia levado consigo um poderoso reforço de homens negros. Mêmnon foi o primeiro adversário a enfrentar Aquiles em pé de igualdade, pois, como o próprio grande herói, ele também era filho de uma deusa e também tinha, como Aquiles, uma armadura feita por Hefesto.

Antes que os heróis se enfrentassem em duelo, as duas deusas, Tétis e Eos, correram para o Olimpo para interceder junto ao poderoso governante pela vida dos respectivos filhos. Decidido a não agir em oposição às Moiras, mesmo nesse caso, Zeus pegou a balança de ouro na qual pesava a sorte dos mortais e colocou nela os respectivos destinos dos dois heróis; o de Memnon pesou na balança, anunciando, assim, sua morte.

Eos abandonou o Olimpo em desespero. Chegando ao campo de batalha, ela avistou o corpo sem vida do filho, o qual, após uma longa e brava defesa, sucumbiu, enfim, diante do braço conquistador de Aquiles. Ao comando dela, seus filhos, os Ventos, voaram para a planície e, apoderando-se do corpo do herói morto, transportaram-no pelo ar, seguro da profanação do inimigo.

O triunfo de Aquiles não durou muito tempo. Inebriado pelo sucesso, ele tentou, à frente do exército grego, tomar a cidade de Troia, quando Páris, com a ajuda de Febo Apolo, apontou um dardo bem-direcionado ao herói, o qual perfurou seu calcanhar vulnerável, fazendo-o cair no chão fatalmente ferido, diante das Portas Ceias. Embora face a face com a morte, o herói intrépido, levantando-se do chão, ainda realizou prodígios de valor, e apenas quando seus membros vacilantes se recusaram a cumprir sua função os inimigos perceberam que a ferida era mortal.

Pelos esforços combinados de Ájax e Odisseu, o corpo de Aquiles foi arrancado das mãos do inimigo após uma luta longa e terrível e, em seguida, levado ao acampamento grego. Chorando amargamente o destino prematuro do filho destemido, Tétis veio abraçá-lo pela última vez, e seus arrependimentos e suas lamentações misturaram-se aos de todo o exército grego. A pira funerária foi então acesa, e as Musas entoaram um canto fúnebre. Quando, de acordo com os costumes dos antigos, o corpo foi queimado na pira, os ossos do herói foram recolhidos, guardados em uma urna dourada e depositados ao lado dos restos mortais do amado amigo Pátroclo.

Nos jogos fúnebres celebrados em homenagem ao herói caído, o patrimônio de seu filho foi oferecido a Tétis como prêmio da vitória. Porém, decidiu-se por unanimidade que a bela armadura feita por Hefesto deveria ser concedida àquele que mais contribuiu para resgatar o corpo das mãos do inimigo. A opinião popular decidiu unanimemente em favor de Odisseu, cujo veredito foi confirmado pelos prisioneiros troianos presentes no combate. Incapaz de suportar a desfeita, o infeliz Ájax perdeu a razão e, nessa condição, deu cabo da própria existência.

PROVIDÊNCIAS FINAIS

Assim, os gregos foram privados, simultaneamente, de seu líder mais corajoso e poderoso e daquele que mais se aproximava dessa distinção. As operações ficaram paralisadas por um tempo, até que Odisseu finalmente conseguiu, por meio de uma emboscada arranjada com habilidade, capturar Heleno, filho de Príamo. Como a irmã Cassandra, Heleno tinha o dom da profecia; o infeliz jovem foi coagido por Odisseu, então, a usar aquele dom contra o bem-estar da cidade natal.

Os gregos descobriram com o príncipe troiano que três condições eram indispensáveis para conquistar Troia: em primeiro lugar, o filho de Aquiles deveria lutar em suas fileiras; em segundo lugar, as flechas de Héracles deveriam ser usadas contra o inimigo; e em terceiro lugar, eles deveriam obter a posse da imagem de madeira de Palas Atena, o famoso Paládio de Troia.

A primeira condição foi facilmente cumprida. Sempre pronto para servir aos interesses da comunidade, Odisseu dirigiu-se à ilha de Siro, onde encontrou Neoptólemo, filho de Aquiles. Após conseguir despertar a ambição do jovem impetuoso, Odisseu entregou-lhe generosamente a magnífica armadura do pai e depois o transportou para o acampamento grego, onde logo se distinguiu em um duelo com Eurípilo, filho de Télefo, que viera socorrer os troianos.

Procurar as flechas envenenadas de Héracles foi mais difícil. Elas ainda estavam na posse do muito ressentido Filoctetes, que permanecera na ilha de Lemnos, com sua ferida ainda não cicatrizada, sofrendo da mais abjeta miséria. Mas o zelo justo do infatigável e sempre ativo Odisseu, o qual foi acompanhado nessa empreitada por Diomedes, finalmente foi bem-sucedido e ele induziu Filoctetes a acompanhá-lo ao acampamento, onde o habilidoso médico Macaão, filho de Asclépio, curou-o de sua ferida.

Filoctetes reconciliou-se com Agamênon e, em um embate que ocorreu logo em seguida, feriu mortalmente Páris, filho de Príamo. Embora perfurado pela flecha fatal do semideus, a morte demorou para acontecer e Páris, trazendo à mente a previsão de um oráculo, segundo a qual apenas sua esposa abandonada, Enone, poderia curá-lo se ele se ferisse, fez-se transportar para a residência dela no monte Ida, onde lhe implorou, pela memória do amor do passado, que ela salvasse sua vida. Contudo, ciente apenas das injustiças que sofreu, Enone esmagou do coração cada sentimento de piedade e compaixão e, severa, ordenou que ele fosse embora. Não obstante, pouco tempo depois toda a antiga afeição pelo marido despertou de novo dentro dela e, com uma pressa frenética, ela foi atrás dele; ao chegar à cidade, porém, encontrou o cadáver de Páris já deitado na pira funerária acesa; em remorso e desespero, Enone jogou-se sobre o corpo sem vida do marido e pereceu nas chamas.

Os troianos estavam agora presos dentro das muralhas e sitiados de perto, mas, como a terceira e mais difícil condição ainda não fora cumprida, todos os esforços para tomar a cidade foram inúteis. Nesse ínterim, o sábio e devoto Odisseu veio mais uma vez em auxílio dos companheiros. Desfigurando a si próprio com ferimentos autoinfligidos, assumiu o disfarce de um velho mendigo miserável e depois se esgueirou furtivamente para a cidade a fim de descobrir onde o Paládio era mantido. Foi bem-sucedido em seu objetivo e ninguém o reconheceu, exceto a bela Helena, que, após a morte de Páris, fora dada em casamento ao irmão dele, Deífobo. Contudo, desde que a morte havia roubado dela o marido, o coração da princesa grega voltou-se saudosamente para o país de origem e para o marido Menelau, razão pela qual Odisseu encontrou nela uma aliada muito inesperada. Ao retornar para o acampamento, Odisseu pediu ajuda ao valente Diomedes e, com a assistência dele, a tarefa perigosa de roubar o Paládio de seus recintos sagrados foi concluída após certa dificuldade.

Cumpridas as condições para a conquista, fez-se uma assembleia para decidir os trâmites finais. A Epeu, um escultor grego que acompanhara a expedição, foi solicitada a construção de um colossal cavalo de madeira, grande o suficiente para caberem vários heróis aptos e distintos. Quando ficou pronto, um bando de guerreiros escondeu-se lá dentro e, depois disso, o exército grego desfez o acampamento e o incendiou, como se, cansados do longo e tedioso cerco de dez anos, tivessem abandonado a empreitada sem esperanças.

Acompanhada de Agamênon e do sábio Nestor, a frota zarpou para a ilha de Tênedos, onde lançaram âncora, aguardando ansiosamente a tocha de alarme para voltarem às margens troianas.

A DESTRUIÇÃO DE TROIA

Quando os troianos viram o inimigo partir e o acampamento grego em chamas, acreditaram estar finalmente a salvo e saíram em grande número da cidade para ver o local onde os gregos acamparam por tanto tempo. Ali, encontraram o gigantesco cavalo de madeira, o qual examinaram com uma curiosidade maravilhada, expressando várias opiniões sobre sua utilidade. Alguns supunham que o cavalo era uma máquina de guerra e votaram para destruí-lo; outros o consideraram um ídolo sagrado, propondo que fosse trazido para a cidade. Dois acontecimentos induziram os troianos a se inclinarem para a última opinião.

O principal entre aqueles que suspeitaram de um desígnio traiçoeiro por trás da enorme invenção foi Laocoonte, um sacerdote de Apolo, que, acompanhado dos dois jovens filhos, saíra da cidade com os troianos a fim de oferecer um sacrifício aos deuses. Com toda a eloquência de que dispunha, exortou os compatriotas a não depositarem sua confiança em nenhum presente dos gregos e chegou até mesmo a perfurar a lateral do cavalo com uma lança que pegara de um guerreiro ao seu lado, fazendo com que as armas dos heróis chacoalhassem. O coração dos bravos homens escondidos dentro do cavalo apertou no peito e eles já davam tudo por perdido quando Palas Atena, que sempre zelou pela causa dos gregos, veio em auxílio deles e um milagre ocorreu, para cegar e enganar os devotos troianos – pois a queda de Troia havia sido decretada pelos deuses.

Enquanto Laocoonte, com seus dois filhos, estava prestes a realizar o sacrifício, duas enormes serpentes subitamente se ergueram do mar e foram direto para o altar. Elas entrelaçaram-se primeiro nos membros tenros dos jovens indefesos e, depois, cercaram o pai, que correu para ajudá-los; assim, todos os três foram destruídos à vista da multidão horrorizada. Os troianos naturalmente interpretaram o destino de Laocoonte e dos filhos como um castigo enviado por Zeus pelo sacrilégio do sacerdote contra o cavalo de madeira; agora, estavam plenamente convencidos de que o objeto deveria ser consagrado aos deuses.

O astuto Odisseu deixou para trás o amigo fiel Sínon, com instruções precisas sobre o que deveria fazer. Assumindo o papel que lhe fora atribuído, Sínon aproximou-se do rei Príamo, com mãos algemadas e súplicas comoventes, alegando que os gregos, em obediência à ordem de um oráculo, tentaram imolá-lo como sacrifício, mas que ele conseguira escapar das mãos daquele povo e agora buscava a proteção do rei.

O monarca de bom coração acreditou na história, soltou-lhe as amarras, garantiu-lhe favor e implorou-lhe que explicasse, então, o verdadeiro significado do cavalo de madeira. Sínon obedeceu de bom grado e informou ao rei que Palas Atena, até então a esperança e permanência dos gregos durante a guerra, estava tão profundamente ofendida com a remoção da própria imagem sagrada – o Paládio – de seu templo em Troia que revogou a proteção sobre os gregos, recusando-se a ajudá-los novamente até que a imagem fosse restaurada a seu devido lugar. Assim, os gregos voltaram para casa a fim de buscar novas instruções de um oráculo. Porém, antes de partir, Calcas, o vidente, aconselhou a construção desse gigantesco cavalo de madeira como um tributo à deusa ofendida, esperando, dessa forma, aplacar a justa raiva dela. Explicou, ainda, que ele fora construído com proporções tão colossais para que não fosse possível carregá-lo até a cidade, a fim de que o favor de Palas Atena não passasse para os troianos.

Mal o astuto Sínon parara de falar, os troianos, em comum acordo, instaram para que o cavalo de madeira fosse trazido imediatamente para a cidade. Como os portões eram muito baixos para permitir sua entrada, foi feita uma brecha nas paredes, e o cavalo foi transportado em triunfo para o coração de Troia; depois disso, os troianos, muito felizes com o que consideravam ser o resultado bem-sucedido da campanha, abandonaram-se a festas e tumultos.

Em meio ao regozijo universal, a infeliz Cassandra, prevendo o resultado da entrada do cavalo de madeira na cidade, foi vista correndo pelas ruas com gestos frenéticos e cabelos desgrenhados, alertando o povo sobre os perigos que o aguardavam. Mas ninguém deu ouvidos àquelas palavras eloquentes, pois a sina da infeliz profetisa era que nenhuma de suas previsões tivesse credibilidade.

Quando, após a agitação do dia, os troianos se retiraram para descansar e tudo estava quieto e silencioso, Sínon, na calada da noite, libertou os heróis da prisão voluntária. O sinal foi dado então à frota grega que estava ao largo de Tênedos, e todo o exército, em silêncio ininterrupto, desembarcou mais uma vez na costa troiana.

Entrar na cidade era agora uma tarefa fácil, e houve uma terrível matança. Despertados do sono, os troianos, sob o comando dos líderes mais corajosos, fizeram uma defesa destemida, mas foram facilmente vencidos. Todos os seus heróis mais valentes sucumbiram na luta, e logo toda a cidade estava envolta em chamas.

Príamo caiu pelas mãos de Neoptólemo, que o matou enquanto ele estava prostrado diante do altar de Zeus, orando por assistência divina naquela terrível hora de perigo. A infeliz Andrômaca refugiou-se com o filho, Astíanax, no cume de uma torre, onde foi descoberta pelos vitoriosos, os quais, temendo que o filho de Heitor um dia se levantasse contra eles para vingar a morte do pai, arrancaram-no dos braços da mulher e arremessaram-no das ameias.

Apenas Eneias, o filho de Afrodite, amado por deuses e homens, escapou da carnificina generalizada com o filho e com o velho pai, Anquises, que ele carregou nos ombros para fora da cidade.

Refugiou-se primeiro no monte Ida e, depois, fugiu para a Itália, onde se tornou o herói ancestral do povo romano.

Menelau procurou Helena no palácio real. Imortal, ela ainda conservava toda a sua antiga beleza e fascinação. Eles se reconciliaram e ela acompanhou o marido na viagem de volta ao lar. Andrômaca, a viúva do bravo Heitor, foi dada em casamento a Neoptólemo, Cassandra caiu no quinhão de Agamênon, e Hécuba, a rainha viúva e grisalha, foi feita prisioneira por Odisseu.

Os tesouros ilimitados do rico rei troiano caíram nas mãos dos heróis gregos, os quais, depois de terem assolado a cidade de Troia, prepararam-se para viajar de volta para casa.

OS GREGOS RETORNAM DE TROIA

Durante o saque da cidade de Troia, os gregos cometeram muitos atos de profanação e crueldade na hora da vitória, e isso provocou a ira dos deuses. Por essa razão, a viagem de volta foi atormentada por múltiplos perigos e desastres, e muitos tripulantes pereceram antes de chegar à terra natal.

Nestor, Diomedes, Filoctetes e Neoptólemo estavam entre os que chegaram sãos e salvos à Grécia após uma próspera viagem. Já a embarcação que transportava Menelau e Helena foi impelida por tempestades violentas até a costa do Egito, e só depois de muitos anos de cansativas peregrinações e vicissitudes eles conseguiram chegar à casa deles, em Esparta.

Ájax, o Menor, tendo ofendido Palas Atena ao profanar o templo da deusa na noite da destruição de Troia, naufragou no promontório Cape Caphereus. Ele conseguiu, no entanto, agarrar-se a uma rocha, e sua vida poderia ter sido poupada não fosse sua ímpia jactância ao dizer que não precisava da ajuda dos deuses. Assim que ele pronunciou as palavras sacrílegas, Poseidon, enfurecido com a audácia, partiu com seu tridente a rocha à qual o herói estava agarrado, e o infeliz Ajax foi subjugado pelas ondas.

O DESTINO DE AGAMÊNON

A viagem de regresso de Agamênon foi razoavelmente tranquila e próspera, mas, ao chegar a Micenas, o infortúnio e a ruína o aguardavam.

Sua esposa Clitemnestra, em vingança pelo sacrifício da amada filha Ifigênia, firmara uma aliança secreta com Egisto, filho de Tiestes, durante a ausência de Agamênon; no retorno dele, ambos conspiraram para destruí-lo. Clitemnestra fingiu a maior alegria ao ver o marido e, apesar das advertências urgentes de Cassandra, que agora era prisioneira de seu séquito, ele recebeu as manifestações de afeto dela com a mais crédula confiança. Em sua dissimulada ânsia de dar conforto ao viajante cansado, ela preparou um banho quente para refrescá-lo e, ao sinal da rainha traiçoeira, Egisto, que estava escondido em uma câmara adjacente, atacou o herói indefeso e o matou.

Durante o massacre que se seguiu, dos servos de Agamênon, sua filha Electra, com grande presença de espírito, conseguiu salvar o jovem irmão, Orestes. Ele refugiou-se com o tio Estrófio, rei da Fócida, que o educou junto ao próprio filho, Pílades; uma forte amizade surgiu entre os jovens, que se tornou notória por ser constante, e não movida por interesses escusos.

À medida que Orestes crescia e chegava à vida adulta, era consumido pelo único e grande desejo de vingar a morte do pai. Acompanhado pelo fiel amigo Pílades, dirigiu-se disfarçado a Micenas, onde Egisto e Clitemnestra reinavam conjuntamente sobre o reino de Argos. Para evitar suspeitas, tomou a precaução de despachar um mensageiro a Clitemnestra, fingindo ter sido enviado pelo rei Estrófio para anunciar-lhe a morte prematura do filho Orestes, por um acidente durante uma corrida de carruagem em Delfos.

Chegando a Micenas, encontrou a irmã Electra tão aflita com a notícia da morte do irmão que lhe revelou a identidade. Quando ela lhe contou como havia sido tratada com crueldade pela mãe – e como a notícia da morte dele fora recebida com alegria –, a longa cólera reprimida de Orestes o dominou por inteiro e, correndo para a presença do rei e da rainha, ele primeiro perfurou Clitemnestra no coração e, depois, o parceiro culpado.

Mas o crime de assassinar a própria mãe não deixou de ser vingado pelos deuses. Mal o ato fatídico fora cometido, as Fúrias apareceram e perseguiram incessantemente o infeliz Orestes aonde quer que ele fosse. Nessa situação miserável, o rapaz buscou refúgio no templo de Delfos, onde implorou fervorosamente a Apolo que o libertasse de suas cruéis algozes. O deus ordenou-lhe, como expiação do crime cometido, que se dirigisse a Táurica-Quersoneso e transportasse a estátua de Ártemis de lá para o reino da Ática – uma expedição repleta de perigos extremos. Já vimos em um capítulo anterior como Orestes escapou do destino que recaiu sobre todos os estrangeiros que desembarcaram na costa táurica, bem como, com a ajuda da irmã Ifigênia, sacerdotisa do templo, conseguiu transportar a estátua da deusa para a terra natal.

Mas as Fúrias não abandonaram sua presa tão facilmente; somente por meio da interposição da justa e poderosa deusa Palas Atena, Orestes foi enfim liberto da perseguição. Com a paz de espírito enfim restaurada, Orestes assumiu o governo do reino de Argos e uniu-se à bela Hermíone, filha de Helena e Menelau. Ao fiel amigo Pílades, deu a mão da amada irmã, a boa e fiel Electra.

A VIAGEM DE REGRESSO DE ODISSEU

Com os doze navios carregados de muitos tesouros capturados durante o saque de Troia, Odisseu zarpou com o coração leve para sua casa na ilha rochosa de Ítaca. Finalmente chegara o momento feliz que o herói tanto aguardara por dez longos anos; mas ele mal sonhava que mais dez anos se passariam antes que as Parcas lhe permitissem abraçar fortemente a amada esposa e o filho.

Durante sua viagem de volta para casa, a pequena frota em que estava foi levada por más condições climáticas a uma ilha, cujos habitantes sobreviviam inteiramente à base de uma planta curiosa chamada lótus, doce como mel ao paladar, mas com o efeito de causar esquecimento total do lar e do país, bem como de criar um desejo irresistível de permanecer para sempre na terra dos comedores de lótus. Odisseu e os companheiros foram recebidos de modo hospitaleiro pelos habitantes, que os presentearam com o alimento peculiar e muito delicioso em larga quantidade; depois disso, no entanto, os camaradas do herói recusaram-se a deixar a região; foi apenas por pura força que ele finalmente conseguiu trazê-los de volta aos navios.

POLIFEMO

Continuando a jornada, eles chegaram ao país dos Ciclopes, uma raça de gigantes notável por ter apenas um olho, que ficava posicionado no centro da testa. Ali, Odisseu, cujo amor à aventura superou considerações mais prudentes, deixou a frota ancorada em segurança na baía de uma ilha vizinha e, com doze e seletos companheiros, partiu para explorar a região.

Perto da costa, encontraram uma vasta caverna, na qual audaciosamente entraram. No interior dela, viram, com surpresa, enormes pilhas de queijo e grandes baldes de leite enfileirados nas paredes. Depois de pegarem aquelas provisões à vontade, seus companheiros tentaram persuadir Odisseu a retornar ao navio, mas o herói, curioso para conhecer o dono daquela extraordinária morada, ordenou-lhes que ficassem e aguardassem a satisfação dele.

Ao anoitecer, apareceu um gigante feroz carregando uma enorme carga de madeira nos ombros e conduzindo à sua frente um grande rebanho de ovelhas. Era Polifemo, filho de Poseidon, o dono da caverna. Depois que todas as ovelhas entraram, o gigante rolou uma enorme rocha na frente da entrada da caverna, de modo que nem a força combinada de cem homens seria capaz de mover.

Após acender uma fogueira com grandes troncos de madeira, estava prestes a preparar o jantar quando as chamas lhe revelaram, em um canto da caverna, seus novos ocupantes. Aproximando-se, os homens contaram que eram marinheiros náufragos e clamaram pela hospitalidade dele, em nome de Zeus. Mas o monstro feroz insultou o grande governante do Olimpo – pois o Ciclope sem lei não conhecia o temor aos deuses – e mal deu uma resposta para a demanda do herói. Para a consternação de Odisseu, o gigante agarrou dois dos companheiros do herói e, depois de jogá-los no chão, consumiu os restos mortais dos homens, engolindo a refeição medonha com grandes goles de leite. Depois, esticou os membros gigantescos no chão e logo adormeceu ao lado do fogo.

Considerando a oportunidade propícia para livrar a si mesmo e a seus companheiros do terrível inimigo, Odisseu desembainhou a espada e, rastejando furtivamente, estava prestes a matar o gigante quando de repente se lembrou de que a abertura da caverna estava fechada de modo hermético com a imensa rocha, o que impossibilitava a fuga. Portanto, sabiamente decidiu esperar até o dia seguinte e, nesse ínterim, começou a colocar a astúcia para trabalhar, a fim de elaborar um plano por meio do qual ele e os companheiros pudessem escapar.

Quando, ao amanhecer do dia seguinte, o gigante acordou, dois outros desafortunados companheiros do herói foram agarrados e devorados por ele; depois disso, Polifemo guiou com calma o rebanho para fora, tomando o cuidado de proteger a entrada da caverna como antes.

Na noite seguinte, o gigante devorou mais duas vítimas. Quando Polifemo terminou sua refeição repugnante, Odisseu deu um passo à frente e o presenteou com uma grande quantidade de vinho que trouxera do navio, em uma pele de bode. Encantado com a deliciosa bebida, o gigante perguntou o nome do doador. Odisseu respondeu que seu nome era Ninguém, ao que Polifemo graciosamente anunciou que demonstraria sua gratidão comendo-o por último.

O monstro, completamente dominado pelo poderoso licor antigo, logo caiu em um sono pesado, e Odisseu imediatamente colocou seus planos em ação. Durante o dia, ele havia cortado um grande pedaço do próprio bastão de oliveira do gigante e agora o esquentava no fogo para, ajudado pelos companheiros, enfiá-lo no globo ocular de Polifemo, cegando-o para sempre.

O gigante fez a caverna ressoar com urros de dor e raiva. Ao ouvirem os gritos, seus irmãos Ciclopes, que viviam em cavernas não muito distantes da sua, logo vieram em tropas de todos os lados das colinas e arrombaram a porta da caverna perguntando a razão dos gritos e gemidos. Porém, como a única resposta de Polifemo foi "Ninguém me machucou", eles concluíram que ele estava pregando uma peça e o abandonaram à própria sorte.

O gigante, agora cego, tateava em vão ao redor da caverna na esperança de colocar as mãos em alguns de seus algozes; cansado dos esforços infrutíferos, rolou para longe a pedra que fechava a entrada, pensando que suas vítimas sairiam correndo com as ovelhas, ocasião em que seria fácil capturá-las. Contudo, nesse ínterim, Odisseu não esteve ocioso. A sutileza do herói foi posta à prova naquele momento, e se mostrou mais do que párea à força do gigante. As ovelhas eram muito grandes, e Odisseu, com ramos de vime extraídos da cama de Polifemo, uniu-as com astúcia em trios e, embaixo de cada ovelha do meio, prendeu um de seus camaradas. Depois de providenciar a segurança dos companheiros, o próprio Odisseu escolheu o melhor carneiro do rebanho e, agarrando-se à lã do animal, escapou. Quando as ovelhas saíram da caverna, o gigante tateou com cuidado entre elas, procurando suas vítimas, mas, ao não encontrá-las nas costas dos animais, deixou os guerreiros passarem e, assim, todos eles escaparam.

Eles então se apressaram para embarcar no navio; Odisseu, pensando que estava a uma distância segura, gritou o verdadeiro nome e desafiou o gigante de modo zombeteiro. Polifemo pegou uma enorme pedra e, seguindo na direção da voz, atirou-a no navio, que escapou por um triz da destruição. Depois, o monstro chamou o pai, Poseidon, para vingá-lo, suplicando a ele que amaldiçoasse Odisseu com uma longa e tediosa viagem que destruísse todos os navios e companheiros dele e fizesse de seu retorno o mais tardio, infeliz e solitário possível.

NOVAS AVENTURAS

Após navegarem por mares desconhecidos por algum tempo, o herói e seus seguidores lançaram âncora na ilha de Éolo, rei dos ventos, que os recebeu com suntuosa cordialidade por um mês.

Quando se despediram, deu a Odisseu a pele de um boi, na qual colocara todos os ventos contrários, para garantir-lhes uma viagem segura e rápida; depois, tendo-o advertido a não abri-la de forma alguma, fez com que o gentil Zéfiro soprasse para levá-los às praias da Grécia.

Na noite do décimo dia após a partida, eles avistaram as fogueiras de vigia de Ítaca. Mas eis que, infelizmente, Odisseu, muito exausto, adormeceu, e seus camaradas aproveitaram a oportunidade para abrir a bolsa, pensando que nela havia um tesouro dado por Éolo e guardado com muito esmero por Odisseu; no momento em que o fizeram, todos os ventos contrários se precipitaram dali, levando-os de volta à ilha eólia. Dessa vez, no entanto, Éolo não os recebeu como antes, e os dispensou com amargas censuras e reprimendas por terem desrespeitado suas recomendações.

Depois de uma viagem de seis dias, eles finalmente avistaram terra. Observando o que parecia ser a fumaça de uma grande cidade, Odisseu despachou um arauto acompanhado de dois dos companheiros, para obter provisões. Quando chegaram à cidade, eles descobriram, com consternação, que haviam pisado na terra dos Lestrigões, uma raça de canibais ferozes e gigantescos, governados pelo rei Antífates. O pobre arauto foi capturado e morto pelo rei, mas os dois companheiros fugiram e, conseguindo chegar ao navio em segurança, pediram ao chefe que zarpasse para o mar urgentemente.

Mas Antífates e seus companheiros gigantes perseguiram os fugitivos até a beira do mar e ali apareciam em número cada vez maior. Apoderaram-se de enormes rochas e lançaram-nas sobre a frota, afundando onze dos navios com toda a tripulação a bordo. O navio sob o comando imediato de Odisseu foi o único que escapou da destruição e, com os poucos seguidores que restaram, Odisseu partiu, mas foi levado por ventos contrários para uma ilha chamada Ea.

Circe

O herói e os companheiros precisavam muito de provisões, mas, por causa dos desastres anteriores, Odisseu decidiu que apenas um certo número da tripulação do navio deveria fazer o reconhecimento da região; após Odisseu e Euríloco fazerem um sorteio, coube a Euríloco ocupar o cargo de condutor do pequeno bando escolhido para esse fim.

Logo chegaram a um magnífico palácio de mármore, situado em um vale encantador e fértil. Ali morava uma bela feiticeira chamada Circe, filha do deus-sol e da ninfa do mar Perseis. A entrada de sua morada era guardada por lobos e leões, que, no entanto, para a grande surpresa dos estrangeiros, eram mansos e inofensivos como cordeiros. Esses animais eram, na verdade, seres humanos que, pelas artes perversas da feiticeira, haviam sido transformados. Lá de dentro, eles ouviram a voz encantadora da deusa, que cantava uma doce melodia enquanto tecia uma teia que só os imortais poderiam produzir. Ela gentilmente os convidou a entrar, e todos, exceto o prudente e cauteloso Euríloco, aceitaram o convite.

Enquanto caminhavam pelos amplos e espaçosos salões marmóreos, observavam objetos de riqueza e beleza em toda parte. Os divãs confortáveis e luxuriantes nos quais ela mandou que se sentassem eram cravejados de prata – e o banquete que ela providenciou para refrescá-los foi servido em bandejas de ouro puro. Porém, enquanto os convidados desavisados se entregavam aos prazeres da mesa, a feiticeira perversa trabalhava secretamente para a ruína deles, pois a taça de vinho que lhes foi apresentada fora batizada com uma poção potente; depois que tomaram a bebida, a feiticeira os tocou com sua varinha mágica e eles foram imediatamente transformados em porcos, embora ainda conservassem a consciência de seres humanos.

Quando Odisseu ouviu de Euríloco o terrível destino que se abateu sobre os companheiros, a despeito do perigo pessoal, partiu decidido a fazer de tudo para resgatá-los. A caminho do palácio da feiticeira, encontrou um belo jovem portando uma varinha de ouro que se revelou a ele como Hermes, o mensageiro divino dos deuses. Ele censurou gentilmente o herói por sua temeridade ao se aventurar a entrar na morada de Circe sem um antídoto contra os feitiços dela; em seguida, presenteou-o com uma erva peculiar chamada *moly*, assegurando-lhe que aquilo inevitavelmente neutralizaria as artes perniciosas da feiticeira cruel. Hermes advertiu Odisseu de que Circe lhe ofereceria um gole de vinho enfeitiçado, com a intenção de transformá-lo, tal como fizera com os companheiros do herói. O deus o instruiu a beber o vinho, pois o efeito seria completamente anulado pela erva que ele lhe dera, e se lançar contra a feiticeira como se fosse lhe tirar a vida, o que faria o poder de Circe sobre ele cessar por completo. Ela reconheceria o novo mestre e concederia tudo o que ele desejasse.

Circe recebeu o herói com toda a graça e fascínio de que dispunha e ofereceu-lhe um gole de vinho em uma taça de ouro. Ele prontamente aceitou, confiando na eficácia do antídoto. Depois, em obediência às ordens de Hermes, puxou a espada da bainha e avançou sobre a feiticeira como se tivesse a intenção de matá-la.

Quando Circe percebeu que seu propósito vil fora pela primeira vez frustrado – e que um mortal ousara atacá-la –, deu-se conta de que devia ser o grande Odisseu que estava diante dela, e a visita à sua morada fora prevista por Hermes. A pedido dele, a feiticeira trouxe os companheiros do herói de volta à forma humana, prometendo, ao mesmo tempo, que a partir de então eles estariam livres de seus encantamentos.

Porém, todas as advertências e experiências passadas foram esquecidas por Odisseu quando Circe começou a bajulá-lo e exercer seu fascínio. A pedido dela, os companheiros de Odisseu instalaram-se na ilha e ele próprio se tornou hóspede e escravo da feiticeira ao longo de um ano; apenas com a advertência sincera dos amigos ele foi finalmente induzido a se libertar da cilada.

Circe desenvolveu tamanha estima pelo destemido herói que, para ela, foi muito custoso separar-se dele, mas, tendo jurado não mais exercer seus feitiços mágicos contra Odisseu, já não podia detê-lo. A deusa o advertiu então de que seu futuro seria repleto de muitos perigos, ordenando-lhe que consultasse o velho vidente Tirésias[78], no reino de Hades, acerca do futuro. Ela encheu o navio dele de provisões para a viagem e, relutante, despediu-se.

O reino das sombras

Embora um pouco horrorizado com a ideia de procurar os reinos estranhos e sombrios habitados pelos espíritos dos mortos, Odisseu seguiu a ordem da deusa, que lhe havia dado instruções completas sobre o percurso e recomendações importantes que ele deveria seguir com atenção, nos mínimos detalhes.

O herói partiu, então, com os companheiros para a terra escura e sombria dos cimérios, que ficava no extremo mais distante do mundo, para além do grande Oceano. Favorecidos por brisas suaves, logo alcançaram o destino no extremo oeste. Chegando ao local indicado por Circe – onde as águas turvas dos rios Aqueronte e Cócito se misturavam na entrada do mundo inferior –, Odisseu desembarcou sem os companheiros.

Após cavar uma vala para receber o sangue dos sacrifícios, ele ofereceu uma ovelha e um carneiro pretos aos poderes das trevas, e multidões de sombras se ergueram do enorme abismo, agrupando-se ao redor, ávidas para sorver o sangue do sacrifício, o qual lhes restauraria temporariamente o vigor mental. Contudo, atento à recomendação de Circe, Odisseu brandiu a espada e não permitiu que ninguém se aproximasse até que Tirésias aparecesse. O grande profeta avançou

78 Apenas Tirésias, entre todas as sombras, estava em plena posse de suas faculdades mentais.

lentamente, apoiado em seu cajado de ouro e, depois de beber do sacrifício, passou a transmitir a Odisseu os segredos ocultos do futuro do herói. Tirésias também o advertiu acerca dos inúmeros perigos que o atormentariam – não apenas durante a viagem para casa, mas também no seu regresso a Ítaca – e, finalmente, instruiu-o sobre como evitá-los.

Nesse ínterim, várias outras sombras sorveram o gole do sacrifício que despertava os sentidos, e entre as quais Odisseu reconheceu, com desalento, sua mãe muito amada, Anticleia. Soube da boca da própria mãe que ela havia morrido de tristeza pela ausência prolongada do filho e que o velho pai dele, Laerte, desperdiçava a vida aguardando vã e ansiosamente o retorno do filho. Ele também conversou com os malfadados Agamênon, Pátroclo e Aquiles. Este último lamentou sua existência sombria e irreal, melancolicamente assegurando ao antigo companheiro de armas que preferia ser o trabalhador mais pobre da terra a reinar supremo como rei sobre os domínios das trevas. Apenas Ájax, que ainda meditava sobre os próprios erros, manteve-se distante e recusou-se a conversar com Odisseu, retirando-se carrancudo quando o herói lhe dirigiu a palavra.

Contudo, tantas sombras o cercaram que a coragem de Odisseu falhou e ele correu aterrorizado de volta para o navio. Ao reencontrar os companheiros, eles mais uma vez partiram para o mar e seguiram a viagem de regresso.

As Sereias

Depois de alguns dias navegando, estavam além da ilha das Sereias.

Ora, Circe advertira Odisseu a não ouvir, de modo algum, as melodias sedutoras dessas ninfas traiçoeiras, pois todos que deram ouvidos àqueles acordes atraentes sentiram um impulso incontrolável de saltar ao mar para se juntar a elas, perecendo em suas mãos ou sendo engolidos pelas ondas.

Para que a tripulação não ouvisse o canto das sereias, Odisseu encheu os ouvidos de todos com cera derretida, mas o próprio herói amava tanto a aventura que não resistiu à tentação de enfrentar esse novo perigo. Por vontade própria, então, foi amarrado ao mastro, e seus camaradas tinham ordens estritas para não soltá-lo até que a ilha estivesse fora de vista, independentemente do quanto ele implorasse para que o libertassem.

Ao se aproximarem da costa fatal, avistaram as sereias sentadas lado a lado nas encostas verdejantes da ilha; quando as doces e sedutoras melodias chegaram aos seus ouvidos, o herói ficou tão poderosamente afetado por elas que, esquecendo-se de todo o perigo, implorou aos companheiros que o libertassem; os marinheiros, porém, obedientes às suas ordens, recusaram-se a desamarrá-lo até que a ilha encantada desaparecesse de vista. Passado o perigo, o herói reconheceu, com gratidão, a firmeza dos seguidores, responsável por salvar-lhe a vida.

A ilha de Hélio

Eles agora se aproximavam dos terríveis perigos de Cila e Caríbdis, por entre os quais Circe ordenou que passassem. Enquanto Odisseu dirigia o navio sob a grande rocha, Cila desceu e agarrou seis homens da tripulação que estavam no convés; os gritos das pobres vítimas ecoaram nos ouvidos dos sobreviventes por muito tempo. Por fim, chegaram à ilha de Trinácria (Sicília), onde o deus-sol apascentava rebanhos e manadas; Odisseu, trazendo à memória a advertência de Tirésias para evitar essa ilha sagrada, gostaria de ter conduzido o navio e deixado o país inexplorado, mas a tripulação se rebelou e insistiu em desembarcar. Odisseu foi, portanto, obrigado a ceder, mas, antes de permitir que eles pisassem na terra, fez todos jurarem que não tocariam nos rebanhos sagrados de Hélio e estariam prontos para navegar de novo na manhã seguinte.

Infelizmente, aconteceu que as más condições climáticas os forçaram a permanecer um mês inteiro em Trinácria. Quando o estoque de vinho e comida que Circe lhes dera esgotou-se por completo, eles foram obrigados a tirar a subsistência dos peixes e pássaros que havia na ilha. Muitas vezes, não tinham o suficiente para saciar a fome e, uma noite, quando Odisseu, exausto de ansiedade e fadiga, adormeceu, Euríloco persuadiu os homens famintos a quebrar os votos e matar alguns dos bois sagrados.

A ira de Hélio foi terrível, e ele fez as peles dos animais abatidos rastejarem e as articulações dos espetos de carne berrarem como o gado vivo; ele também ameaçou retirar a luz dos céus e brilhar apenas no submundo, a menos que Zeus punisse a tripulação ímpia. Ávido para apaziguar a divindade enfurecida, Zeus assegurou-lhe que sua causa seria vingada. Assim, quando Odisseu e seus companheiros zarparam novamente, após terem festejado por sete dias, o governante do Olimpo causou uma terrível tempestade, durante a qual o navio foi atingido por um raio e despedaçou-se. Toda a tripulação se afogou, exceto Odisseu, que, agarrado a um mastro, flutuou em mar aberto por nove dias, até ser lançado em terra firme na ilha de Ogígia, depois de mais uma vez escapar de ser sugado pelo redemoinho de Caríbdis.

Calipso

Ogígia era uma ilha coberta de florestas densas onde, no meio de um bosque de ciprestes e choupos, ficava o encantador palácio-gruta da ninfa Calipso, filha do titã Atlas. Na entrada da gruta, havia uma frondosa treliça de galhos de videira entrelaçada, da qual pendiam cachos de uvas roxas e douradas; o barulho das fontes dava uma deliciosa sensação de frescor ao ar, que se enchia de cantos de pássaros, enquanto o chão era alcatifado com violetas e musgos.

Calipso acolheu cordialmente o herói desamparado e náufrago, atendendo-lhe aos desejos de modo hospitaleiro. Com o passar do tempo, ela tanto se afeiçoara a ele que lhe ofereceu imortalidade e juventude eterna caso consentisse em permanecer com ela para sempre. O coração de Odisseu voltava-se, porém, à amada esposa, Penélope, e ao jovem filho. Assim, ele recusou a dádiva e implorou fervorosamente aos deuses que lhe permitissem voltar para casa. Mas a maldição de Poseidon ainda seguia o desafortunado herói e, por sete longos anos, ele ficou detido na ilha por Calipso contra sua vontade.

Por fim, Palas Atena intercedeu junto ao poderoso pai em favor de Odisseu; Zeus, cedendo ao pedido, imediatamente despachou o veloz Hermes até Calipso, ordenando-lhe que deixasse Odisseu partir e lhe fornecesse o meio de transporte.

A deusa, embora relutante em se separar do convidado, não ousou desobedecer às ordens do poderoso Zeus. Instruiu, portanto, o herói a construir uma jangada, para a qual ela mesma teceu as velas. Odisseu despediu-se, então, e, sozinho e sem ajuda, embarcou na frágil embarcação para voltar à terra natal.

Nausícaa

Durante dezessete dias, Odisseu conseguiu pilotar a jangada habilmente, passando por todos os perigos das profundezas e dirigindo o rumo dela de acordo com as instruções de Calipso e com as estrelas do céu como guia. No décimo oitavo dia, ele saudou alegremente o contorno distante da costa feácia e começou a ansiar, com esperança, por um descanso e um abrigo temporários. Mas Poseidon, ainda enfurecido com o herói que cegara e insultara seu filho, acometeu o mar onde estava a jangada com uma terrível tempestade, e a pequena embarcação foi inundada pelas ondas. Odisseu só se salvou por ter se agarrado a uma parte dos destroços.

Por dois dias e duas noites, ele flutuou à deriva, levado pelas ondas furiosas, até que, finalmente, depois de muitas situações em que sua vida esteve por um fio, a deusa do mar Leucoteia veio em seu auxílio, e ele foi lançado em terra firme na costa de Esquéria, a ilha dos luxuosos feácios. Desgastado com as dificuldades e os perigos pelos quais passara, esgueirou-se em um matagal para se proteger e, deitando-se em uma cama de folhas secas, logo adormeceu.

Aconteceu que Nausícaa, a bela donzela filha do rei Alcínoo e da rainha Arete, desceu à praia acompanhada das damas de companhia para lavar o linho destinado a integrar seu dote. Quando terminaram a tarefa, tomaram banho e sentaram-se para uma refeição; em seguida, divertiram-se cantando e jogando bola.

Seus gritos alegres finalmente acordaram Odisseu, que, levantando-se do esconderijo, viu-se de súbito em meio ao grupo feliz. Alarmadas com o aspecto selvagem dele, as ajudantes de Nausícaa fugiram aterrorizadas, mas a princesa, com pena da condição desamparada do estrangeiro, dirigiu-se a ele com palavras gentis e solidárias. Após ouvir o relato do naufrágio e das terríveis dificuldades pelas quais passara, Nausícaa chamou as servas, censurou-as pela falta de cortesia e ordenou que fornecessem comida, bebida e roupas adequadas ao andarilho. Odisseu deixou, então, as donzelas retomarem os jogos, enquanto ele se banhava e vestia as roupas que elas lhe forneceram. Eis que Atena apareceu para o herói e dotou-o de uma estatura imponente e magnífica – e de uma beleza mais que mortal. Quando reapareceu, a jovem princesa ficou admirada e pediu ao herói que visitasse o palácio do pai dela e ordenou, então, que as criadas atrelassem as mulas às carroças e se preparassem para voltar para casa.

Odisseu foi recebido pelo rei e pela rainha com magnífica hospitalidade e cordialidade; em troca da bondade deles, o herói contou-lhes a história de sua viagem longa e atribulada, com fugas milagrosas e aventuras extraordinárias, desde que partira da costa de Ílion.

Quando ele finalmente se despediu dos anfitriões reais, Alcínoo o encheu de ricos presentes e ordenou que ele fosse transportado até Ítaca em um de seus próprios navios.

Chegada a Ítaca

A viagem foi curta e próspera. Por ordem do rei Alcínoo, peles valiosas de animais foram colocadas no convés para o conforto do hóspede, e o herói, deixando a direção do navio nas mãos dos marinheiros feácios, logo caiu em sono profundo. Na manhã seguinte, quando o navio chegou ao porto de Ítaca, os tripulantes, concluindo que um sono tão extraordinariamente profundo deveria ter sido enviado pelos deuses, transportaram-no para a terra sem perturbá-lo e colocaram-no com cuidado sob a sombra fresca de uma oliveira.

Quando Odisseu acordou, não sabia onde estava, pois Palas Atena, sua protetora sempre vigilante, o envolvera em uma nuvem densa para escondê-lo de vista. Ela apareceu para ele disfarçada de pastor e contou que ele estava em sua terra natal; que seu pai, Laerte, curvado pela dor e pela velhice, havia se retirado da corte; que seu filho, Telêmaco, já estava adulto e tinha ido buscar notícias do pai; e que sua esposa Penélope fora assediada pelas importunações de numerosos pretendentes, que se apoderaram de sua casa e devoraram suas riquezas. Para ganhar tempo, Penélope prometera casar-se com um deles assim que terminasse de tecer um manto para o velho Laerte, mas, desfazendo secretamente à noite o que havia feito durante o dia, ela conseguiu retardar a conclusão do trabalho e, assim, adiar sua resposta final. Assim que Odisseu pôs os pés em Ítaca, os pretendentes raivosos descobriram o estratagema dela e consequentemente se tornaram mais insistentes do que nunca. Quando o herói soube que essa era de fato sua terra natal – a qual, após uma ausência de vinte anos, os deuses finalmente lhe permitiam visitar de novo –, ele se jogou no chão e o beijou em alegria extasiante.

A deusa, nesse ínterim, já revelara sua identidade a Odisseu e agora o ajudava a esconder, em uma caverna vizinha, os valiosos presentes do rei feácio. Depois, sentando-se ao lado dele, consultou-se sobre a melhor maneira de livrar o palácio dele dos ocupantes descarados.

Para evitar que ele fosse reconhecido, ela o fez assumir a forma de um mendigo idoso. Seus membros ficaram decrépitos, seus cabelos castanhos desapareceram, seus olhos ficaram fracos e turvos e as vestes régias dadas pelo rei Alcínoo foram substituídas por uma vestimenta esfarrapada e encardida que pendia frouxamente em torno de sua forma encolhida. Atena desejou, então, que ele procurasse abrigo na cabana de Eumeu, o seu próprio guardador de porcos.

Eumeu recebeu o velho mendigo com hospitalidade, atendeu gentilmente às necessidades dele e até confidenciou-lhe a angústia que sentia pela longa e contínua ausência do amado e velho mestre, bem como o arrependimento que tinha por ter sido compelido pelos indisciplinados invasores da casa a matar todos os melhores e mais gordos porcos da vara, para o usufruto deles.

Na manhã seguinte, Telêmaco voltou da longa e infrutífera busca pelo pai e, indo primeiro à cabana de Eumeu, ouviu dele a história do aparente mendigo, com quem prometeu fazer amizade. Atena agora instava Odisseu a se deixar reconhecer pelo filho; ao toque da deusa, os trapos de mendigo desapareceram e ele ficou diante de Telêmaco com vestes reais, em plena força e vigor de sua masculinidade. Tão imponente era a aparência do herói que, a princípio, o jovem príncipe pensou que ele devia ser um deus, mas, quando se convenceu de que era de fato seu amado pai, cuja prolongada ausência lhe causara tanto sofrimento, agarrou-lhe o pescoço e o abraçou com todas as expressões de afeição obediente.

Odisseu encarregou Telêmaco de manter o retorno em segredo e combinou com ele um plano para se livrarem dos detestáveis pretendentes de Penélope. Para realizá-lo, Telêmaco deveria induzir a mãe a prometer sua mão àquele que pudesse vencer no tiro ao alvo com o famoso arco de Odisseu, o qual o herói deixara para trás quando foi para Troia, considerando-o um tesouro muito precioso para ser levado. Odisseu reassumiu, então, sua aparência e vestimenta de mendigo e acompanhou o filho ao palácio; na porta de entrada, jazia seu fiel cão Argo, que, embora desgastado e debilitado com a idade e o abandono, imediatamente reconheceu o dono. O pobre animal fez um último esforço de alegria para recebê-lo, mas suas forças se esgotaram e ele faleceu aos pés de Odisseu.

Quando Odisseu entrou nos salões ancestrais, foi ridicularizado e insultado pelos pretendentes desordeiros, e Antínoo, o mais descarado de todos, zombou de sua aparência abjeta e ordenou, de modo insolente, que ele partisse; Penélope, porém, ao saber da conduta cruel daquele homem, foi tocada de compaixão e ordenou que as criadas trouxessem o pobre mendigo à sua presença. Ela falou gentilmente com ele, perguntando-lhe quem era e de onde vinha. Ele respondeu que era irmão do rei de Creta e que naquele palácio vira Odisseu, o qual estava prestes a partir para Ítaca e declarara a sua intenção de lá chegar antes do fim do ano. A rainha, muito feliz com as boas-novas, ordenou que as amas de companhia preparassem uma cama para o estranho e o tratassem como um hóspede de honra. Em seguida, pediu à velha enfermeira Euricleia que lhe fornecesse roupas adequadas e atendesse às suas necessidades.

Enquanto a velha criada lavava os pés do suposto mendigo, pousou os olhos em uma cicatriz que Odisseu tinha desde jovem, quando fora ferido pelas presas de um javali; reconhecendo instantaneamente o amado mestre que nutrira quando bebê, ela teria chorado de alegria, mas o herói, colocando a mão em sua boca, implorou-lhe que não o traísse.

No dia seguinte, houve um festival de Apolo, e os pretendentes, em homenagem à ocasião, festejaram com mais folia do que de costume. Terminado o banquete, Penélope, tirando o grande arco de Odisseu de seu esconderijo, entrou no salão e declarou que qualquer um dos pretendentes que conseguisse arqueá-lo e atirar uma flecha através de doze argolas (um feito que ela muitas vezes vira Odisseu realizar) seria escolhido por ela como marido.

Todos os pretendentes testaram as habilidades, mas em vão, pois nenhum tinha a força necessária para empunhar o arco. Odisseu deu um passo à frente e pediu permissão para tentar. Os nobres arrogantes zombaram de sua audácia e não teriam permitido não fosse a interferência de Telêmaco. O falso mendigo pegou o arco e, com muita facilidade, atirou uma flecha zunindo pelas argolas; depois, virando-se para Antínoo, que tinha acabado de levar uma taça de vinho aos lábios, perfurou-o no coração. Com isso, os pretendentes levantaram-se de sobressalto e olharam em volta, procurando as armas, mas, em obediência às instruções de Odisseu, Telêmaco já as havia removido. Ele e o pai atacaram os foliões desordeiros e, após um embate fervoroso, nenhum deles permaneceu vivo.

Quando a alegre notícia do retorno de Odisseu foi transmitida a Penélope, ela desceu ao salão, mas negou-se a reconhecer, no velho mendigo, o destemido marido; diante disso, ele retirou-se para o banho, de onde emergiu com todo o vigor e a beleza que Atena lhe dera na corte de Alcínoo. Penélope, porém, ainda incrédula, decidiu colocá-lo à prova e ordenou na frente dele que a cama de Odisseu fosse trazida do quarto. Acontece que o pé desse móvel fora feito pelo próprio Odisseu com o tronco de uma oliveira ainda enraizada no solo, e ele construíra as paredes do quarto ao redor da árvore. Sabendo, portanto, que a cama não poderia ser movida, exclamou que a missão era inútil, pois nenhum mortal poderia tirá-la do lugar. Penélope soube, então, que quem estava diante dela era mesmo Odisseu – e um encontro muito tocante e afetuoso ocorreu entre o casal havia muito separado.

No dia seguinte, o herói partiu em busca do velho pai, Laerte, e encontrou-o em uma de suas propriedades no campo, empenhado em desenterrar uma jovem oliveira. O pobre velho estava vestido com a roupa humilde de um trabalhador e tinha traços de profunda tristeza no rosto enrugado. O filho ficou tão chocado com a mudança da aparência dele que, por um momento, virou-se para esconder as lágrimas.

Quando Odisseu se revelou ao pai como o filho que havia muito ele lamentara ter perdido, a alegria do pobre velho foi quase maior do que ele poderia suportar. Com carinho, Odisseu o conduziu de volta até a casa, onde finalmente, pela primeira vez desde a partida do filho, Laerte voltou a vestir vestes régias e agradeceu piedosamente aos deuses por essa grande e inesperada felicidade.

Mas ao herói ainda não era permitido gozar do merecido descanso, pois os amigos e parentes dos pretendentes se rebelaram contra ele e o perseguiram até a residência do pai. A luta, porém, foi curta. Após uma breve disputa, negociações pacíficas foram iniciadas entre Odisseu e os súditos, os quais, reconhecendo a justiça da causa do chefe, com ele se reconciliaram, de modo que por muitos anos Odisseu continuou a reinar sobre todos eles.

POSFÁCIO

Mitologia: a arte do reconto

Raphael Valim da Mota Silva[79]

A palavra "mitologia" (do grego, μυθολογία) designa o conjunto de mitos de um determinado povo ou de uma determinada cultura. O sufixo *-logia* (que exprime a ideia de estudo) desvela outra acepção da palavra. Mitologia seria o estudo dos mitos; estes, por sua vez, são formas narrativas de construção simbólica e natureza alegórica, nas quais há um interesse multidisciplinar: artístico, literário, antropológico, psicológico etc. Por viabilizarem uma reflexão imaginativa sobre a existência humana em seus mistérios e contradições, os

[79] Doutorando em Teoria Literária e Literatura Comparada (USP). Tradutor do livro.

mitos tornaram-se bases importantes para a constituição dos variados saberes humanos, desde a Psicanálise de Freud até as obras literárias de autores importantes como Henry Fielding, Machado de Assis, James Joyce e, nos dias de hoje, Rick Riordan.

A arte da mitologia é a arte do reconto. O mito é um legado transmitido de geração em geração, que tem como origem a prática de contar histórias e passá-las adiante para membros de um determinado grupo. Segundo Junito de Souza Brandão, importante classicista brasileiro:

> O mito expressa o mundo e a realidade humana, mas cuja essência é efetivamente uma representação coletiva, que chegou até nós através de várias gerações. E, na medida em que pretende explicar o mundo e o homem, isto é, a complexidade do real, o mito não pode ser lógico: ao revés, é ilógico e irracional. Abre-se como uma janela a todos os ventos; presta-se a todas as interpretações. Decifrar o mito é, pois, decifrar-se.[80]

Entre os muitos tópicos de base mitológica, destacam-se, portanto, a origem do universo e dos fenômenos da natureza, a existência de deuses e semideuses e os limites entre a realidade e a fantasia. A oralidade e o anonimato — isto é, a dificuldade de estabelecer um possível autor para cada mito — são marcas importantes dessas formas narrativas, algo que E. M. Berens, autor de *Mitos e lendas da Antiguidade greco-romana*, compreendeu muito bem.

Pouco se sabe sobre a vida de Berens, além do fato de que foi um classicista muito competente que dedicou boa parte da carreira acadêmica ao estudo dos antigos gregos e romanos. Com o subtítulo "Um guia de mitologia", *Mitos e lendas* foi publicado no fim do

[80] BRANDÃO, Junito de Souza. *Mitologia grega*. Petrópolis: Vozes, 1986. v. 1.

século XIX — as datas de publicação variam entre 1880 e 1894. Para suprir uma lacuna editorial, Berens quis escrever um compêndio que fosse ao mesmo tempo divertido e instrutivo, de modo que tanto especialistas quanto iniciantes no assunto pudessem tirar proveito das "nobres produções da Antiguidade Clássica". Há ao longo de suas páginas uma veneração à cultura dos antigos, espécie de deslumbramento que perdura mesmo quando o autor se deixa levar por sua visão etnocêntrica e anglófona, como quando descreve a condição "bárbara" e "menos imaginativa" dos "celtas primitivos" e dos romanos, bem como os "exageros" da tradição oral e das crenças religiosas dos gregos.

Essa postura do autor/narrador dá o que pensar. Um grande diferencial do livro de Berens em relação a outros guias mitológicos está justamente na modulação da voz narrativa. A transmissão dos saberes da cultura greco-romana é feita por um autor que não raro se comporta como um contador de histórias, o qual se dá o direito de implicar-se nelas, seja para elucidar como os mitos são formas poéticas de interpretar os fenômenos da natureza, seja para reagir emocionalmente ao teor dramático de algumas narrativas — como a morte do rei Penteu pelas mãos da própria mãe e de outras bacantes ("— é horrível dizer —").

Berens incorpora a figura do *rapsodo*, poeta da Grécia Antiga que recitava mitos e versos de composição alheia. Como um *rapsodo* fora de época, dirige-se não mais a ouvintes, mas a leitores modernos, sempre de modo generoso, partilhando suas fontes de pesquisa. Tais fontes são variadas e impreteríveis, como *Ilíada* e *Odisseia* de Homero, *Eneida* de Virgílio, *Teogonia*, de Hesíodo, *Metamorfoses* de Ovídio, *A trilogia tebana* de Sófocles e assim por diante. Há ainda uma referência que surpreende por seu contrassenso cultural em relação ao escopo mitológico do livro; trata-se da Bíblia Sagrada, que aparece menos no campo temático (embora haja uma citação direta ao livro de Deuteronômio) e mais no nível estilístico, com o emprego de metáforas, jargões e construções frasais.

Além do Berens *rapsodo*, há também o Berens *aedo*. A diferença básica entre um e outro diz respeito à força criadora e ao acompanhamento musical que caracterizam os cantos do *aedo*. Enquanto o primeiro interpreta, o segundo compõe com a cítara a partir da inspiração divina das Musas. Nesse sentido, todo o livro de Berens é permeado por uma voz autoral que se permite criar a partir da musicalidade e da estilística, dando frescor a histórias que datam de milhares de anos atrás. Seu estilo é poético e por vezes sinuoso, repleto de inversões sintáticas, períodos compostos e figuras de linguagem que brincam com a sonoridade. Vejamos o exemplo a seguir, em que a repetição das consoantes alveolares [t] e [d] (oclusivas), [s] e [z] (fricativas) e [n] (nasal) cria uma aliteração para representar o modo como a sublime lira de Hermes toca os ouvidos de Apolo:

As he listened entranced to the delightful strains of this new instrument

Conforme escutava em transe os encantadores acordes desse instrumento novo

O exemplo demonstra que traduzir Berens é um desafio que envolve a imersão em uma poética singular e a absorção em torno da própria mitologia e de seus encantos. Se por um lado o autor hipnotiza e se deixa hipnotizar, por outro, recua em momentos nos quais a imersão é secundária em relação à veracidade. Nesse balanço entre criador e intérprete, *aedo* e *rapsodo*, há o cruzamento entre a vocação do leitor instigado — que se deixa levar pela magia da origem do cosmos e da caixa de Pandora — e a profissão do pesquisador acadêmico — que visa reconstituir a "vida na Grécia, com seus costumes, suas superstições e suas leis de hospitalidade".

Essa busca pelos "fatos concretos" justifica, na visão do próprio Berens, a grande ênfase que seu livro dá às figuras lendárias. A distinção entre mito e lenda já foi estudada por muitos especialistas ao longo dos anos, sem que necessariamente cheguem a uma concordância. Sobre as lendas, pode-se dizer que efetivamente se aproximam mais do campo da história, embora, como acontece com os mitos, deixem-se enveredar pelos meandros da fantasia. A polissemia que há na palavra *Legend* — presente no título da obra — mantém-se na forma em português, "lenda". Nas duas línguas, o termo pode designar tanto uma narrativa oral e antiga que mistura elementos históricos e ficcionais quanto uma pessoa digna de nota e reconhecimento. Nesse sentido, Héracles é uma lenda (*legend*) por seus feitos heroicos e também pela forma narrativa por meio da qual sua história era contada e transmitida. Para os critérios de Berens, todos os heróis da mitologia greco-romana (humanos ou semideuses) acabam caindo nessa classificação de figuras lendárias, que, como o próprio autor enfatiza, costumam ser preteridas nos compêndios de mitologia, mas ganham em suas mãos um destaque notório.

A preocupação com a verossimilhança e com a objetividade também é marcada por dois aspectos: a reconstituição quase arqueológica das práticas de culto dos antigos e a descrição das estátuas que representam os deuses greco-romanos. Nesse âmbito, contudo, a vocação do *aedo* torna-se novamente imperativa, uma vez que o autor se vale da *écfrase*, figura retórica que constitui uma descrição verbal de uma obra de arte visual, cujo maior exemplo na arte antiga encontra-se na descrição do escudo de Aquiles, feita na *Ilíada*.

É nesse interregno entre as criações poéticas e os fatos concretos que *Mitos e lendas da Antiguidade greco-romana* se situa. Ao compor uma obra que faz jus — na sua forma e no seu conteúdo — às fronteiras ambíguas e não circunscritas entre o real e o imaginário, E. M. Berens recupera e recria a tônica dos próprios mitos com os quais trabalha. Nesse fluxo que corta o Estige em direção aos domínios do Hades, mergulhamos como Odisseu no reino das sombras para aprender com aqueles que já se foram a arte de sonhar acordado.

grupo novo século

ns

1ª Edição
Fonte: Cardo